한국어 교육에서의 한국문화 교육

이화연구총서 19

한국어 교육에서의 한국문화 교육

배 재 원 지음

혜안

이화연구총서 발간사

이화여자대학교 총장 김 선 욱

128년의 역사와 정신적 유산을 가진 이화여자대학교는 '근대', '여성', '교육'이라는 측면에서 한국 사회에 매우 괄목할 성취로 사회의 많은 분야에 변화를 주도해 왔습니다. 우리 이화여자대학교는 이러한 역사와 전통을 바탕으로, 연구와 교육의 수월성 확보라는 대학 본연의 과제에 충실하려 노력하고 있습니다. 구체적으로 국내외 학문적 상호 협력의 연구공동체 거버넌스 구축을 비전으로 삼아, 상호 협력하는 개방적이고 민주적인 소통을 지향하며 다양한 포럼과 학문의 장 안에서 서로의 경험과 성과를 나누는 체계를 지향합니다. 아울러 다문화, 다언어의 역량을 갖추고 세계와 협력·경쟁하면서 타문화를 배려하는 나눔과 섬김의 이화 정신과 가치를 세계 속에 구현하려 합니다.

열린 학문 공동체 안에서 이화의 교육은 한 개인의 역량을 강화하는 데 머무는 것이 아니라 타인과 약자, 소수자에 대한 배려 의식, 다른 사람과 소통하는 공감 능력을 갖춘 여성의 배출을 목표로 합니다. 이러한 교육

속에서 이화인들의 연구는 무한 경쟁의 급박한 현실에 안주하지 않고, 섬김과 나눔이라는 이화 정신과 닿아 있는 21세기 우리 사회와 세계가 요구하는 사회적 책무를 다하려 합니다.

학문의 길에 선 신진 학자들은 새로운 시대정신과 도전 정신을 바탕으로 창의력 있는 연구 방법과 새로운 연구 성과를 낼 수 있는 든든한 이화의 자산이자 미래입니다. 따라서 신진 학자들에게 주도적인 학문 주체로서 역할에 대한 기대가 매우 큽니다. 또한 그들로부터 나오는 과거를 토대로 새로운 것을 創造하는 '法古創新'한 연구 성과들은 가까이는 학계의 발전을 이끌어 내고, 나아가 '변화'와 '무한경쟁'으로 대변되는 오늘의 상황을 발전적으로 끌어갈 수 있는 저력이 될 것입니다.

이제 이화가 글로벌 지성 공동체로 자리 매김하기 위해서는 이 학문 후속세대를 위한 지원과 연구의 장을 확대할 필요가 있습니다. 이에 따라 이화여자대학교 한국문화연구원에서는 창조적인 도전 정신으로 학문의 방향을 이끌어 갈 학문후속세대를 지원하기 위해 '이화연구총서'를 간행해 오고 있습니다. 이 총서는 최근 박사학위를 취득한 신진 학자들의 연구 논문 가운데 우수논문을 선정하여 발간하는 것입니다. 총서의 간행을 통해 신진 학자들의 논의가 보다 많은 사람들에게 제공되어 이들의 연구 성과가 공유될 수 있는 기회를 줌으로써, 이들이 미래의 학문 세계를 이끌 주역으로 성장하는 데 도움을 주고자 합니다.

앞으로도 '이화연구총서'가 신진 학자들이 한발 더 높이 도약할 수 있는 발판이 되기를 희망합니다. '이화연구총서'의 발간을 위해 애써주신 연구진과 필진 그리고 한국문화연구원의 원장을 비롯한 모든 연구원들의 노고에 진심으로 감사드립니다.

책머리에

한국문화와의 만남은 나에게 설렘을 안겨준다. 왜냐하면 한국문화로 들어가면 갈수록 그 깊이와 두께에 저절로 숙연해지며 수없이 감동을 받기 때문이다. 그런 가운데 한국문화와 한국어 교육의 교집합에 서게 되었고, 외국어로서 한국어를 배우는 학생들을 대상으로 하는 한국문화 교육은 단순한 문화 교육 방법 연구가 아니라 한국문화와 한국어 교육을 통섭하는 지난한 작업이었다. 이는 한국문화가 지닌 중층성과 다면성, 보편성과 특수성, 지속성과 변화성을 한국어 교육의 장에 풀어내는 장대한 과제이기 때문일 것이다.

이 책은 한국어 교육에서의 한국문화 교육 방향을 제시하고 한국어 교육에서의 한국문화 교육의 의의를 제고하고자 한 필자의 박사논문을 다듬은 것이다. 책 내용을 간략히 소개하면 다음과 같다.

이 글은 한국어 학습자를 위한 한국문화 교육의 목표를 재설정하고, 문화 교육의 목표에 따른 문화 교육 방향을 제시하는 데 그 목적이 있다. 그동안 한국어 학습자를 대상으로 하는 한국문화 교육은 '의사소통 능력' 향상을 위한 언어 교육의 도구이거나 그 연장선상에서 이루어져 왔다. 그러나 한국어 학습자들의 한국문화 학습에의 다양한 목적을 고려할 때 문화 교육 목표에 있어, '의사소통 능력' 향상 외의 새로운 패러다임을 설정할 필요가 있다. 이에 이 책에서는 한국어 학습자들의 학습 동기와 학습 목표를 살펴봄으로써 문화 교육의 새로운 패러다임을 구축하고, 그에 따른 문화 교육 방향을 제시해 보고자 하였다.

Ⅰ장에서는 본 연구 주제와 관련된 선행 연구들을 한국어 교육에서의 문화 교육의 목표 및 방향, 문화 교육 내용, 문화 교육 방안에 대한 연구로 나누어 살펴보고, 본 연구의 목적과 필요성을 밝혔다. 그 다음 본 연구를 위한 연구 방법과 연구 범위를 설명하였다.

Ⅱ장에서는 한국어 교육에서의 문화 교육에 대해 비판적 고찰을 하였다. 우선 광범위하고 중층적인 문화의 개념을 인문학, 사회학, 인류학적 관점에서 살펴보고, 본 연구와 관련 있는 외국어교육학에서 논의하는 문화의 개념도 알아보았다. 이어 현재 한국에서 행해지고 있는 국제이해교육, 다문화교육, 상호문화교육의 유형별 특성을 면밀히 짚어보았다. 다음으로 한국어 교육에서의 문화 교육의 현황을 문화 교육의 위상과 문화 교육 방안에 대한 논의들을 중심으로 살펴보았고, 언어 능력 향상을 위해 의사소통의 틀 안에 묶여 있는 문화의 개념을 확대할 필요성이 있음을 제기하였다.

Ⅲ장에서는 문화 교육의 두 패러다임을 구축하였다. 새로운 패러다임 구축의 이론적 배경은 외국어를 배우는 학습자들의 동기에 도구적 동기 및 통합적 동기와 더불어 실존적 동기가 존재함을 제시하였다. 또한 이러한 이론을 공고히 하기 위해 자국 문화 배경과 한국어 학습 동기에 있어 유의미한 차이를 보이는 재미교포 학습자와 중국인 학습자에 대한 심층 인터뷰를 실시하였다. 이를 통해 문화 교육의 목표와 방향에 있어 '의사소통 능력' 향상 외에 또 다른 목표인 '문화 간 이해 능력' 함양이라는 패러다임을 도출할 수 있었다. 이어 문화 교육의 두 패러다임으로 구축한 '의사소통 능력' 향상과 '문화 간 이해 능력' 함양의 관계를 설정해 보았다.

Ⅳ장에서는 문화 교육 원리를 제시하고 두 패러다임에 따른 문화 교육 방향을 제시하였다. 먼저 교육 대상으로서의 한국문화의 특징을 살펴보았고, 한국문화를 성취문화, 행동문화 및 관념문화로 범주화하였으며, 그

범주 간의 상호 관계성을 밝혀보았다. 이들의 관계는 가시적 결과의 문화와 비가시적 작용의 문화로 규명할 수 있는데, 관념문화를 바탕으로 성취문화와 행동문화가 발생하고, 성취문화와 행동문화는 다시 관념문화에 영향을 미친다. 이러한 한국문화 범주 간의 긴밀한 상호 관계성은 문화 교육 원리의 근거로 적용되었다. 다음으로 자국(거주국) 문화와의 비교 속에 한국문화를 자리매김하는 '상호문화적 접근'과 한국문화 세 범주에 대한 '통합적 접근'을 한국문화 교육의 기본 원리를 제시하였다. 또한 이를 바탕으로 하여 '의사소통 능력'과 '문화 간 이해 능력'이라는 두 패러다임에 따른 문화 교육 방향을 제시하였다.

V장에서는 본 연구의 논의점들을 다시 짚어보고, 한국어 학습자를 대상으로 하는 문화 교육의 의의를 살펴보았다. 그리고 연구의 의의와 한계를 밝히고, 후속 연구에 대해서 제언하였다.

이 책은 지금까지 언어 교육의 일환으로 '의사소통 능력' 향상이라는 측면에서 연구되어 온 문화 교육에 '문화 간 이해 능력' 함양이라는 새로운 패러다임을 구축하였으며, 그에 따른 문화 교육 방향을 제시하였다는 점에서 의의가 있다. 본 연구의 결과는 한국어 학습자의 다양한 변인을 반영한 문화 교육 연구의 초석이 될 수 있을 것이며, 두 패러다임에 따른 문화 교육 방향 제시는 문화 교육 연구에 있어 하나의 이정표 역할을 할 것으로 기대한다. 또한 한국문화의 특징이 한국문화 교육의 기본 원리로 적용될 수 있도록 시도함으로써, 한국문화 연구와 한국문화 교육의 내재적 연계를 모색하였다는 점에서도 의의를 갖는다.

졸고가 책으로 나올 수 있기까지 많은 분들의 도움과 가르침이 있었다. 1993년 석사 과정 때 가르침부터 박사논문 지도까지 학문의 길로 나아갈 수 있도록 이끌어 주신 최준식 선생님께 감사의 인사를 드리고 싶다. 또한 학위논문을 심사해 주신 김영훈 선생님, 최정순 선생님, 김영규 선생님, 송영빈 선생님께 감사드린다.

아울러 부족한 이 글을 '이화연구총서'로 선정하여 출판해 주신 이화여자대학교 한국문화연구원과 도서출판 혜안에도 감사의 마음을 전하고 싶다.

2013년 10월

저자 배 재 원

목 차

I. 서론

외국어 교육이 단순히 목표 언어의 원리나 문법 전달에 그치는 것이 아니라 그 언어를 사용하는 사람들의 생활 방식, 가치관, 제도 등의 이해를 통한 학습자의 의사소통 능력1) 향상을 목적으로 하게 되면서 외국어 교육에서 문화 교육이 중요한 요소로 제기되었다. 이러한 이론적 배경은 외국어 교육 학습의 내용 및 외국어 교수법의 개발에 영향을 주어 문화 교육은 다른 기제와 함께 외국어 교육의 중심 원리2)로 자리잡게 되었다.

---

1) '의사소통 능력(communicative competence)'이라는 용어를 처음 사용한 Hymes는 언어 능력에서 중요한 것은 그 언어가 쓰이는 사회와 문화에 대한 '암시적인 지식(tacit knowledge)'과 이에 '적절한 언어를 사용할 수 있는 능력(ability for use)'이라고 하였다. 이후 Canale과 Swain을 거치면서 의사소통 능력은 '문법적 능력(grammatical competence)', '사회언어학적 능력(sociolinguistic competence)', '담화적 능력(discourse competence)' 및 '전략적 능력(strategic competence)'을 포함하는 개념으로 구체화되었다. Hymes, D.(1972), On communicative competence. in J. B. Pride, & J. Holmes(eds.), *Sociolinguistics*, Harmondsworth: Penguin Books, pp.269~293 ; Canale, M. & Swain, M.(1980), Theoretical bases of communicative approaches to second language teaching and testing. *Applied Linguistics*, 1(1), pp.1~47 ; Canale, M.(1983), From communicative competence to language pedagogy, in J. Richards, & R. Schmidt(eds.), *Languge and communication*, London: Longman, pp.2~27.

2) 미국 내 주요 외국어 교육 협회가 개발한 외국어 교육의 기본 원리는 '5C'의 성취다. 5C는 외국어 교육 원리의 핵심을 이루는 내용으로 의사소통(communication), 문화 학습(cultures), 다른 과목과의 연계(connections), 비교(comparisons), 공동체에의 참여(communities)를 가리킨다. 이는 각각 외국어 학습을 통하여 추구해야 하는 목표로서 외국어로서 의사소통을 할 수 있어야 하고, 다른 나라의 문화에 대한

한국어 교육에서도 문화 교육의 중요성이 대두되면서 의사소통 능력의 향상을 위해서는 한국문화의 이해가 동반되어야 한다는 공감대가 형성되었다. 이에 한국문화의 이해를 통한 한국어 교육 방법이 강조되고, 한국문화의 무엇을 교육할 것인지, 어떻게 교육할 것인지에 대한 논의가 최근 수년간 활발하게 이루어지고 있다. 한국어 교육에서의 한국문화 교육에 대한 본격적인 논의는 1990년대 중반 이후부터 시작되었다. 초기에는 한국어 교육에서의 문화의 의미, 언어와 문화의 관계에 대한 다양한 논의 및 문화 교육의 중요성을 강조하면서 문화 교육과 관련된 이론과 목표 및 방향을 제시한 연구들이 주류를 이루었다.

한국어 교육에서의 문화 교육 방향에 대해서 김정숙[3]은 문화 교육이 정보 전달 중심에서 과정 중심으로 전환되어야 하며, 언어 학습은 언어와 문화의 상호 교육과정이므로, 언어 교육도 언어와 문화를 통합해 실시되어야 하며, 초기 교육 단계에서부터 문화 교육을 실시해야 함을 강조하였다. 한국어 숙달도 배양을 위한 문화 교육 방향과 절차 제시는 향후 한국어 문화 교육 연구에 기초가 되어 왔다. 김정숙 이후 한국어 교육에서의 문화 교육의 목표와 방향 설정은 다양한 논의로 전개되었는데 논의의 중심에 있는 것은 의사소통 능력 향상을 위한 문화 교육이다. 언어는 문화의 결과물이고 문화를 가장 잘 반영하고 있으므로 한국어의 의사소통 능력을 향상시키기 위해서는 한국문화에 대한 충분한 이해가 필요하다는 것이 이들 논의[4]의

이해와 지식을 넓히고 외국어 학습을 통하여 인접 학문의 지식을 습득하며, 언어와 문화에 대한 비교 능력을 키우고 공동체에 적극 참여할 수 있어야 함을 의미한다. National Standards in Foreign Language Education Project(2006), *Standards for Foreign Language Learning in the 21st Century*, pp.31~38.

3) 김정숙(1997), 「한국어 숙달도 배양을 위한 한국 문화 교육 방안」, 『교육 한글』 10, 한글학회, pp.317~325.

4) 박영순(2001), 『외국어로서의 한국어 교육론』, 월인 ; 성기철(2001), 「한국어교육과 문화 교육」, 『한국어교육』 12(2), 국제한국어교육학회, pp.111~135 ; 장경은 (2001), 「문화를 통한 한국어교육의 실현 방안」, 『외국어로서의 한국어교육』 26,

출발점이다.

　이후 문화 교육은 한국어 의사소통 능력 신장을 위한 도구로뿐만 아니라 그 자체로도 중시되어야 한다는 견해가 등장하는데, 이는 의사소통 능력 향상과의 등가적 교육 목적으로서의 문화 교육에 대한 논의다. 특히 최정순[5]은 언어와 문화가 양립적·등가적 가치를 지니고 있음을 강조하면서, 타인과의 의사소통을 전제로 한 문화라면 지식으로서가 아니라 능력으로 학습되어야 하며, 이를 위해 항목을 정해 놓고 백과사전적으로 교수·학습되는 방법은 지양되어야 한다고 주장하였다. 이진숙[6]은 외국어 교육의 목표는 간문화적인 차원에서 단지 정보를 주고받는 의사소통 차원이 아닌, 상대방과의 관계를 맺고 유지하는 것을 포함해야 한다고 보았다. 이러한 논의는 의사소통 능력과 문화 이해 능력을 등가적으로 놓는 시각을 견지하면서 언어 교육과 문화 교육의 등가적 통합을 위한 요소들을 제시하고 있다는 점에서 의의를 지닌다.

　문화 교육의 목표를 의사소통 능력과 문화 이해 능력의 등가적 가치에서 둔 논의에서 한 단계 더 나아가 문화 교육의 목표를 문화 그 자체에 두어야 한다는 주장도 일부에서 제기되고 있다. 배현숙[7]은 한국어 교육에서의 문화는 수단이 아닌 궁극적 목표 설정에 포함되어야 한다고 주장하였다. 의식주 항목에 치우친 언어문화 교육을 지양하고, 점차적으로 거기에 내재된 객관화된 가치와 사고 체계를 선정하여 교육할 것을 제안하였다. 이러한

　연세대학교 언어연구교육원, pp.435~452 ; 이성희(2008),「한국어·문화 통합 교육의 원리와 방향」,『국어국문학』150, 국어국문학회, pp.537~564.

5) 최정순(2004),「한국어교육과 한국문화교육의 등가적 통합」,『언어와 문화』1, 한국언어문화교육학회, pp.63~81.

6) 이진숙(2003),「외국어로서의 한국어 교육에서 문화를 통합시키기 위한 교육적 방안」,『국어교육연구』12, 서울대학교 국어교육연구소, pp.331~350.

7) 배현숙(2002),「한국어 교육에서 문화교육의 현황과 문제점」,『이중언어학』21, 이중언어학회, pp.178~198.

논의는 문화 교육 목표에 있어 새로운 방향을 제시하며 문화 교육에 대한
접근을 적극적으로 모색하였으나 구체적인 방법에 대한 논의 없이 피상적인
제안에만 그치고 있다.

기존 연구물과는 다른 차원에서 논의한 권오경[8]은 한국어 교육에서의
문화 교육의 방향을 '의사소통 능력(communicative competence)' 신장 중심에
서 (광의의) '문화 능력(cultural competence)'[9] 신장 중심으로 전환해야 함을
주장하고 있다. 권오경은 문화 능력을 협의의 문화 능력과 광의의 문화
능력으로 나누고, 언어문화는 협의의 문화 능력에 해당하며, 협의의 문화
능력에 일반 문화에 대한 이해와 적용 능력을 포괄하는 개념을 광의의
문화 능력이라 보았다. 이러한 문화 교육의 목표 전환은, 의사소통 능력
향상과 관련된 학습과 이해의 수준에 머무르지 않고 목표 사회의 문화를
이해하는 것으로 확대 설정되었음을 의미한다. 임경순[10]도 언어문화 교육이
지향하는 교육적 이념(목적)을 '문화 능력'의 신장으로 보고, 바람직한 문화
능력을 갖춘 인간상을 지향할 것을 제안하였다. 그러나 실제 교육 현장에서
의사소통 능력과 문화 능력 향상을 위한 문화 교육이 어떤 모습으로 구현되는
지에 대한 구체적인 방법은 제시하지 않고 있다.

---

8) 권오경(2006), 「한국어교육에서의 한국문화교육의 방향」, 『어문론총』 45, 한국문학
   언어학회, pp.389~431 ; 권오경(2009), 「한국어교육에서 문화교육 내용 구축 방안」,
   『언어와 문화』 5(2), 한국언어문화교육학회, pp.49~72.
9) 교육학에서 '능력'이라는 개념은 복잡하고 다양하게 이용되고 있다. 한국어 교육에
   서는 일반적으로 '문화 능력'이라는 개념을 'cultural competence'로 사용한다. 그러나
   학자에 따라 이 '능력(compétence)'이라는 개념보다는 특정한 상호작용 상황에서
   텍스트를 생산해내는 데 필요한 언어적 능력(capacité), 혹은 소질(aptitudes)이라는
   의미로 이용되는 '능력(capacité)'이라는 용어가 '능력(compétence)'이라는 용어보다
   더 적합하다고 보는 견해도 있다. Dolz, J. & Bronckart, J. P.(2000), La notion de
   compétence, dans Dolz, J. & Ollagnier, E.(dir), L'énigme de la compétence en éducation,
   col. Raisons éducatives, De Boeck, Bruxelles, pp.27~44 참조.
10) 임경순(2006), 「문화중심 언어와 문화의 통합 교수 - 학습 방법 연구」, 『한중인문학연
    구』 19, 한중인문학회, pp.293~320.

한국어 교육에서의 문화 교육의 목표와 방향에 대한 논의가 다양하게
제기되면서 문화 교육 내용에 대한 연구도 시도되고 있다. 문화 교육 내용에
대한 논의는 문화 교육의 내용을 언어 내적으로 한정하여 '언어문화'11)에
초점을 두는 논의12)와 한국문화에 대한 이해를 기본 목표로 삼고 한국의
문화 요소를 전반적으로 다루는 넓은 의미에서의 '문화 일반'에 대한 논의13)
로 나누어 볼 수 있다.

현재 한국어 교육에서의 문화 교육은 한국어 능력 향상이라는 측면에
치우쳐 있으므로 문화 교육 내용도 속담이나 관용어, 문학과 같은 언어문화
를 중심으로 이루어져 왔다.14) 그러나 언어문화, 즉 속담이나 관용어는
문화 그 자체라기보다 문화적 배경 설명이 요구되는 언어다. 문화를 총체적
인 관점에서 본다면 언어문화는 언어 이해를 위한 직접·간접적 배경 지식으
로서의 문화 내용에 한정되므로 문화 일반에 포괄되는 하위의 문화 개념이라

---

11) '언어문화'는 언어적 요소(음운, 형태, 통사, 의미, 경어법, 관용어, 속담)와 문학
    장르(시, 소설, 수필, 희곡)를 말한다.

12) 민현식(1996), 「국제 한국어 교육을 위한 문화론의 내용구성 연구」, 『한국말교육』
    7, 국제한국어교육학회, pp.101~142 ; 박영준(2000), 「한국어 숙달도 배양을 위한
    문화적 어휘·표현의 교육」, 『한국어교육』 11(2), 국제한국어교육학회, pp.89~110
    ; 안경화(2001), 「속담을 통한 한국 문화의 교육 방안」, 『한국어교육』 12(1), 국제한
    국어교육학회, pp.143~163 ; 이석주(2002), 「한국어 문화의 내용별, 단계별 목록
    작성 시고」, 『이중언어학』 21, 이중언어학회, pp.20~44 ; 조현용(2003), 「한국문화
    교육방안에 대한 연구」, 『이중언어학』 22, 이중언어학회, pp.343~364.

13) 조창환(1996), 「한국어교육과 연계된 한국문화 소개 방안」, 『한국어교육』 7(6),
    국제한국어교육학회, pp.109~119 ; 박노자(2000), 「한국문화 교육의 현황과 문제
    점」, 『한국어교육』 11(2), 국제한국어교육회, pp.63~88 ; 조항록(2002), 「한국어
    문화 교육론의 주요 쟁점과 과제」, 『21세기 한국어 교육학의 과제와 전망』, 한국문
    화사, pp.441~471 ; 박영순(2006), 『한국어 교육을 위한 한국문화론』, 한림출판
    사 ; 권오경(2009), 「한국어교육에서 문화교육 내용 구축 방안」, 한국언어문화교육
    학회 2009년도 봄정기학술대회.

14) 한국어 교육에서의 '언어문화'는 문화 교육의 측면에서가 아니라 언어교육의
    측면에서 이미 중요 교수요목으로 다루어지고 있다. 이에 본서에서는 문화 교육
    내용으로서 '언어문화'는 다루고 있지 않음을 밝혀 둔다. 다시 말해 본서에서
    지칭하는 교육 대상으로서의 문화는 한국어 교육에서 말하는 소위 '일반 문화'이다.

18

할 수 있다.

문화 일반을 문화 교육 내용으로 선정한 대표적 연구로, 박영순은 한국어 교육 문화의 내용 범주를 정신문화, 언어문화, 생활문화, 예술문화, 제도문화, 학문문화, 산업기술문화, 문화재 등으로 분류하고 각각의 하위 범주를 제시하였다. 한국어 교육에서 다루어야 할 한국문화 교육 내용을 기능적으로 축소하지 않고 모두 범주화하여 다루려고 한 점에서는 의의를 지닌다. 그러나 구체적 교육 내용의 선택에 있어서 문화 교육의 목표와 방향에 맞는 일정한 원칙이 적용되어야 할 것이다. 권오경 역시 성취문화, 행동문화, 관념문화 영역을 언어문화와 함께 문화 교육 내용으로 범주화할 것을 제안하였는데, 이는 언어문화에 치중되어 있는 문화의 범주를 넓히면서 교육 대상으로서의 문화의 범주를 설정하고 문화 교육의 내용을 새로이 구축하려는 의도로 보인다. 그러나 범주화한 문화를 대항목·소항목으로 단순 분류하여 문화 내용을 배열했을 뿐 문화 내용을 문화 교육 텍스트로 구체화하여 구성하는 실제적인 아이디어와 내용에 대한 언급은 없다.

문화 교육 내용 연구물 가운데 가치 문화에 대해 집중 분석하여 문화 항목을 제시한 강현화[15]의 논의는 주목할 만하다. 서로 다른 문화 간에 진정한 의미의 의사소통이 이루어지기 위해서는 정보적 측면뿐만 아니라 가치적 측면의 문화를 함께 이해하는 것이 필수적이라고 강조하였다. 이에 홉스테드(Hofstede)의 문화 분석 이론[16]을 응용하고 남북한의 문화적 차이와

---

15) 강현화(2007), 「한국인의 가치문화 교수방안」, 『언어와 문화』 3(1), 한국언어문화교육학회, pp.85~115.

16) Hofstede(1991)는 사회유형을 권력과의 거리, 집단주의와 개인주의, 남성적 문화와 여성적 문화, 불확실성의 회피 정도, 유교적 역동성에 따라 구분하였다. 이는 문화의 내재적 측면을 고려한 것으로 한국 생활이 오래되고 언어 수준이 고급으로 갈수록 다른 문화와 변별되는 사회 문화의 내적 특성을 알 수 있다는 점에서 의미가 있다. 왜냐하면 어떤 구체적 행위나 사물 내면에 있는 의미를 알 때 진정으로 그 문화를 알았다고 할 수 있기 때문이다. Hofstede, G. H.(1995), 『세계의 문화와 조직』, (차재호·나은영 역) 학예사(원전 출판연도 1991).

한국 청년 문화의 미래를 통하여 역동적인 현대 한국인의 문화에 접근하고자
시도하였다. 또한 박숙영[17]은 한국의 가치문화를 선정하고 분류하기 위해
한국어 교재와 외국인들이 기고한 신문 칼럼 내용을 홉스테드(Hofstede)와
홀(Hall)의 문화 분석 모델을 기준으로 분석하여, 이를 바탕으로 한국의
가치문화를 15가지 범주로 세분화시켜 범주화하였다. 또한 신문이나 사진과
같은 실제 자료와 드라마와 영화와 같은 영상 자료를 통해 가치문화를
수업에 적용할 수 있는 실례를 제시하였다. 이러한 연구는 현상적으로
드러나는 일상생활문화와 성취문화에 담겨 있는 한국인의 의식구조와 가치
관을 들여다볼 수 있는 기회를 제공하였다는 점에서 의미 있는 시도다.

　한국어 교육에서의 문화 교육 내용에 대한 논의들 가운데 하나의 흐름은
한국어 학습 단계에 따라 문화 내용을 설정하려는 시도이다. 조항록[18]은
초급 학습자와 고급 학습자를 위한 문화 교육의 목표를 설정하고, 학습
방안을 교육 자료와 교과과정 측면, 학습자의 활동 측면으로 분류하여
소개하였으며, 이석주[19]는 한국어 문화의 내용 목록을 언어 예절과 언어
내용으로 분류하여 작성하고, 연구자의 직관에 따라 문화 내용을 초급,
중급, 고급 세 단계로 등급을 나누었다. 한국어 학습 단계에 따른 문화
내용 분류에 대한 논의로 장경은[20]은 언어 교육을 위해 문화 내용을 표층적
문화에서 심층적 문화로, 일상적 행동 유형에서 가치관과 세계관으로, 현대
문화에서 전통문화로 단계화할 것을 주장하고, 그에 따른 문화 항목 분류표

17) 박숙영(2007),『문화간 의사소통을 위한 가치문화 교육방안』, 경희대학교 교육대학
　　원 석사학위논문.
18) 조항록(1998),「한국어 고급 과정 학습자를 위한 한국 문화 교육 방안」,『한국어
　　교육』9(2), 국제한국어교육학회, pp.223~237 ; 조항록(2000),「초급 단계에서의
　　한국어 교육과 문화 교육」,『한국어 교육』11(1), 국제한국어교육학회, pp.153~173.
19) 이석주(2002),「한국어 문화의 내용별, 단계별 목록 작성 시고」,『이중언어학』
　　21, 이중언어학회, pp.20~44.
20) 장경은(2001),『한국어 교육을 위한 단계별 문화 내용과 교수 방법』, 전남대학교
　　대학원 석사학위논문, p.28.

를 제시하였다. 물론 문화 속에는 인간의 사유와 행동을 결정짓는 내포된 순서(규칙)가 존재하므로 문화의 유형과 특징에 따라 단계적 접근을 시도하는 것도 의미가 있다고 본다. 그러나 한국어 학습 단계에 의한 문화 항목 배열은 문화 주제별 단순 배열에 지나지 않으며, 단계별 문화 항목 간의 유기적 연계는 거의 고려하지 않고 있다.

한국어 교육에서의 문화 내용의 단계별 배열에 대한 논의는 한국어 초급 학습자는 한국어 학습 단계와 마찬가지로 초급 문화 내용을 배울 것이라는 점을 전제하고 있다. 그러나 이 논의의 맹점은 언어적 숙달도와 문화적 숙달도가 비례관계를 이루며 향상되는 것이 아니라는 것이다. 여기에서 문화 교육 내용을 단계적으로 설정한다는 것은 다만 문화 내용 텍스트의 한국어 수준을 정한 것이라 볼 수 있다. 따라서 한국문화의 특성을 배제한 문화 내용의 단계적 제시는 한국어 교육 교수요목에 맞춘 다분히 편의적인 제시 방안이다. 그럼에도 한국어 학습 단계에 따른 한국문화의 등급화가 필요불가피한 방안이라면 문화 내용 선정과 문화 교육 방안에 대한 보완책이 마련되어야 할 것이다. 그러나 문화 내용의 단계화 설정 또한 추상적인 논의에 그치고 있는 실정이다.

최근 또 하나의 흐름은 문화 교육의 중요성에 대한 인식과 함께 한국문화 교육을 위한 전문 교재[21]가 다수 출판되고 있다는 것이다. 외국인 학습자를

---

21) 다음의 문화 전문 교재 목록은 국립국어원 보고서『국제 통용 한국어 표준 모형 개발 2단계』를 참고하였다.
권영민 외(2009),『외국인을 위한 한국문화 읽기』, 아름다운한국어학교 ; 구현정·서은아(2009),『이민자를 위한 한국 사회 이해』, 정인출판사 ; 김진호 외(2011),『외국인을 위한 한국 문화』, 역락 ; 김해옥(2010),『외국인을 위한 한국문화 읽기』, 한국방송통신대학교출판부(에피스테메) ; 박금주 외(2004),『외국인을 위한 한국문화의 이해』, 배재대학교출판부 ; 박한나(2009),『통으로 읽는 한국문화-외국인과 다문화 가족을 위한 한국 입문서』, 박이정 ; 이미혜 외(2010),『외국인을 위한 한국문화』, 박이정 ; 이상억(2008),『한국어와 한국문화』, 소통 ; 이선이(2007),『외국인을 위한 한국현대문화』, 한국문화사 ; 조재윤 외(2009),『외국인을 위한 한국문화 길라잡이』, 박이정 ; 조항록(2008),『외국인을 위한 한국사회와 문화』, 소통 등.

위한 한국문화 전문 교재의 제작과 보급은 반가운 일이다. 그러나 일부 교재는 주제 선정에 있어 지나치게 흥미 위주이거나 전통문화에 치중되어 있어 한국문화 교재로 한국어 교육 현장에서 한국어 학습자에게 직접 활용되기에는 다소 무리가 있어 보인다. 오히려 이러한 문화 전문 교재는 한국어 교사들이 문화 교육 자료를 제작하거나 문화에 대한 정보를 수집할 때 참고할 수 있는 일차적 자료로 활용되면 좋을 듯 싶다.

한국어 교육에서 다루어야 할 문화 내용에 대한 논의와 함께 문화 교육 내용을 어떻게 교육할 것인가에 대한 연구들도 활발히 진행되어 왔다. 한상미[22]는 한국어와 한국문화의 통합적인 교육은 형태나 의미 등 언어 자체에 대한 지식 학습에 우선순위를 두는 것에서 벗어나서, 그 언어의 배후에 존재하는 문화적 요소를 학습하는 데 동등하거나 그 이상의 비중을 두는 것이라고 하며, 이에 의사소통민족지학 연구 방법론을 적용할 것을 제안하였다. 한상미의 논의는 한국문화 교육에서 관찰, 참여관찰, 면접 등과 같은 새로운 방법을 적용하여 학습자들이 객관적인 입장에서 관찰하고, 한국인과의 인터뷰를 통해 한국문화를 적극적으로 이해할 수 있도록 한다는 점에서 의의를 찾을 수 있다.

최권진 외[23]는 쿠레레(currere)[24] 방법을 적용하여 한국어 학습자를 대상

---

22) 한상미(1999), 「한국어 교육에서 언어와 문화의 통합적인 교육방안-의사소통 민족 지학연구 방법론의 적용」, 『한국어교육』 10(2), 국제한국어교육학회, pp.347~366.
23) 최권진(2008), 「쿠레레(Currere) 방법을 적용한 한국어 문화교육-그 이론과 실제」, 『한국언어문화학』 5(1), 국제한국언어문화학회, pp.113~134 ; 장호진·박성실 (2010), 「쿠레레(Currere) 방법을 활용한 한국의 실생활문화 교육방안」, 『비교문화연 구』 19, 경희대학교 비교문화연구소, pp.339~358.
24) 쿠레레(currere)는 교육 과정을 커리큘럼(curriculum)이라는 명사형이 아닌 라틴어의 동사형인 '쿠레레(currere)'로 보아야 한다는 관점에서 W. Pinar와 그의 제자인 M. Grumet에 의해 제안되었다. 쿠레레(currere) 방법이란 자서전적 방법으로 학습자 개인의 전기적 상황을 분석하여 학습자의 생각과 행동에 잠재되어 있는 것들을 밝혀냄으로써 스스로 교육과정의 지식을 만들어가는 것이다. 쿠레레 방법은 학습자 의 경험을 중시하므로 비교 문화적 관점 또는 상호문화적 관점에서 한국어 학습자에

으로 하는 한국문화 교수·학습 방안을 모색하였다. 타인에 의해 결정된
학습 자료, 의도된 학습 결과나 경험 대신에 개인의 진행 경험, 살아온
경험 그 자체를 중시하는 쿠레레 방법과 자서전적 글쓰기를 교수·학습
틀로 원용한 수업 모형을 제안하였다. 쿠레레 방법이 학습자 중심 교육과
과정 중심 교육이 가능하다는 것과 학습자의 자국 문화와 목표 문화를
비교함으로써, 문화 인식에 있어 비교 문화적 관점의 장점을 실제로 보여주
었다는 데 의의가 있다. 그러나 회귀, 전진, 분석, 종합이라는 정신분석학적
방법을 도입한 점이나 개인의 생생한 삶의 경험적 역사를 탐구의 대상으로
삼은 점 때문에 경험을 바탕으로 하는 글쓰기 등과 같은 특정 문화 내용
교육 시에만 적용이 가능하다는 단점이 있다. 그럼에도 문화 교육의 본질을
한국어 교육에 실제적으로 적용하려고 시도한 점은 높이 평가할 만하다.
　한국어 교육에서의 문화 교육 방법론에 대한 논의는 대부분 영화, 드라마,
광고, 신문 등 문화 교육의 소재별 방법론 연구25)에 치우쳐 있다. 물론
다양한 소재 관련 연구는 독자적인 영역으로서 가치와 의의를 지닌다.
그러나 문화 교육 방법의 원론적인 논의 없이, 문화 교육 방법의 큰 그림
제시 없이, 문화의 하위 요소를 매개로 하는 기능적인 방법을 우선적으로

　게 한국문화를 교육하기에 적합하며, 단순히 한국문화에 대한 지식을 습득하는
　것이 아니라 습득한 지식을 학습자의 삶과 연계시킬 수 있다는 특징이 있다.
　William F. Pinar(1994), *Autobiography, politics and sexuality: essays in curriculum theory 1972-1992*, New York: Peter Lang, pp.19~27.
25) 김기국(2003), 「사진 이미지를 통한 문화 교육의 기호학적 접근」, 한국 언어문화교육학회창립총회 및 제1회 국제학술대회, 한국언어문화교육학회 ; 최인자(2003), 「대중매체를 활용한 한국어 교육 방법-텔레비전 드라마를 중심으로」, 『어문학교육』 28, 한국어문학교육학회, pp.267~286 ; 한선(2007), 「영상 매체를 활용한 한국 문화 교육-'TV드라마와 영화'를 중심으로」, 『언어와 문화』 3(3), 한국언어문화교육학회, pp.195~216 ; 김민정(2009), 「TV 광고를 활용한 한국 문화 교육 방안 연구」, 『한국어문학연구』 29, 한국외국어대학교 한국어문학연구회 ; 김서형(2009), 「영화를 활용한 한국의 언어와 문화 교육-교육용 영화 선정의 원리와 기준을 중심으로-」, 『우리어문연구』 35, 우리어문학회, pp.161~187.

논의하는 것은 지엽적인 문화 교육 방안 제시에 지나지 않는다. 문화 교육의
소재별 접근은 다양한 매체와 텍스트들 그 자체가 문화 교육적 의미를
지닌다기보다는 문화를 해석한 현대적 관점으로서 또는 다양한 해석 가능성
의 한 실현으로서 한국어 학습자가 한국문화를 이해하는 계기와 자극제
역할을 한다는 점에서 의미가 있다고 본다. 따라서 먼저 학습할 목표 문화를
구체적으로 설정하고, 목표 문화 내용에 효과적으로 접근하기 위한 교육
자료로서 소재를 활용해야 문화 교육의 효과적인 방안의 하나로서 문화
교육의 장에 도입되는 것이다.

한국어 교육에서의 문화 교육에 대한 논의를 검토해보면 우선 문화
교육의 방향이 의사소통 능력 향상을 위한 언어 교육의 도구이거나 그
연장선상에서 이루어져 왔음을 알 수 있다. 일부 논의에서 언어 교육에서의
문화 교육의 중요성을 강조하면서 '문화 능력(cultural competence)'[26] 신장을
문화 교육의 목표로 제시하고 있지만, 실제 '문화 능력' 내용에 있어서는
의사소통 능력의 구성 요소 가운데 하나인 '사회언어학적 능력(sociolinguistic
competence)'과 크게 다르지 않았다. 또한 '문화 능력'을 목표 언어 사회의
문화 이해로 확대 설정한 논의도 있으나, 이 역시 '문화 능력'에 대한 추상적인
논의에 그치고 있어 실제적인 한국문화 교육 방향 제시가 이루어지지 않고
있다. 이는 한국어 교육이 의사소통 능력 향상에 주력해 왔으며, 한국어
학습자를 대상으로 하는 대부분의 한국문화 교육이 한국어 교육 현장에서
이루어지고 있다는 현실과 관련하여, 한국어 학습자를 대상으로 하는 한국문
화 교육이 한국어 의사소통의 틀 안에서 다루어져 왔음을 의미한다.

또한 교육 대상으로서의 문화의 개념과 범주, 그리고 내용에 대한 실제적
인 연구 성과가 부족하다. 이러한 데에는 문화의 정의가 광범위해서 문화
교육 내용에 대한 표준화된 기준을 정하기 어렵다는 점도 있지만 한국어

---

26) '문화 능력(cultural competence)'의 개념에 대해서는 III장 3-2)에서 집중적으로
다루도록 하겠다.

교육에서의 문화 교육의 목표나 틀이 제대로 세워져 있지 않다는 점 때문이기도 하다. 또한 한국어 교육에서 문화 교육은 아직도 전체적인 내용 구성에서 불균형적이며, 문화 내용은 피상적인 단순 지식, 보존적인 지식(conserving knowledge)[27]이라는 한계를 지니고 있다.

문화 교육 방법 역시 언어 능력을 향상시키기 위한 틀 안에서 언어 교육의 확장된 형태로 이루어지고 있기 때문에, 문화 요소를 매개로 하는 기능적인 방법 모색에 초점이 맞춰져 있다. 한국문화 교육임에도 한국문화의 특성을 인지하고, 교육할 문화 내용의 특성과 유형을 고려한 교육 방향을 제시하지 못하고 있다. 결국 한국어 교육에서는 문화 교육의 필요성을 절감하면서도 문화를 단순히 한국어 교육에서 의사소통 능력을 신장하기 위한 도구의 하나로 간주하고 있어, 문화 교육이 언어의 표현과 이해 영역에서 벗어나지 못하는 한계를 초래하고 있다.

그러나 최근 외국어 교육의 목표를 문화적 지식과 문화적으로 적합한 행동을 가르치는 데에서 나아가 문화적 현상을 배태한 사회적·역사적 배경에 대한 지향으로 파악한 크람쉬(Kramsch)[28]의 논의에서도 알 수 있듯이, 외국어 교육의 목표는 이제 목표 언어 사회의 문화 이해를 통해 학습자들 개인의 인식을 변화시키며, 개인이 세계를 인식하는 시각과 관점을 확대시키는 데로 나아가고 있다. 이는 외국어 교육에 있어 '의사소통 능력' 향상이라는 기존의 문화 교육 목표와 더불어 또 하나의 문화 교육 패러다임을 구축할 수 있음을 시사한다.

한국어 의사소통 능력 향상과 더불어 구축할 수 있는 또 하나의 패러다임은 한국어 학습자들에게 한국 사회의 문화를 이해하는 과정에서 새로운 의미와

---

27) Cook, G.(2004), 『응용언어학』, (방영주 역), 범문사(원전 출판연도 2003), pp.74~85.
28) Kramsch, C. J.(2001), Intercultural communication, in Carter, R. and Nunan. D.(ed), *The Cambridge Guide to Teaching English to Speakers of Other Languages*, Cambridge: Cambridge University Press, pp.201~206.

상징을 알고, 자국의 문화와 자신의 문화 정체성을 되돌아보며, 문화에 대한 인식과 태도에 있어 변화를 가져오는 문화 교육이다. 본서에서는 이러한 문화 교육의 또 다른 패러다임을 '문화 간(Cross-Cultural) 이해 능력' 함양으로 명명하고자 한다.

'문화 간 이해 능력' 함양에 대한 연구는 한국어 학습자를 대상으로 하는 문화 교육의 목표와 방향이 다양한 차원에서 전개될 수 있도록 하는 하나의 단서가 될 수 있을 것이다. 또한 기존의 '의사소통 능력' 향상과 더불어 '문화 간 이해 능력' 함양이라는 두 개의 패러다임에 따른 문화 교육 방향 연구는 한국어 학습자의 학습 목적과 문화적 배경에 따라 문화 교육의 내용과 방법이 차별화되어야 한다고 할 때, 한국어 학습자 변인을 반영한 문화 교육 방향 연구에 있어 하나의 시도가 된다는 점에서 의의를 가질 것이다.

이하 본서에서는 한국어 교육에서의 문화 교육 목표를 재설정하고, 문화 교육 목표에 따른 교육 방향을 제시할 것이다.

II장에서는 문화의 개념과 문화를 바라보는 관점에 대해 이론적으로 고찰해 보고, 현재 행해지고 있는 문화 교육 가운데 교육 대상을 차별화하여 실행되어야 하는 국제이해교육, 다문화교육, 상호문화교육의 교육 목표와 교육 내용을 살펴보고자 한다. 이는 한국어 학습자를 위한 문화 교육으로 가장 많이 논의되고 있는 다문화교육과 상호문화교육이 교육의 대상과 목표, 그리고 교육 방법에 근본적인 차이가 있음을 밝히고, 일반 목적의 한국어 학습자를 대상으로 하는 문화 교육은 상호문화교육의 원리가 보다 실천적으로 적용될 수 있음을 논의하기 위함이다.

또한 외국어 교육의 의사소통적 측면에서 주로 다루어져 온 문화의 개념을 고찰해 보고, 이어 한국어 교육에서의 문화 교육은 문화의 어떤 개념과 관점에서 출발해야 하는지 살펴봄으로써 언어 능력 향상을 위한 기능적 요소로 활용되고 있는 문화가 그 개념과 교육적 위상에 있어 재정립되어야 함을 제언할 것이다.

다음 절에서는 한국어 교육에서의 문화 교육 현황을 비판적으로 고찰하면서 한국어 교육에서의 문화 교육에 대한 문제점을 검토하고자 한다. 한국어 교육에서의 문화 교육의 위상에 대한 논의들을 중점적으로 다루며, 한국어 교육 현장에서의 문화 교육 방안에 대한 논의들과 실제 교육 현장에서 언어 교육의 일환으로 진행되고 문화 교육 방법과 한국어 교재에 나타난 문화 교육 접근 방식을 분석할 것이다. 현재 대부분의 한국어 교육 기관이 한국어 교재 중심의 문화 교육을 하고 있다는 점에서 한국어 교재에 나타난 문화 교육 접근 방식을 분석해 보는 작업은 비교적 객관적으로 문화 교육의 현황을 살펴 볼 수 있는 방법이 될 것이다. 한국어 교육에서의 문화 교육 현황에 대한 비판적 고찰을 통해 다음 장에서 논의할 한국문화 교육 목표 재설정의 필요성에 대한 근거를 마련할 것이다.

Ⅲ장에서는 Ⅱ장에서 논의한 한국어 교육에서의 문화 교육에 대한 비판적 고찰을 바탕으로 문화 교육의 목표를 재설정할 것을 제안하고, 한국문화 교육의 중요한 요소인 학습자 변인을 고려한 문화 교육의 표준적인 틀을 마련하고자 한다.

실제 한국어 교육 현장에서는 한국어 학습자의 다양한 변인과 특수 상황을 고려하여 교과과정과 교육체제를 완벽하게 갖추기는 어려운 상황이다. 그러나 최소한 교포 학습자(heritage learners)인가, 비교포 학습자(non-heritage learners)인가는 고려되어야 한다. 왜냐하면 한국문화 교육 측면에서 교포 학습자인가, 비교포 학습자인가는 매우 중요한 의미를 지니기 때문이다. 이에 본서에서는 한국어 학습자의 다양한 변인을 유의미하게 간략화 하여 교포 학습자 중에서는 다수를 차지하는 재미교포 학습자,

비교포 학습자 중에서는, 비교포 학습자의 다수를 차지하고 있으며 한국문화와의 관계에서 볼 때 특별한 문화적 배경을 갖고 있는 중국인 학습자를 대상으로 한국어 학습자가 지향하는 문화 교육의 목적을 알아보고자 한다. 문화 교육의 차원에서 유의미한 재미교포 학습자와 중국인 학습자를 대상으로 자국(거주 국가) 문화에 대한 인식과 한국문화에 대한 인식, 그리고 한국어 교육 현장에서 한국문화 교육 필요성 여부에 대해 심층 인터뷰를 실시하였다.

본 연구자가 심층 인터뷰를 선택한 이유는 자국 문화와 한국문화에 대한 인식 정도, 한국문화를 바라보는 중국인 학습자의 입장과 시각을 파헤치는 데에 있어, 한정된 예시 답안을 제시하고 그 안에서 답을 고르게 하는 객관식 설문지나 단편적인 답 이상을 기대하기 힘든 단답식보다 심층 인터뷰법이 적절하다고 판단했기 때문이다. 재미교포 학습자 역시 개인성장사를 바탕으로 한, 한국어 습득 과정과 한국 및 한국인과 한국문화에 대한 의식의 변화 과정을 추적하기 위한 방법론으로 질적 연구 방법인 심층 인터뷰가 적절하다고 사료된다. 설문지 조사법과 같은 양적 연구 방법으로는 재미교포 학습자들이 경험한 복잡한 의식의 변화를 포착하고 기술하기에 한계가 있을 것이다.

본서에서는 재미교포 학습자와 중국인 학습자 중에서 적절한 연구 참여자를 선정하기 위해 개인 정보를 중심으로 한 예비 조사를 1차적으로 실시하였다. 예비 조사를 바탕으로 적절한 연구 참여자 재미교포 학습자 16명, 중국인 학습자 21명을 선정하고 반구조화 된 심층 인터뷰를 실시하였다. 일반 목적의 재미교포 학습자와 중국인 학습자는 한국어 학습 동기, 사회적·문화적 상황에 있어 유의미한 차이를 보이는 한국어 학습자 집단이다. 한국어 학습자의 변인을 반영하여 한국어 교육에서의 문화 교육의 목표를 한국어 '의사소통 능력' 향상과 '문화 간 이해 능력' 함양이라는 두 개의

28

패러다임으로 구축하고자 한다. 이에 문화 교육과의 관계에 있어 '의사소통 능력'과 '문화 간 이해 능력'의 개념을 정립하고, 문화 교육 목표로 설정한 두 패러다임 간의 관계를 논의해 보고자 한다.

문화 교육에 있어 한국어 '의사소통 능력' 향상이라는 기존 문화 교육 목표와 더불어 본질적·실존적인 동기라는 차원에서, '문화 간 이해 능력' 함양이라는 문화 교육의 새로운 패러다임을 이론적으로 도출할 수 있었으며, 실제적으로 한국어 학습자의 변인을 반영하여, 문화 교육 목표에 있어 '문화 간 이해 능력' 함양이라는 패러다임을 공고히 할 수 있었다. 이 장에서 실제적으로 구축된 '의사소통 능력' 향상과 '문화 간 이해 능력' 함양이라는 문화 교육의 두 패러다임은 Ⅳ장에서 논의하고자 하는 문화 교육 방향의 틀로 적용될 것이다.

Ⅳ장에서는 Ⅲ장에서 문화 교육의 두 패러다임으로 설정한 '의사소통 능력' 향상과 '문화 간 이해 능력' 함양을 위한 문화 교육 방향을 제시하고자 한다. 이를 위해 우선적으로 문화 교육 대상으로서의 한국문화의 특징을 고찰해 볼 것이다. 한국어 학습자를 대상으로 하는 한국문화 교육에서 가장 중요하고도 핵심적인 문제는 한국문화라는 추상적인 개념을 어떻게 구체화시켜 교육하는가이다. 따라서 실제적인 한국문화 내용의 범주화에 앞서 한국인들이 존중하는 가치가 무엇인지, 한국문화의 정체성과 한국문화의 핵심이 무엇인지, 한국문화의 특징을 살펴보는 것이 우선적으로 이루어져야 될 것이다.

다음으로 문화 교육 대상으로서 한국문화를 범주화하고, 한국문화 범주 간의 상호 관계성을 규명해 보고자 한다. 한국문화를 문화 내용과 존재 양태에 근거하여 행동문화(Cultural Practice), 성취문화(Cultural Products) 및 관념문화(Cultural Perspective)로 범주화하고, 한국문화의 형성과 변화의 모습을 입체적으로 설명하고 있는 '체(體, principle)', '용(用, adaptation)'

및 '상(相, différance)'의 삼대(三大) 원리에 적용해서 한국문화의 모습을 입체적으로 풀어내 보고자 한다. 이러한 과정에서 가시적 결과로서의 행동문화(Cultural Practice)와 성취문화(Cultural Products), 그리고 비가시적인 작용으로서의 관념문화(Cultural Perspective)의 상호 관계성을 밝힐 것이다. 문화 교육 내용으로서의 한국문화 범주와 세 범주 간의 상호 관계성 규명은 다음의 한국문화 교육의 핵심 원리로 전개될 것이다.

목표 언어 사회의 문화를 이해하는 과정에서는 자국 문화의 정체성에 대한 지식이 개입되므로 '상호문화적 접근' 원리를 한 축으로 하고, 문화와 역사를 만들어 가면서 목표 언어 사회 구성원들이 공유해 온 가치관과 사고방식을 이해하고, 또한 실제 표면적으로 드러나는 행위와의 연계선상에서 입체적으로 바라볼 수 있는 문화 범주 간 '통합적 접근'을 또 하나의 축으로 삼고자 한다. 또한 III장에서 구축한 '의사소통 능력' 향상과 '문화 간 이해 능력' 함양이라는 문화 교육의 두 패러다임에, 문화 교육 접근 원리를 적용하여, 문화 교육 방향을 제시하고자 한다. 아울러 한국어 학습자를 대상으로 하는 한국문화 교육의 진정한 의의를 짚어보고, 본서의 의의 및 한계, 그리고 후속 연구에 대한 제언을 밝히고자 한다.

Ⅱ. 문화 교육과 한국어 교육

1. 문화와 문화 교육

1) 문화의 개념과 문화에 대한 관점

　문화는 원래 인류학적, 사회학적 관점에서 논의되어 온 개념이다. 이러한 관점에서 내린 '문화'에 대한 개념은 대략 300여 가지가 된다. 이러한 논의에서 최대 공약수로 등장하는, 즉 거의 모든 논자가 동의하는 개념은 '공동체', '역사성', '다른 공동체와의 차별성', '생활양식', '가치관 또는 관념' 등이며 좀 더 넓혀갈 때에는 '법률', '제도', '문물' 등이 포함된다.

　문화는 인간 삶의 총체물이기 때문에 그 영역이나 성격이 매우 복잡하고 광범위하다. 문화의 개념 문제는 문화의 범위를 어떠한 기준으로 설정하느냐에 따라 학자들에게 다양하게 논의되어 왔다. 문화인류학자 테일러(Tylor)는 문화란 사회성원으로서 인간이 획득한 모든 지식과 신앙, 예술, 도덕, 법률, 관습 등에 대한 능력과 습관의 복합체이며, 인간의 유형화된 생활양식[1]이라 하였으며, 기어츠(Geertz)는 문화는 단지 상징적 형태로 표현되는 의미의 체계(System of meaning)[2]라 하였다. 또한 패터슨(Patterson)은 문화는 일반적

---

1) Tylor, E. B.(1981), *Primitive Culture*, London: John Murry, p.10.
2) Geertz, C.(1973), *The Interpretation of cultures: selected essays*, New York: Basic Books, p.89.

관점에서, 또 삶의 특정한 영역이라는 관점에서, 생활하거나 판단을 내리는 방식에 관해 사회적으로 정해지고 계층 내부적으로 형성된 개념의 목록3)이라고 정의하고 있다.

최준식은 문화란 인간 삶의 모든 것을 담은 총체적인 것을 말하기 때문에 문화를 정의하는 문제는 간단하게 다룰 수 없다고 하면서, 논의의 편의상 문화는 대체로 유형적인 것(물질문화)과 무형적인 것(비물질 문화)으로 분류할 수 있다4)고 하였다. 유형적이라 함은 과거와 현대의 모든 문화 유적을 포함해서 예술 문화 혹은 일상적인 삶의 도구 등이 여기에 해당되며, 무형적이라 함은 종교 사상이나 유형적인 문화 밑에 깔려 있는 원리가 포함됨은 물론 사람들이 견지하고 있는 세계관이나 가치관, 인간관, 시간관 등이 대단히 중요한 부분을 이룬다고 보았다. 한상복 외5)는 문화를 한 인간 집단의 생활양식의 총체로 해석하는 총체론적 관점과 실제적인 행동으로서의 말과 행위, 그것을 지배하는 규칙 또는 원리로 구별하여 문화를 후자로 한정하는 관념론적인 관점의 두 범주로 분류하여 설명한다. 관념론적 관점에서는 안 좋은 일이 있을 때, 굿이나 점을 보는 행위를 하거나 이사를 할 때, 택일을 하는 행위 자체가 문화라기보다는 그러한 행위를 가능하게 한 관념 체계 및 규칙 체계가 곧 문화라는 것이다.

문화에 대한 정의를 정리해보면 인간 삶의 총체물이라는 주장과 인간생활의 양식, 상징화된 의미의 체계, 사회적 행위를 가능하게 한 관념 체계 등으로 요약된다. 좀 더 크게 묶어본다면 물질적인 문화와 비물질문화, 그리고 두 문화 사이의 관계문화로 구분할 수 있다.

인류학에서의 문화는 윤리, 미학, 예술, 물질생활, 그 자체 대신에 사람들의

---

3) Samuel, P. Huntington·Lawrence E. Harrison(2001), 『문화가 중요하다』, (이종인 역) 김영사(원전 출판연도 2000), pp.202~218.
4) 최준식(1998), 「한국문화 그리고 한국인, 어떻게 연구할 것인가」, 『한국 문화와 한국인』, 사계절, p.10.
5) 한상복, 이문웅, 김광억(1997), 『문화인류학 개론』, 서울대출판부, p.16.

실제적 생활 세계 속에서 그것들이 실천하는 의미에 관심을 두어 이해하는 것6)이다. 즉 미학적 정의나 윤리 체계가 민족, 사회, 집단에 따라 그리고 시대에 따라 왜 다양한가를 현실적 맥락과 실천의 차원에서 규명하는 것이다. 예술품 자체는 물건(object)일 뿐이며 그것에 의해서 표현되고 실천되는 의미와 기능의 복합체가 비로소 문화라는 것이다. 이렇게 볼 때 인류학에서의 문화의 대상은 결국 '사람'이 개입된 모든 활동과 제도에 적용된다. 따라서 현대 인류학의 문화 연구에서 강조되고 있는 민족지적 접근 방법은 문화 항목의 총체적 결합으로서의 사회적 단위를 분석하는 것이 아니라 그러한 문화 요소의 총체적 담지자로서의 '인간'을 관찰하고 서술하는 것이라 할 수 있다.

사회학적 관점에서의 문화에 대한 개념 논의로 젠크스(Jenks)7)는 문화란 결코 현대의 창안물이 아닌 전통과 연관되는 개념이면서, 동시에 포스트모더니즘과 가장 깊게 연관되는 특이한 접점이라고 하였다. 그는 인식 범주로서의 문화, 그리고 보다 구체적이고 집합적인 개념으로서의 문화로, 이는 사회의 지적·문화적 발달 상태를 의미한다. 즉 문화 개념은 개인의식이 아닌, 집합적 생활의 영역 속에서 파악된다. 또한 기술적·구체적 범주로서의 문화인데 이때 문화는 한 사회의 예술 및 지적 작업의 총체로 간주된다. 이것이 흔히 '문화'라는 말을 사용하게 될 때 의미하는 바이며, 여기에는 특수성, 배타성, 엘리트주의, 전문지식, 연마 및 사회화 등과 같은 의미들이 적재되어 있다. 이는 비록 한 사회의 비의적(非儀的)인 상징체계일지라도 생산되고 침적된 상징 영역이 문화라는 확고히 정립된 통념이다. 마지막으로 사회적 범주로서의 문화이다. 이때 문화는 한 종족의 전체 생활 방식으로

---

6) 김광억(1998), 「문화에 대한 인류학적 개념과 연구방법」, 『문화의 다학문적 접근』, 서울대학교 출판부, p.3.

7) Chris Jenks(1996), 『문화란 무엇인가-문화의 사회학적 개념』, (김윤용 역) 현대미학사 (원전 출판연도 1993), pp.19~41 및 pp.181~198 참조.

간주된다.

문화는 그 자체가 인간 삶의 모든 분야에서 고루 쓰일 정도로 이해
범위가 넓고, 학문의 영역이나 접근 방식에 따라 다양하게 이해될 수 있기
때문에 이것을 하나의 완벽한 개념으로 표현하는 것은 쉽지 않다. 또한
문화는 사회구성체를 총체적인 구조로 이해하지만 그 총체성은 탈중심적이
고 중층결정된 것이며, 이중적이며 모순적인 위치에 있어서 보편화와 특수
화, 동질화와 차이, 통합과 분리, 중앙 집중화와 탈중심화, 병렬과 융합이
동시에 일어나는 지점8)이기도 하다.

이렇듯 문화를 각기 다르게 정의하고 있지만 그것은 문화의 개념적
내용의 특수한 면을 강조하거나 문화를 바라보는 관점에 있어서 차이가
있을 뿐이지 공통점이 더 많다. 문화란 누구나 가지고 있는 사회적으로
획득한 지식, 즉 한 집단의 역사적 과정을 통해서 그 집단에 의해 습득
또는 학습된 행위의 총합이다. 어떤 지식이 다른 사람들의 정신 속에 존재하
는 개념이나 명제와 서로 유사한 것이라면 그것은 문화적인 것이다. 따라서
언어도 다른 구성원들로부터 배워서 보유하고 있는 것이므로 문화적 지식이
다. 또한 한 나라의 문화란 그 공동체내의 구성원들이 함께 나누고 있는
모든 생활양식과 사고방식으로 다른 공동체와 구별시켜주는 어떤 공동체의
특징이다. 이 속성은 우리가 태어나서 성장해감에 따라 가속적으로 배우게
된다. 따라서 문화는 지도되고 학습될 수 있는 것이다. 한 사회집단의
생활양식 전반에 나타나는 문화의 속성9)은 사회 구성원들에 공유되고,
축적되며, 학습되고, 하나의 전체적 체계이며, 항상 변하며, 초유기체10)이다.

---

8) Francois de Bernard 외(2005), 『세계화 시대의 문화 논리 — 문화 다양성과 정체성
   확보를 위한 해외 문화 전략 사례 연구』, (김창민 외 편역) 한울아카데미(원전
   출판 연도 2002·2003), pp.83~98.

9) Easthope, Antony(1994), 『문학에서 문화연구로』, (임상훈 역) 현대미학사(원전 출판
   연도 1991).

10) 문화의 속성이 초유기체(Culture is super organic)라 함은 문화는 생물학적인 또는

지금까지 살펴본 문화에 대한 정의는 문화를 연구 대상이라는 관점에서 개념화한 것이다. 다음에는 문화를 교육 대상이라는 시각에서 개념화한 외국어 교육학자들의 문화 정의를 살펴보도록 하겠다. 우선 브라운(Brown)[11] 은 문화란 우리가 존재하고 생각하고 느끼며 다른 사람들과 관계를 맺는 것 안에 존재하며 서로를 묶어주는 '접착제'와 같은 것이며, 또한 그 시대를 살고 있는 사람들로 구성된 한 집단의 관습이나 이념, 기술, 예술, 기구 등으로 정의된다고 보았다. 즉 문화는 인간의 생활과 불가분의 관계를 이루고 그 속에 녹아들어 그 속에 살고 있는 인간을 하나로 묶어주는 역할을 한다. 이러한 문화는 제2언어 학습에서 매우 중요한 요인으로 등장하고 있으며 언어와 문화는 서로 복잡하게 얽혀 있어 양자를 분리시키면 어느 하나의 중요성이 사라진다고 하였다.

리버스(Rivers)[12]도 문화란 그 사회집단에서 공유하는 모든 생활을 일컫는 다고 하였는데, 즉 한 민족의 문화란 삶의 모든 면과 관련이 있어 성장하는 아이는 행동하는 법, 표현하는 법, 사물을 보는 법, 높이 평가해야 할 것, 무시해야 할 것들을 배우게 된다는 것이다. 그는 문명은 지리학, 역사, 예술적 문화적 업적, 정치, 종교, 교육제도, 과학의 업적, 철학적 개념 등

심리학적인 것과는 다른 수준의 것이라는 의미이다. 생활양식과 사유양식으로서의 문화는 개인에 의해 담당되고 개인의 생활과 행동 속에서 표현된다. 그러나 개인은 사회구성원으로서의 인간이며, 그의 행동은 사회적으로 인정된 행동양식이어야 한다. 따라서 생활양식이란 사회화된 집단의 생활양식이지 개인이 임의로 조작하는 것이 아니다. 이러한 의미에서 문화는 개인에 의하여 담당되지만 초개인적 또는 초유기체적인 것이다. 즉 모든 문화는 거기에 참여하고 있는 개인들에 의해 담당되고 있지만 그들의 생사에 의한 세대교체 현상과 관계없이 존속하고, 사회집단의 성쇠와 관계없이 문화 나름의 변화법칙을 갖고 있다. 한상복 외(1997),『문화인류학 개론』, 서울대출판부.

11) Brown, H. Douglas(2010),『외국어 학습·교수의 원리』, Pearson Education Korea(원전 출판연도 2007), p.200.

12) Wilga M. Rivers.(1981), *Teaching Foreign Language Skills*, Chicago: The University of Chicago Press, pp.314~345.

36

모든 것을 포함하는 측면이며, 문화는 이런 모든 것을 포함하면서도 일반
시민의 생활양식, 그들의 언어학, 동료들과 나누는 가치, 신념, 편견 등에
중점을 두는 것이라고 하면서 언어 교육에서는 문화를 중심으로 한 문명의
소개가 바람직하다고 보았다. 데이먼(Daman)[13]은 문화는 학습되어지고,
변화하며, 인간 삶의 보편적인 사실이며, 살아가는 데 독특하고 흥미 있는
청사진을 제공하며, 언어와 문화는 밀접한 관련이 있으며 상호작용한다고
설명하고 있다.

브룩스(Brooks)는 생물학적 성장(biological growth), 개인적 품위(personal
refinement), 문학과 예술 작품(literature and fine arts), 생활의 유형(patterns
for living), 생활 방식의 총합(the sum total of a way of life)의 다섯 가지로
문화를 세분화[14]하였다. 브룩스는 문화란 바로 생활 자체에서 묻어 나오는
것으로 우리 일상생활과 아주 밀접한 관계가 있다고 하였다. 그리고 언어
혹은 비언어적인 수단을 통해 의사소통을 할 때 문화는 그 속에 내포되는
것이며 인간은 성장하면서 언어와 문화를 별개로 학습하는 것이 아니라
언어를 학습하면 자연스럽게 문화를 습득하는 것이라고 하였다. 다섯 가지
중에서도 외국어를 학습할 때 가장 중요하고 필수적으로 소개되어야 할
요소로 생활의 유형을 들고 있다. 브룩스가 말하는 생활의 유형은 모든
종류의 삶의 환경에서 취해야 하는 태도와 행위 규칙의 표본으로 어릴
때부터 세상에 적응해 가면서 주변 사람들과 관계를 맺고 관습을 익혀
나가는 것을 의미한다.

브룩스(Brooks)는 언어 교육에서 중요하게 다루어져야 할 문화 영역인
생활의 유형을 다시 '형식문화(formal culture)'와 '심층문화(deep culture)'로

---

13) Louise Daman.(1987), *Culture learning: The Fifth Dimension in the language Learning
    Classroom*, California: Addison-Wesley Publishing Co, pp.211~216.
14) Brooks, N. H.(1964), *Language and language learning: Theory and practice*, New
    York: Harcourt, Brace & World.

구분하였는데 전자는 유아세례, 생일, 학위수여, 약혼, 결혼, 요직에 임명되는 일, 장례 등을 포함하는 문화로 정의하였고, 후자는 유아 때부터 시작해 일생동안 서서히 지속적으로 형성되는 것으로 먹고, 말하고, 생각하고, 몸짓하고 가치를 판단하는 방법을 배우게 되는 과정이라고 하였다. 이러한 이유로 생활의 유형 문화가 언어 교육적 측면에 있어 중요한 의미를 갖는다고 하였다.

로빈슨(Robinson)[15]은 외국어 교실에서의 문화 교육에 대해 많은 교육자들이 교실에서 문화를 교육시키고, 훈련시켜야 한다는 것에 대한 중요성을 강조하고 있으나, 문화에 대한 정의는 제대로 파악되지 못하고 있다고 하면서 외국어 교사들을 대상으로 그들이 생각하는 문화의 정의에 대해 조사하였다. 외국어 교사들은 문화를 어떤 단체의 구성원들이 공유하는 이념(idea), 행동(behaviors) 또는 산물(products)의 범주를 생각하고 있다고 하였다. 이런 결과를 토대로 로빈슨은 문화를 두 가지로 나누었는데, 첫째는 언어, 몸짓, 습관, 관습, 음식 등을 포함하는 것으로서 우리가 관찰할 수 있는 현상적인 것으로서의 문화이고, 둘째는 신념, 가치, 제도 등을 포함하는 이념적 범주로서 우리가 관찰할 수 없는 내적인 것으로서의 문화이다.

비아코(Beacco)는 문화를 언어 교육의 문화적 구성요소(혹은 차원)로 분류하여 개념화하였다. 여기에서 보면 문화를 전달하거나 습득하게 할 내용이나 지식으로서가 아니라, 지식에 근거하여 인간 이해 태도를 발달시키면서 그 지식을 확장시킬 수 있는 능력[16]으로 다음과 같이 해석하고 있음을 알 수 있다.

---

15) Robinson, P. C.(1989), An overview of English for specific purposes. in H. Coleman (ed.), *Working with language: A multidisciplinary consideration of language use in work contexts*, Berlin: Mouton de Gruyter, pp.395~427.

16) Beacco J-C.(2000), *Les dimensions culturelles des enseignements de langue*, col. F, Paris, Hachette, p.192(굵은 표시는 본 연구자가 한 것임).

<표 1> 비아코(Beacco)의 문화 개념

문화의 개념	문화 해석
전통적 개념	사회, 역사 지리 등에 대한 **지식**을 다루는 것. 정보가 담긴 텍스트를 읽는 것에 중심을 둔 개념이다. 주로 표면적이라서 해석적인 면이 필요 없이 이해된다.
기능주의적/실제적 개념	잘 모르는 사회적, 그리고 물리적 환경을 잘 관리할 수 있는 능력과 같은 개념이다.(**외국에서 어떻게 생존하는가**. 즉 이동하기, 식사하기, 숙박하기 등)
언어인류학적 개념	정해진 공동체 안에서 말(parole)을 사용하는 것은 언어 체계의 내적 규칙만으로 이루어지는 것이 아니다. 그것은 문법적으로도 맞는, 가능한 언술 중에서 주어진 **의사소통 상황에 알맞은** 것을 결정하는 문화 타입의 용례에 따라 좌우된다.
사회학적/인류학적 개념	교양문화와 대조를 이루는 개념이다. 교양문화는 예술, 문학 등과 같이 대부분이 미학적인 산물이다. 즉 미학적인 산물 위주의 **교양문화에 제한되지 않는** 문화 개념이다.
문화적 개념	문화적 텍스트(문학 텍스트를 통한 것을 포함하여)를 통해 아이디어의 교류를 중시하고, 책을 통한 간접 경험을 구성하는, 또한 실제 대화가 될 수도 있는 것이다.
교육적 개념	**상호문화교육**을 겨냥하는 더 광범위한 개념이다. 역사 교육과 관련된 제안을 하는 정신에 더욱 가까운 개념이다.

여기서 보듯이 외국어 교육학자들은 대부분 문화를 언어와의 상관성, 효율성에서 논의하고 있음을 알 수 있다.

문화의 개념과 문화에 대한 관점의 연장선상에서 문화 교육을 위해 한국어 교육에서는 한국문화라는 실체를 어떠한 관점에서 파악하고 있으며, 그러한 문제와 관련하여 한국어 교육 분야에서는 어떠한 논의가 이루어져 왔는가에 대해서 생각해 볼 필요가 있겠다.

2) 문화 교육의 유형과 특징

문화 교육은 다양한 층위[17]를 갖고 있다. 본서에서 논의하고 있는 문화

---

17) 국민국가 차원에서 문화 교육, 초중고의 사회 교과를 중심으로 이루어지는 문화 교육 등.

교육은 외국인 한국어 학습자를 대상으로 하는 문화 교육으로, 서로 다른
문화를 효과적으로 이해하고 수용할 수 있도록 하는 교육을 의미한다.

2010년 현재 한국에 체류하고 있는 외국인 수가 120만 명을 넘어서
한국 인구의 3%에 도달했다. 어학연수, 유학, 비즈니스, 취업 등을 위해
단기적으로 오는 숫자까지 합하면 외국인의 수는 훨씬 더 크고, 앞으로
그 숫자도 더 늘어날 것으로 전망되고 있다. 국내 체류 외국인 비율은
2020년에는 5%, 2050년에는 9.2%까지 증가할 것[18]이라고 한다. 일반적으로
국민 중 외국 태생의 비율이 5%가 넘으면 '다문화국가' 또는 '다민족국가'로
부르는데[19] 예상대로라면 10년 후 한국은 다민족국가가 될 가능성이 많다.
이러한 현실에서 다양한 문화권과 세계인의 삶에 대한 이해를 목적으로
하는 문화 교육의 중요성이 강조되고 있다. 전 지구적 공간이 연결된 세계화
시대에 개인은 세계 시민으로서 보편적인 인류애를 드러내면서 살아야
하는 위치로 정체성의 변화[20]가 일어나고 있다. 세계화가 오늘날 전 세계의
보편적 현상이라면, 그에 따른 문화 정체성의 문제도 개인, 집단, 민족,
지역 단위를 넘어서는 전 지구적 차원의 문제이다. 그리고 다양한 국가,
지역과 민족이 획일화를 강요하는 세계화 급류를 맞서 자신의 문화적 정체성
을 확보하기 위해 펼치는 문화 담론과 전략은 일차적으로 각 단위의 생존을
위한 절박한 노력이지만 동시에 문화 다양성에 기초하여 진정한 '인류
공동체 문화'를 건설하기 위한 모색의 첫 단계일 수도 있다. 이에 세계
속에 다양한 문화 간 차이를 극복하면서 새로운 정체성을 유지할 수 있도록

---

18) 장미혜 외(2008), 『다민족·다문화사회로의 이행을 위한 정책 패러다임 구축(Ⅱ) :
    다문화 역량 증진을 위한 정책·사회적 실천 현황과 발전 방향』, 한국여성정책연구
    원.
19) 이현정(2009), 『우리의 미래 다문화에 달려 있다』, 소울메이트.
20) Francois de Bernard 외(2005), 『세계화 시대의 문화 논리 - 문화 다양성과 정체성
    확보를 위한 해외 문화 전략 사례 연구』, (김창민 외 편역) 한울아카데미(원전
    출판연도 2002·2003), pp.83~98.

돕는 교육21)의 필요성이 강조되고 있다.

문화 교육이란 원래 다문화사회에서 사회 통합에 문제가 생기자 이를 해소하기 위해 설정한 개념이고, 언어와 관련해서는 주로 외국어 교육 쪽에서 발달한 이론이다. 유럽에서는 미국을 염두에 둔 문화 경쟁적 관점도 추가된다. 최근 국어 교육에서 논의하는 문화 교육은 그런 문화 교육과는 맥락을 조금 달리하여 문화 정체성 교육 및 문화의 질적 고양과 양적 확산을 추구하는 차이가 있다. 한국어 교육은 국어 교육보다는 외국어 교육에서의 문화 논의에 더 가까운 양상을 보인다.

최근 문화 교육의 필요성에 따라 '국제이해교육'이나 '다문화교육'에 대한 관심이 증가하고 있으며 한국어 교육 기관에서 실행되고 있는 '상호문화교육' 또한 논의의 대상이 되고 있다. 그런데 이 용어들은 다른 것으로 파악되기도 하고 종종 통합되어 사용되기도 한다. 그러나 문화 교육은 교육 대상과 목적에 따라 문화 교육의 내용과 접근 방법이 달라진다. 따라서 한국어 교육에서의 문화 교육에 대한 구체적인 내용을 논의하기 전에 국제이해교육과 다문화교육, 그리고 상호문화교육의 개념과 특성에 대해 우선적으로 살펴보고자 한다.

가. 국제이해교육과 세계 시민성

제2차 세계대전 이후 세계 평화와 협력을 강조하는 유네스코가 중심이 되어 시작된 국제이해교육은 20세기 후반부터 급속히 발전한 정보통신과 교통의 발달로 국가 간의 경계가 무너지고 세계화가 가속되면서 주목을 받게 되었다. 1974년 유네스코는 제18차 총회를 열어 인구, 식량, 환경, 에너지 등의 전 지구적인 문제에 대한 교육적 대안으로 국제이해 협력 및 평화와 인권 및 기본적 자유에 관한 권고22)를 채택하고 이를 국제이해교육

---

21) Kwame Anthony Appiah(2008), 『세계시민주의―이방인들의 세계를 위한 윤리학』, (실천철학연구회 역) 바이북스(원전 출판 연도 2006).

의 기본 방침으로 제시하였다. 이 권고문은 특히 전 지구적인 문제를 해결하기 위해서는 국가 간의 협력 차원을 넘어 세계 공동체 의식이 중요함을 강조하고 있다. 이후 민주주의와 시장경제 체제가 전 세계적으로 보편화되고 사람, 자본, 기술, 상품, 서비스 등의 국가 간 이동이 지속적으로 증대됨에 따라 세계의 상호의존성은 더욱 심화되었고, 세계 여러 나라들은 '국제이해교육(education for international understanding)'[23])에 큰 관심을 갖게 되었다.

국제이해교육의 개념은 시대적 발전에 따라 그 내용이 조금씩 수정되거나 추가되면서 발전되어 왔다. 최근 많은 국제이해교육 학자들이 공감하고 있는 국제이해교육의 정의는, 국제이해교육은 세계 여러 나라가 공통적으로 겪는 세계 문제나 세계 이슈에 대한 학습과 경제, 환경, 문화, 정치, 그리고 기술적으로 상호 연결되어 있는 세계 체제에 대한 학습이며, 문화 간 이해 증진을 위한 학습이다. 또한 다른 나라 문화를 이해하고 인정하는 학습뿐만 아니라 타인의 관점에서 세상을 바라보며 다른 나라 사람들도 우리와 똑같은 욕구와 필요를 가지고 있음을 인정하는 세계적 시각에 대한 교육[24])이기도 하다.

국제이해교육의 목적과 내용으로 강조하는 것을 살펴보면 국제이해교육

---

22) UNESCO.(1974), *The Recommendation Concerning Education for International Understanding*, Cooperation and Peace and Education Relating to Human Rights and Fundamental Freedom.

23) 국제이해교육이라는 용어 자체도 국제교육, 세계교육, 문화 간 교육, 평화교육, 환경교육, 인권교육, 개발교육 등의 교육 개념들과 광범위하게 혼용되어 사용되고 있다. 미국에서는 이를 '세계교육(global education)'이라는 용어로 수렴하는 경향이 있으나 한국에서는 유네스코한국위원회와 국제이해교육학회를 중심으로 이상의 용어들을 '국제이해교육'이라는 명칭으로 통일하는 경향이 있다. 양영자(2007), 『한국 다문화교육의 개념 정립과 교육과정 개발 방향 탐색』, 이화여자대학교 대학원 박사학위논문에서 참조.

24) Tye, K.(1999), *Global education A worldwide movement*, CA: Interdependence Press ; 김현덕(2007), 「다문화교육과 국제이해교육의 비교연구 : 미국사례를 중심으로」, 『비교교육연구』 17(4), 비교교육학회, pp.2~23에서 재인용.

42

이 세계 시민으로서 어떤 세계 이해 태도를 갖도록 하는지 알 수 있다. 국제이해교육의 초기 연구자인 한베이(Hanvey)[25])는 1976년에 저술한 「습득 가능한 세계적 시각」이라는 논문에서 국제이해교육에서 강조해야 할 세계 적인 시각의 5가지 구성요소로 '시각에 대한 자각(perspective consciousness)', '지구 상황에 대한 인식(state of the planet awareness)', '문화 간 이해 (cross-cultural awareness)', '세계의 역동 체제에 대한 지식(knowledge of global dynamics)', 그리고 '인간의 선택에 대한 인식(awareness of human choices)'을 제시하였다. 즉 국제이해교육을 통해 세계에 대한 다른 시각을 가진 자신의 자각, 상호 영향을 미치는 지구 상황에 대한 인식, 문화 간 유사성과 차이에 대한 인식, 상호의존성을 가진 지구의 체제 이해 및 이에 대한 지구촌 국가와 국민간의 다양한 선택의 차이에 대한 인식이 이루어져야 한다고 보았다. 커크우드(Kirkwood)[26])는 국제이해교육을 '세계에 대한 다양한 관 점', '문화에 대한 이해와 인정', '세계 이슈에 대한 지식', '상호 연관된 체제로서의 세계'라는 4가지 요소로 정리하고 있다.

이러한 주장들은 단순히 국제이해교육이 외국이나 외국 문화에 대한 지식을 이해하는 것에 그치는 것이 아니라 세계가 다양성과 유사성을 가지면 서 서로 연관되어 움직이는 사회라는 것을 인식하면서도 개별적인 민족이나 국가에 대해서 다양한 관점으로 바라볼 수 있도록 하여 세계 시민으로서 삶을 도와주는 교육임을 강조하는 것이다.

---

25) Hanvey, R. G.(1976), *An attainable global perspective*, Denver, CO: The Center for Teaching International Relations, The University of Denver ; 구정화(2008), 「국제이해 교육이 초등학생의 세계이해 태도에 미치는 효과」,『시민교육연구』40(2), 한국사회 과교육학회에서 재인용.

26) Kirkwood, T. F.(2001), Our global age requires global education: Clarifying definitional ambiguities, *Social Studies*, Vol. 92(1), pp.10~15 ; 구정화(2008), 「국제이해교육이 초등학생의 세계이해 태도에 미치는 효과-유네스코 '외국인과 함께 하는 문화교 실(CCAP)' 활동 적용을 통해-」,『시민교육연구』40(2), 한국사회과교육학회, pp.31~51에서 재인용.

국제이해교육이 한국에 최초로 도입된 시기는 한국의 4개 중등학교가
유네스코 협동학교 계획(UNESCO Associated Projet)에 참여한 1961년이다.
그러나 냉전시대에 한국에 도입된 국제이해교육의 성장과 발전에는 분명히
한계가 있었다. 국제이해교육이 본격적으로 소개된 시기는 1990년대 중반이
다. 이 시기에는 산업사회에서 정보사회로의 진입에 따라 국제화·세계화에
대한 패러다임이 정치, 경제, 사회, 문화의 각 영역에 중요한 국면으로
전개되면서 전반적으로 국제사회에 대한 이해 차원의 교육과 국제화 사회에
서 한국인들이 세계 시민으로서의 역할에 대한 필요성이 요청되었다. 세계화
가 오늘날 전 세계의 보편적인 현상이라면 그에 따른 문화 정체성의 문제도
개인, 집단, 민족, 지역 단위를 넘어서는 전 지구적 차원의 문제이다. 이에
대해 로버트슨(Robertson)은 한쪽에는 유사한 문화가 전 세계로 퍼져나가는
세계화가 있고, 다른 쪽에서는 부분적이나마 세계화에 대한 반작용으로
지역·국가 차원에서 고유한 문화 정체성을 찾으려는 노력이 있다고 하면서
'세계지역화(Glocalization)'[27] 개념을 제시하기도 하였다.

세계 시민의 의식과 자질을 향상시키는 것이 중요하다는 인식과 함께
국제이해교육을 제7차 교육과정[28]에 일부 포함하였다. 그러나 지금까지
학교에서 이루어진 국제이해교육은 대부분 교과 외 활동에서 개별 학교의
특성에 따라 이루어져 왔다. 그 중에서 한국유네스코 위원회가 교육부의
지원을 받아서 시작한 국제이해교육 활동은 한국에 사는 다양한 나라의
외국인과 한국 학생들이 참여하는 교육 프로그램으로 세계이해에 대한

----

27) Francois de Bernard 외(2005), 『세계화 시대의 문화 논리 : 문화 다양성과 정체성
    확보를 위한 해외 문화 전략 사례 연구』, (김창민 외 편역) 한울아카데미(원전
    출판연도 2002·2003).
28) 제7차 교육과정에서도 사회 교과서는 세계에 대한 다양성과 보편성의 인정이라는
    세계 이해적인 관점보다는 세계화에서 우리가 어떻게 우위를 점할지를 중심으로
    교과서 내용을 구성한 측면이 더 크다는 지적도 있다. 마미화(2005), 『사회과
    교육과정과 교과서에 나타난 '세계화'에 대한 관점 및 서술 내용의 분석 연구』,
    서울대학교 박사학위논문.

긍정적인 효과가 논의되고 있다. 국제이해교육 활동에서 학습자들은 '다양
성 속의 보편적 가치의 발견', '세계 속의 문화 간 소통', '세계적 시민사회의
형성'을 경험하게 된다.

국제이해교육은 세계의 상호의존성에 대한 이해를 증진시키기 위해
세계적 관심의 교육, 문화 간 이해에 대한 교육, 세계 문제 및 이슈에
대한 교육, 그리고 세계 체제에 대한 교육을 포함하고 있는 '세계 시민성
(internationally literate citizenry)'에 대한 교육이다. 즉 국경을 초월하여 전
세계인이 하나의 공동체적 시각을 갖고 세계 문화를 이해하고 해결해 가는
방법을 찾는 교육이며, 세계 시민적 자질 함양을 목표로 하는 문화 교육이다.

나. 다문화교육과 문화 다양성

다문화교육은 국제이해교육과는 다른 배경과 동기에서 시작되었다. 국제
이해교육의 배경을 세계화의 진행에서 찾는다면 다문화교육은 한 지역이나
국가의 다인종화 혹은 다문화화에서 찾을 수 있다. 다문화교육은 다민족국가
내 민족 간의 갈등 해소와 공존을 위한 교육으로부터 시작되었으며, 사회구
성원들이 인종적, 계층적, 민족적으로 다양화되면서 특정지역에서 서로
공존하는 여러 문화권의 사람들이 조화롭게 살아가기 위한 교육을 목표로
발전되어 왔다. 즉 다문화교육은 이들 다양한 집단 간의 차이점이나 공통점
에 대한 이해보다 이들의 개성과 독특성을 존중하는 교육을 실시하여 평등,
다양성 내의 통합, 정의를 중시하는 민주주의적인 교육의 실천에 목표를
두고 인종, 성, 사회계층 간의 차별을 없애려는 교육을 지향한다.

다문화교육이 추구하는 목적, 교육현장, 그리고 문화 교육을 주관하는
집단에 따라 정의는 다양하게 내려지고 있지만 포괄적으로 다문화교육은
인종, 성, 민족, 그리고 사회계층간의 차이에 대한 이해와 자민족 중심적인
사고와 편견을 극복하고 불평등을 창출하는 사회적, 역사적, 경제적, 심리학

적 요인에 대한 이해를 통해 학생들이 자신의 개인적인 배경뿐 아니라 국내에 거주하는 다른 집단의 배경까지 이해하도록 돕는 교육29)으로 정의하고 있다.

미국 사회는 근본적으로 다민족, 다문화 국가로서 모든 미국인들이 영국의 문화적 전통으로의 흡수를 통한 통합보다는 오히려 각 소수민족이 지니고 있는 문화적 특징을 살리고 보존하면서 동시에 여러 가지 문화적 융화를 이룩함으로써 보다 훌륭한 문화와 사회를 이룩할 수 있다고 주장하게 되었다. 다문화 상황에 대한 교육적 대안으로 유럽은 다문화교육이 아닌 상호문화성 및 상호문화능력에 기반을 두는 '상호문화교육'을 제시30)하고 있다.

상호문화교육과 다문화교육의 차이점은 무엇보다 다문화31)를 존중하는 태도에서 나타난다. 상호문화교육은 다문화사회에서 살아야 하는 사람들에게 상호문화적으로 대화하는 자세를 준비시켜 다른 문화를 그 고유의 역사적 논리 안에서 파악하도록 이끌고자 한다. 반면 다문화교육은 인접 국가나 타문화사회를 배제한 채 오직 자국의 이민사회를 목표로 하는 경향을 보일 뿐만 아니라 이민자들 스스로가 문화를 결정할 권리를 지녀야 한다고 주장하면서도 다른 한편으로는 그들 각자를 정체된 존재로 이해함으로써 민족적으로 규정된 이민자 본국의 문화 안에 고정시키려는 경향도 있다.

한국에서 국제이해교육이나 세계시민교육의 차원이 아니라 다문화사회

---

29) Randall, R., Nelson, P. & Aigner, J.(1992), Interface between global education and multicultural education. in Don Bragaw & Scott Thomson (ed.). *Multicultural Education A Global Approach*, New York: The American Forum for Global Education ; 김현덕 (2007), 「다문화교육과 국제이해교육의 비교연구 : 미국사례를 중심으로」, 『비교교육연구』 17(4), 비교교육학회, pp.2~3에서 재인용.

30) 장한업(2009), 「프랑스의 이민정책과 상호문화교육 − 한국 사회에 주는 시사점을 중심으로」, 『불어불문학연구』 79, 한국불어불문학회, pp.633~656.

31) 조용환은 다문화(Multi-culturalism)는 '복수문화주의'라고도 번역하는데 '복수'가 갖는 양적 뉘앙스보다는 '질적 다원성'과 '중층성'이 더 중요한 의미요소이므로 '다중문화주의'라는 번역이 더 적합하다고 주장하였다. 조용환(2001), 「한국문화교육의 정책과 실상」, 『문화개방과 교육』, 교육철학회, 문음사.

에 대응한 다문화교육에 대한 연구가 본격적으로 시작된 것은 2005년 전후부터라 할 수 있다.[32] 연구 내용은 이전의 국제이해교육이나 세계시민 교육과는 달리 북한에서 온 자녀, 한국인과 국제결혼한 자녀들의 교육 문제를 다루고 있어 다문화교육에 대한 담론의 장을 열게 되었다. 하지만 이러한 연구들의 내용은 주로 한국의 다문화사회 도래에 따른 다문화교육의 실태와 현황에 대한 문제제기를 통해 다문화교육에 대한 필요성과 방향 설정 정도에 그치고 있다. 이렇게 볼 때 한국 사회에서의 다문화교육은 이제 초기 단계라고 할 수 있다. 사회학, 민속학, 인류학 분야에서는 문화 교육의 유형 중 특히, 다문화교육에 대한 논의가 비교적 활발히 진행되고 있다. 한국 사회 문화 다양성의 현실 및 다문화정책과 맞물려 한국의 다문화 교육 방향과 교육과정 등에 대한 연구를 시도하고 있는데, 이는 다문화시대 에 맞는 문화의 역할과 사회의 분석도구로써의 문화에 대한 연구라 할 수 있을 것이다.

다문화교육은 나라마다 상황이 다르기 때문에 중심 과제 역시 다르다.[33] 한국 사회보다 이미 다인종, 다민족, 다문화사회로 변화한 나라들의 정책을 살펴보면, 이주민 가정의 자녀인 2세대, 3세대의 사회 통합 문제가 중요한 정책 과제로 부각되었음을 알 수 있다. 스웨덴의 경우, 이민자 2세의 모국어

---

32) 배은주(2006), 「한국 내 이주노동자 자녀들의 학교생활에서의 갈등 해결 방안 : 초등 학교를 중심으로」, 『교육인류학연구』 9(2), 한국교육인류학회, pp.25~55 ; 오성배 (2006), 「한국의 소수민족 '코시안' 아동의 사례를 통한 다문화교육의 방향 탐색」, 『교육사회학연구』 16(4), 한국교육사회학회, pp.137~157 ; 조혜영 외(2007), 『다문 화가족 자녀의 학교생활실태와 교사·학생의 수용성 연구』, 한국여성정책연구원 ; 오은순(2007, 2009), 『다문화교육을 위한 교수·학습 지원 방안 연구(1)(2)』, 한국교육 과정평가원.

33) 다문화교육은 근본적으로 '중심'과 '주변'의 문제이고, '힘'의 문제라고 보는 시각도 있다. 그래서 다문화교육은 교육 문제이면서 동시에 정치 문제로 보기도 한다. 즉 세계화를 다양한 문화의 상호 소통을 담보하는 조건으로만 파악하여 문화들 사이에 존재하는 다양한 역학 관계를 놓쳐 버리는 다문화주의의 환상에 함몰되어서 는 안 된다는 것이다.

교육을 통한 다문화교육, 자발적 참여와 책임성을 강조하는 교육, 대학
진학률의 제고 등으로 주류 사회에 진입하기 위한 기회의 제공을 국가정책으
로 가져가고 있다. 다문화주의를 공식적으로 채택하고 있는 호주는 1980년
대 후반부터 다문화 배경을 가진 청소년의 언어와 문화적 차이가 '문제'라기
보다는 세계화와 자유무역 시대에 호주에 도움이 되는 유용한 '인적 자원'이
라는 점을 강조하고 있다. 중국의 다문화교육은 소수민족문제에 집중되어
있다. 사회계층이나 성별, 종교 등과 관련해서는 논의가 진전되고 있지
않은데, 이는 중국의 다문화교육의 목표가 통합을 지향하며 '민족 단결'[34]이
중요한 정치적 문제로 다루어지고 있기 때문이다. 한국의 경우, 2006년
5월 교육인적자원부에서 다문화가정 자녀가 교육적으로 소외되지 않도록
하기 위한 '다문화가정 자녀 교육지원 대책'을 마련하였다.

　현재 한국 사회가 관심을 기울이는 다문화교육의 주된 대상은 다문화가정
자녀로서 이들은 주로 결혼이민자와 외국인노동자 자녀를 지칭한다. 그러나
다문화가정 자녀가 다문화교육의 대상을 모두 포괄하는 것은 아니다. 다양한
이주 목적을 지닌 이주자의 증가로 인구학적 변화가 초래되면서 교육에서도
교육 대상인 이들 이주자의 다문화적 특성이 주목을 받게 되었다. 따라서
현재 한국에서 다문화교육이라고 불리는 교육은 이들 이주자 범주에 따라
대상별로 실시되는 경향이 있다.

　최근 한국 사회에서 이주민의 인구비율이 2.2%를 넘어서면서 이주민과
다문화에 대한 사회적 관심이 높아지고 있다. 다양한 문화적 배경을 가진

---

34) 민족융합정책은 현대중국정부의 지속적인 관심사이다. 민족융합정책 자체가 국토
안보와 실질적인 정치 통합의 문제와 긴밀히 연관되어 있기 때문이다. 이를 통해
하나의 중국으로 수렴되는 중국의 '국민 만들기'가 이루어진다. '단일한 중국'에
대한 수사로 56개의 민족을 하나로 묶는 '중화민족(中華民族)'이라는 넓은 의미의
민족 개념을 만들어내기도 하고 '중화대가정(中華大家庭)'이라는 가족의 이미지를
차용하기도 한다. 가정→사회→국가로 확장되는 유교식 개념과 연결 고리는 이러
한 표현을 그대로 사용하고, 적어도 공식적인 영역에서는 거부감이 없이 사용되고
재생산되는 개념들이다.

사람들이 우리의 가족으로, 이웃으로, 우리 사회 구성원으로 더불어 살아가
는 사회가 되고 있다. 1990년대 외국인근로자의 노동 이주로 시작되어
2000년대 초반 주로 동남아시아 여성들의 결혼 이주, 그리고 정치적·경제적
이유로 북한을 탈출해 오는 북한 주민의 이주 등 한국 사회에는 다양한
형태의 이주가 진행되고 있다. 그 범주는 결혼이민자와 자녀 대상, 외국인노
동자와 자녀 대상, 북한 이탈 주민35)과 아동 청소년 대상, 입국재외동포와
자녀 대상이다. 특히 한국의 다문화가정은 미취학 아동들이 취학 아동들보다
많고, 취학 아동 중에서는 초등학생의 비중이 높다.36) 이는 향후 한국
사회가 전체적으로 다문화사회와 다문화가정 자녀들에 대한 언어 교육37)과
문화 교육에 많은 관심이 필요함을 의미한다.

홉스테드는 국가 문화의 차원을 네 가지로 나누어 설명하고 있는데,
권력거리 차원, 개인주의 집단주의 차원, 남성성 여성성 차원 그리고 불확실
성 수용 회피 차원이 그것이다. 이 가운데 불확실성 수용 회피 차원38)은
낯선 상황을 호기심 있게 바라보느냐 두려워하느냐 하는 것을 기준으로

---

35) 현재 '북한 이탈 주민'이라는 용어가 '탈북자'의 대체어로 사용되고 있다. 그
  동안 '새터민'이라는 용어도 사용되었으나, 2008년 11월 21일에 통일부는 가급적이
  면 새터민이라는 용어를 안 쓴다고 발표한 바 있다.

36) 2008년 행정안전부 지방행정국 자료 조사에 따르면 국제결혼 가정 자녀수는
  57,007명으로, 이 가운데 6세 이하가 57.1%, 12세 이하가 32.2%로 전체의 89.3%를
  차지하고 있다고 한다. 또한 교육과학기술부의 2008년 통계에 의하면 현재 전국
  초·중·고등학교 재학 중인 국제결혼 가정 자녀는 18,769명이고, 이 가운데 초등학교
  에 15,808명, 중학교에 2,205명, 고등학교에 760명으로 초등학교에 학생 수가
  집중되어 있다. 또 외국인 자녀는 총 1,402명으로 이 가운데 초등학교에 980명,
  중학교에 314명, 고등학교에 107명이 재학 중이다. 국제결혼 가정 자녀와 외국인
  근로자 자녀의 수를 합해 보면 총 20,171명의 다문화가정 자녀 중 초등학생이
  83.2%, 중학생이 12.5%, 고등학생이 4.3%이다.

37) 최정순은 다문화가정 자녀에게는 KSL 교육이 필요하며, 이때 교육의 주체가
  누가 되어야 하는가에 대하여 문제를 제기하였다. 최정순(2008), 「다문화시대
  한국어교육의 내실화를 위한 제언」, 이중언어학회 22차 전국 학술대회 자료집.

38) Hofstede, G. H.(1995), 『세계의 문화와 조직』, (차재호·나은영 역) 학예사(원전
  출판 연도 1991).

한다. 나와 다른 낯선 것을 두려워하면 불확실성 회피 성향이 높은 것이고, 낯선 것을 더 재미있어 하고 열린 마음으로 대한다면 불확실성 수용 성향이 높은 것이다. 지키지 않더라도 많은 규칙들이 있어야 안심이 되고, 직업 스트레스가 크고, 구조화되어 있지 않은 열린 상황을 불안해하고, 잘 모르는 사람을 받아들이는 데 인색한 문화일수록 불확실성 회피 성향이 더 높다. 한국은 불확실성 회피 성향이 높은 문화로 분류된다. 이러한 불확실성 수용 회피 차원은 '다양성에 대한 인내력' 즉 '나와 다른 부분을 수용할 수 있는 포용력'이라는 점에서 다문화사회로 접어든 한국 사회에서 특히 중요해질 것으로 예상된다.

다문화교육의 핵심적 가치는 문화적 다양성의 수용과 인정, 인간의 존엄성과 보편적 인권에 대한 존중, 세계 공동체에 대한 책임, 지구상에 존재하는 모든 사람들에 대한 존중이다. 이러한 맥락에서 베네트(Bennett)[39]는 갈등과 불화의 가능성을 오히려 조장하며 자유주의적 편견과 문화 상대주의, 문화에 대한 피상적 이해와 소수민족에 대한 기만 등을 다문화교육의 문제점으로 제기하였다.

다문화교육은 '국민국가의 경계 내'의 다양성 존중에 초점을 맞추지만 국제이해교육은 '나라 간 상호관계'에 초점을 맞춘다. 국제이해 관점에서 다문화교육을 포괄한다면 북한 이탈 주민이나 재중동포(조선족) 등 한국 다문화교육의 독특한 문제적 현실을 간과할 소지가 많으며, 국가 간 상호작용에 초점을 맞춤으로써 결과적으로 한국적인 상황에서 강조해야 할 국내 다문화교육의 내용을 소홀히 다룰 수 있다. 현재 한국에서의 '나라 간' 상호 관계에 집중하기보다는 '한국 내'의 다양성을 탐구하고 다문화교육을 시행하는 것이 시급하다고 볼 수 있다. 한국의 다문화교육은 "한국이라는 공간의 한계를 인정하고 주어진 거주의 경계 내에서 더불어 살아가는 이들의

39) Bennett, C. I.(2009), 『다문화교육 이론과 실제』, (김옥순 외 역) 학지사(원전 출판연도 2007).

문화적 다양성을 존중하면서도 특수한 한국의 시공간의 맥락(분단-다문화시대)을 고려하여 궁극적으로 통일-다문화시대에 더불어 살아가는 공동체를 이룰 수 있도록 하는 실천적 태도 함양의 교육"[40]으로 이해해야 한다.

현재 전개되고 있는 다문화교육 활동들은 대부분 국내 이주자와 이들과의 관계에 대해 직접적인 관심을 기울이기보다는 국제이해교육 프로그램을 통해서 세계 각국의 민족문화를 가르치는[41] 데 초점을 두고 있다. 따라서 다문화교육의 실제에 있어서는 획일적인 동화주의 이상을 벗어나지 못할 가능성이 높고, 다양한 종류의 문화물을 나열하는 수준에서 머무는 관광교육과정(tourist curriculum)[42]이 되기 쉽다는 점을 고려해야 한다.

최근 외국의 학자들은 국제이해교육과 다문화교육의 상호 연계에 주목하기 시작하면서 두 교육이 통합되어 논의[43]되는 양상을 보인다. 이론적으로는 서로 다른 교육 목적과 내용을 지향하고 있으며, 실제 적용에 있어 서로 비판적인 관계에 있지만 교육현장에서는 이러한 차별화가 명확히 이루어지지 않고 교육이 실시되고 있다는 사실을 학자들이 발견하게 된 것이다. 물론 두 교육은 공통적으로 평등과 사회 정의 증진을 목적으로 하며, 문화 간 이해능력과 유대 관계 형성을 강조하며, 고정 관념이나 편견의 감소를 지향하며, 인간 다양성과 유사성에 대한 지식 함양을 강조하며, 자신의 문화와 다른 문화에 대한 인식과 관련된 지식을 함양하는 것을 목적으로 하며, 다양한 관점에서 세상을 이해하고 사물이나 사건을 비판적으

40) 양영자(2007), 『한국 다문화교육의 개념 정립과 교육과정 개발 방향 탐색』, 이화여대 박사학위논문, pp.164~168.
41) 각 국의 전통의상, 종교, 축제, 음식, 악기, 인구, 유명한 도시, 국기, 지리, 역사, 건축양식, 지도, 자연환경, 전통음악과 춤, 기후, 인종, 화폐, 언어, 민족, 인사법, 전통혼례, 전통놀이 등을 익히고 배우는 것을 현재의 다문화교육이라고 보고 있다.
42) 앞의 논문, p.171.
43) 김현덕(2007), 「다문화교육과 국제이해교육의 관계정립을 위한 연구」, 『국제이해교육』 2, 국제이해교육학회에서 재인용.

로 바라보는 기술을 습득하도록 돕는다. 그러나 두 교육의 현저한 차이는
국제이해교육이 모든 활동을 세계의 상호의존성 이해에 초점을 맞추고,
문화 이해나 다양성에 대한 관용도 국제이해교육은 상호의존성 이해를
위한 수단으로 다루어지고 있는 반면, 다문화교육은 다양성 존중과 평등을
크게 강조하면서 '민족성'의 존재를 긍정적으로 인정한다는 것이다.

한국에서도 다문화교육을 국제이해교육과 동일시하거나 한국적인 것을
세계적인 것으로 주장하는 교육을 다문화교육으로 여기기도 한다. 게다가
국제이해교육 영역의 하위 분야로 다문화교육을 다루고 있는44) 경향도
있다. 이는 한국 내의 다양성 문제를 세계적 시각에서 이해하려는 노력이라
고 해석할 수도 있지만 이 같은 접근은 명목상 다문화교육을 실시한다고
해도 실질적인 교육 목적이나 교육 내용에서 타문화 이해 교육을 넘지
못한다는 한계를 지닌다.

다문화교육의 핵심 개념을 반영한 수업 과정 및 절차를 다음과 같이
단계화45)할 수 있다.

<표 2> 다문화교육 과정과 절차

1단계	다양한 문화 공존 인식
2단계	다양한 문화의 유사점, 차이점 이해
3단계	문화적 편견 제거
4단계	다양한 문화적 가치로서의 평등성 이해
5단계	문화 상호 존중의 태도

다문화교육의 과정은 국가 내 다양성 존중을 인식하는 것에서부터 출발한
다. 즉 문화적 편견을 버리고 다양한 문화의 가치를 인정하는 것이다.

---

44) 유네스코 아시아·태평양 국제이해교육원(2005), 『세계시민을 위한 국제이해교육』,
   유네스코 아시아·태평양 국제이해교육원.
45) 김선미·김영순(2008), 『다문화교육의 이해』, 한국문화사에서 참조.

52

이때 중요한 것은 한 사회 안에 공존한다는 공간적인 측면이 강조된다는
점이다. 다시 말해 같은 공간에서 '공존'한다는 점과 문화의 차이보다는
문화의 '다양성' 관점에서 접근해야 한다는 점이 다문화교육의 핵심 개념이
다.

이런 점에서 다문화교육은 국제이해교육과는 달리, 학생들이 세계 여러
나라의 문화에 대한 관심을 가지도록 하는 것이라기보다는 오히려 국내
이주자들의 모국에 더욱 관심을 가지도록 교육해야 한다고 볼 수 있다.

다. 상호문화교육과 문화 정체성

'상호문화(inter-culture)'란 그 단어에서 알 수 있듯이, 상호작용, 교류,
장애물 제거, 상호성, 유대 등을 의미하는 '상호(inter)'와 개인이나 사회가
타인과의 관계 속에서 그리고 인간이 세상을 이해하는 방식이 동원되는
가치, 생활방식, 상징적 표상 등을 통틀어 지칭하는 '문화(culture)'라는
단어가 합성[46]되어 만들어진 것이다. 이는 상이한 문화를 지닌 개인이나
집단이 만나는 상황에서 상대방을 인식하고 그와 관계를 맺는데 있어서
각자의 문화가 지닌 가치를 인정하는 것에 토대를 두는 개념이다.

상호문화교육은 현재 외국어 교육의 틀 안에서 이루어지는 문화 교육의
대표적 방법론이라 할 수 있다. 그런데 이 출발점은 외국어 교육학이 아닌
이민자들에 대한 교육 정책에서 찾아볼 수 있다.

1970년대 이전 이민 노동자들의 유럽 유입이 대량으로 이루어짐에 따라
유럽 국가들은 이들에 대해 문화 동화 정책을 적용하려 했다. 서구 세계에
도착한 이들은 이 정책에 따라 자신들의 고유문화를 버리고 서구 사회와

---

46) Le Conseil de l'Europe(1998), *L'interculturalism: de l'idée à la pratique didactique et de la pratique à la théorie*, Les Editions du l'Europe, Strasbourg ; 이정민(2009), 「외국어 교육에서의 문화교육 : 상호문화적 의사소통에 요구되는 문화 능력의 교수-학습 문제를 중심으로」, 『프랑스어문교육』 31, 한국프랑스어문교육학회, pp.119~120에서 재인용.

문화에 동화해야만 했었다. 그러나 그 정책은 예상과는 달리 효용성이 부족했을 뿐 아니라, 1970년대 초에 몰아닥친 경제 위기의 피해가 소수 이민자들에게 집중됨으로써 이들에 대한 문화 동화는 실패할 수밖에 없었다. 그러나 실패의 원인을 경제적 요인과 문화적 요인으로 분석한 교육학자들은 경제적 문제 해결 방안 수립과 병행하여 이들의 고유문화를 인정하면서 서구 문화에 동화해가도록 정책을 수정하기에 이르렀고 이러한 정책 전환으로부터 상호문화교육이 탄생하게 되었다. 1980년대 중반 프랑스는 상호문화적 대화와 이해, 문화적 상대성 원칙, 민족중심주의의 거부, 각 문화의 가치와 특수성 존중 등 사회 전반적인 문제까지 고려하기 시작하였다. 이후 상호문화교육에 대한 연구가 활발하게 이루어졌으며 오늘날 유럽 통합에 따라 자국 문화 교육에 있어서도 상호문화교육 원리를 적용하고 있다.

상호문화교육은 사람들이 문화적 다양성에 점점 더 많이 노출되고 있다는 전제로부터 출발한다. 실제로 문화와 문화의 만남은 오늘날을 살아가는 모든 사람들에게 일어나는 일이다. 상호문화교육의 또 하나의 전제는 상이한 문화를 가진 사람들 간의 이해가 저절로 이루어지지 않는다는 것이다. 실제로 크고 작은 문화적 차이는 사람들 사이에 편견과 갈등을 유발할 가능성이 매우 높다. 따라서 자국 문화의 정체성을 유지하면서 목표 문화의 정체성에 접근할 수 있는 효과적인 방법을 모색하는 일은 매우 중요하다.

문화가 '상호적(inter-cultural)'이란 말은 문화를 서로 간의 관련성을 의미하는 동시에 차이점과 유사점도 인정함으로써 모든 인종과 문화가 동등한 위치와 가치를 부여받음을 뜻한다. '상호문화성'은 개별 문화의 고유함을 인정하면서도 문화의 보편성을 제시하기 때문에 자국의 문화뿐만 아니라 외국의 언어, 문화, 종교에 대해서도 선입관 없는 태도를 취하게 한다. 각기 다른 문화들이 서로 동등한 위치에서 접촉하고 교류할 수 있다는

54

전제를 가능하게 하는 상호문화성은 종교의 측면에서는 종교적 관용을,
정치의 측면에서는 다원적·민주적 사유방식의 필요성을 제기한다. 따라서
상호문화성 개념은 지구화시대에 특정 문화가 다른 문화를 지배하거나
획일화하는 것을 비판적으로 고찰할 계기를 제공하기도[47) 한다.

상호문화교육에 있어 경계해야 할 점은 자국 문화에 우월감을 느끼면서
자신의 가치관과 세계관을 다른 문화의 사람에게 강요하는 것이다. 또한
자국 문화에 대한 성찰이나 비판 없이 이를 당연시하거나 자국 문화의
여러 특질들의 존재에 대해 무관심[48)한 자세와 태도를 갖는 것이다. 에드워
드 홀도 자국 문화에 대한 깊이 있는 이해가 선행되지 않으면 타문화에
대한 깊이 있는 이해를 기대하기 어렵다[49)고 한 바 있다.

상호문화 지각의 배양에 관심을 갖는 문화 교육에서 종종 그 출발점을
학습자가 지닌 정체성으로 삼게 되는 경우가 많은데, 이는 학습자가 교실에
서 목표 사회의 문화를 접하게 되면, 자연스럽게 이를 '제1문화의 프리즘'[50)
을 통해 이해하고, 그 기준에 맞춰 목표 문화를 자리매김하며, 두 문화
사이에 관계를 설정하는 과정에서 학습자는 자신도 모르게 자국 문화의
정체성을 재인식하게 된다. 또한 자국 문화를 범주화하는 함축적인 기준을
이해할수록 학습자는 목표 문화에 고유하게 내재되어 있는 함축적인 원칙과
원형, 그 문화의 메커니즘을 이해[51)하게 된다는 관점에 근거하는 접근
방식이다.

47) 정영근(2004), 『영상문화와 세계화시대의 교육』, 문음사.
48) 상호문화교육에서 경계해야 할 이러한 자세와 태도를 자문화중심주의
(ethnocentrism)라고 한다. 한경구(2003), 「왜 문화인가」, 『처음만나는 문화인류학』,
일조각.
49) Edward T. Hall(2000), 『문화를 넘어서』, (최효선 역) 한길사(원전 출판 연도 1976).
50) 학습자의 자국 문화를 말한다.
51) 한국어 교육에서의 한국문화 교육에 적용된다면, 이는 비교·대조를 통해 자국
문화의 정체성을 인식하고 한국문화가 무엇인지(한국문화의 정체성)에 대한 이해
를 넓혀나가는 일이다. 즉 한국문화의 정체성을 파악하게 되는 것이다.

그렇다면 다문화사회의 다문화교육과 대학 기관 한국어 교육 현장에서의 문화 교육은 구체적으로 무엇이 다른가. 문화 교육의 핵심 사안인 문화 교육 대상과 문화 교육의 최종 목표가 근본적으로 다르다. 그러므로 본서 논의의 대상인 대학 부설 기관 한국어 학습자를 대상으로 하는 문화 교육의 방향은, 다문화사회, 다문화교육 목표와는 차별화되어야 한다. 다문화교육 과의 차별화에 주안점을 두고, 상호문화교육의 핵심 개념을 반영한 수업 과정 및 절차를 단계화하면 다음과 같다.

<표 3> 상호문화교육 과정과 절차

1단계	문화적 보편성과 문화적 특수성 인식
2단계	목표 문화 내용 인식
3단계	자국 문화와의 비교·대조
4단계	자국 문화 정체성 확립 및 목표 문화에 대한 이해
5단계	목표 사회의 문화 정체성 파악

상호문화교육은 세계사적 문화의 보편성과 자국의 문화적 특수성, 그리고 같은 맥락에서 목표 언어 사회의 문화적 특수성을 인식하는 데에서 출발한다. 상호문화교육 과정에서 학습자는 문화적 상황과 맥락 안에서 행동하거나 대화를 할 때, 항상 자국의 문화적 상황을 대입시켜 사고하게 된다. 실제로 문화 내용 학습 단계에는 "이러한 상황에서 여러분의 나라는 어떻게 행동하는가? 여러분 나라에는 어떤 것이 있는가?"라는 질문이 등장하게 되는데, 이때 학습자는 자국 문화에 목표 언어 사회의 문화를 교차시켜 사고를 하며 발화를 시행하고 같은 맥락에서의 문화 요소를 대응해 본다. 이러한 과정에서 자국 문화의 정체성이 재확립되고 목표 문화에 대해서도 이해하게 된다.

한국어 교육에서의 문화 교육도 교육 대상과 교육 목적에 부합하는 교육 방법을 선택하여 시행해야 함은 당연한 일이다. 문화 교육의 유형과

56

특성의 측면에서 본다면 한국어 학습자를 대상으로 하는 문화 교육은 다양한 변인이 작용하긴 하지만 상호문화교육의 원리와 목표에 부합되도록 교육하는 것이 바람직하다고 생각된다.

앞에서 논의한 국제이해교육, 다문화교육, 상호문화교육을 문화 교육 목적과 특성이라는 측면에서 비교하여 정리해 보면 다음과 같다.

<표 4> 국제이해교육, 다문화교육, 상호문화교육의 교육 목적과 특성

국제이해교육 (education for international understanding)	다문화교육 (multi-cultural education)	상호문화교육 (inter-cultural education)
타 지역의 사람들이나 그들의 문화에 대한 이해의 증진을 목표로 하는 교육[52]	한 사회 안에 공존하는 다양한 문화적 차이나 갈등에서 오는 문제를 줄이기 위한 교육	문화, 민족, 국가, 종교가 다른 개인과 집단에 대해 개방된 태도와 관용의 자세를 취하고 서로 이해하고 존중하도록 하는 교육
국경을 초월하여 전 세계인에 대하여 공동체적인 시각을 갖고 세계인으로서 공존하는 삶을 모색하도록 돕는 교육	• 공존하는 다양한 문화권을 존중하는 교육을 통해 서로 공존하는 방식을 모색하는 교육 • 문화의 차이보다는 문화의 다양성 관점에서 교육 • 기본 이념은 다양성과 평등성	• 자국 문화와 목표 문화에 대한 비교·대조를 통해 타문화를 이해하는 교육 • 문화의 다양성보다는 문화의 차이라는 관점에서 교육. 비교 문화적 관점에서 교육 • 문화적 보편성과 문화적 특수성의 관점에서 교육
세계적인 차원에서의 다양성과 상호의존성에 관심	국내에서의 다양성과 차별문제에 관심	자국 문화와 목표 문화의 문화적 차이에 관심
세계 시민성 함양	문화 다양성 존중	문화 정체성 인식

국제이해교육, 다문화교육, 상호문화교육의 문화 교육 목적과 특성을 문화 교육적 측면에서 정리하여 다음과 같이 도식화[53]할 수 있다.

---

52) Ukpokodu, N.(1999), Multiculturalism vs globalism, *Social Education*, Vol. 63(5), National Council for the Social Studies, pp.289~300.

53) 국제이해교육, 다문화교육, 상호문화교육의 목적과 특성을 바탕으로 본 연구자가

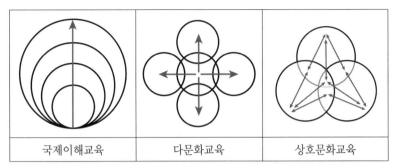

<그림 1> 문화 교육 유형 도식화

이렇게 볼 때 국제이해교육은 전 세계인이 하나의 공동체라는 시각을 갖고 세계 시민성을 키워나가는 것에 초점을 두는 교육이며, 다문화교육은 공존하고 있는 공간(국가) 내 문화의 차이보다는 문화의 다양성을 존중하는 것에 목표를 두는 교육이다. 이에 비해 상호문화교육은 자국 문화와 목표 문화의 문화적 유사점과 차이점에 관심을 가짐으로써 문화 정체성 인식에 접근하는 교육이다.

문화 교육 유형의 특성적 측면에서 본다면 일반 목적 한국어 학습자를 대상으로 하는 문화 교육은 다양한 변인이 작용하긴 하지만 상호문화교육의 원리와 방향으로 접근하는 것이 바람직하다고 생각된다. 한국어 학습자들은 한국어 학습을 통해 한국문화를 자연스럽게 접하게 되며, 한국문화에 대한 이해는 자국문화와의 맥락에서 문화적 유사점과 차이점을 찾으면서 이루어질 수 있다. 또한 이러한 과정을 거치면서 세계사적 보편성과 자국 문화의 특수성 및 한국문화의 특수성을 인식하고, 결국 자국 문화 정체성을 확립하고 한국문화의 정체성도 파악할 수 있을 것이다.

도식화해 본 것이다.

2. 한국어 교육에서의 '문화' 개념

외국어를 학습한다는 것은 동시에 새로운 문화를 접한다는 것을 의미한다. 언어와 문화는 밀접하게 얽혀 있어서 언어를 제대로 배우기 위해서는 문화를 이해해야 하며, 또한 문화를 온전히 이해하기 위해서는 언어를 알아야 한다. 그렇다면 외국어 학습에서 중요한 요소인 문화를, 한국어 교육에서는 어떻게 정의하고 있는가. 여기서는 한국어 교육에서 다루고 있는 문화의 개념을 살펴보고, 문화 교육 대상으로서 기존의 문화 개념을 확대하여 재설정하고자 한다.

1) 의사소통과 '문화'

언어에 대해서 "언어란 의사소통 도구이며, 이것에 의해 인간의 경험은 공동체마다 각각 달리 의미 내용과 음성 표현이 갖추어진 기호소들로 분석된다."[54]는 전통적인 정의가 있다. 이 정의에는 언어가 의사소통의 도구라는 사실 외에도 언어에 의해 인간 경험이 분석되는 방식이 공동체마다 다르다는 사실이 내포되어 있다. 그런데 인간 경험 분석 방식의 차이는 근본적으로 문화의 차이에서 비롯된다고 할 수 있으며, 이러한 점에서 언어는 문화의 표상물이라고 볼 수 있다.

외국어를 학습한다는 것은 또 하나의 세계를 만나는 것이다. 즉 목표 언어에 노출되고 목표 언어를 만나는 것이며, 또한 동시에 목표 언어 사회의 문화를 만나는 것이다. 또한 언어는 사회적 실체이자 사회적, 역사적 산물로서 문화의 영향을 받으며, 문화는 언어와 함축적 공생관계를 이루고 있으므로 언어 교육에서 이 둘의 관계는 매우 긴밀하다. 왜냐하면 사회·문화적

---

54) Martinet, André(1967), *Eléments de linguistique générale*, Paris: Armand Colin, p.20 ; 강성영(2000), 「문화 상호적 접근법의 원리 연구」, 『불어불문학연구』 42, 한국불어불문학회, p.218에서 재인용.

상황이나 맥락에 대한 인식 없이 언어 교육은 불가능하기 때문이다.

언어는 단순히 고립된 기호 체계가 아니라 무엇보다도 어떤 상황 안에서 비로소 유용해지는 의사소통 도구이다. 이런 점에서 오늘날 외국어 교육에서는 '언어와 문화'와의 관계보다는 오히려 구체적으로 '의사소통과 문화'의 관계의 연관성에 더 많은 관심을 두고 있다.

외국어 교육 현장에서 의사소통 중심의 교수법이 등장하기 전까지 일반적으로 중시된 것은 언어학적 능력이었다. 최초의 외국어 교수법이라 볼 수 있는 문법 번역식 교수법55) 하에서는 목표 언어 사회의 문학 작품 감상 정도가 문화 교육적 요소를 담고 있었다. 이 당시 문화에 대한 인식 자체가 문학, 고전음악, 무용, 건축물, 예술 작품 등 '사회 구성원이 성취한 최고의 산물(고급문화, 성취문화)'에 국한되었기 때문에 나타난 당연한 결과였다. 1950년대 청각 구두식 교수법56)이 대두함에 따라 실생활 중심 회화가 중요해지고 일반 생활문화가 교육 내용에 포함되기 시작하였다. 그러나 이 시기 외국어 교수법은 구조와 형태가 중심이었던 만큼 의미,

---

55) 문법 번역식 교수법(Grammar-Translation Method)은 목표 언어와 모국어 간의 번역을 통해 학습하게 되는 방법이다. 듣기, 말하기와 같은 구어 능력 배양에는 관심을 두지 않고 문법 규칙과 어휘 교육을 통한 읽기 능력, 학문적 능력 배양을 교육 목표로 삼는다. 문법과 규칙은 복잡하고 상세한 설명을 통해 연역적으로 제시되며 유일한 연습은 연결성이 없는 목표 언어 문장을 모국어로 번역하는 것이다. 어휘는 고립된 단어 목록의 형태로 교육된다. 주로 학습자의 모국어를 매개어로 해서 교육이 이루어진다. 일반적으로 수업 구성은 '문법 규칙, 어휘 교육→ 연습 문제, 번역 훈련→ 텍스트 번역' 순으로 이루어진다.

56) 청각 구두식 교수법(Audio-Lingual Method)은 행동주의 심리학과 구조주의 언어학 이론을 토대로 개발된 교수법으로 언어 능력을 무의식적으로 형성되는 습관의 총체로 보기 때문에 반복적이고 기계적인 모방과 연습을 통한 습관 형성을 강조한다. 일반적으로 수업 구성은 '대화문 → 유형 연습(Pattern Drills) → (문법) → 적용 활동'순으로 수업이 이루어진다. 교사의 음성이나 녹음자료 등 시청각 자료를 반복해서 듣고 모방하고 암기하도록 교육하며 유형 연습을 강조하여 단시간에 효과를 볼 수 있다. 그러나 이 교수법은 실제 맥락을 무시하고 형태의 반복적인 연습만을 강조함으로 인해서 실제 상황의 의사소통에 어려움을 가질 수 있다.

60

또는 기능과 밀접한 문화적 양태는 외국어 교육의 중심으로 자리잡지 못했다. 이때까지 언어와 문화에 대한 연구는 주로 인류학적, 사회학적 관점에서 또는 민족지학적 관점에서 다루어졌다.

1960년대 이후 세계적으로 외국어 교육자들은 문화를 예술 작품이라는 좁은 관점에서 벗어나 한 사회의 공유되고 학습된 삶의 구성 요소라는 넓은 개념으로 설명하기 시작했다. 그 후 몇 십년간 외국어 교육자들의 가장 많은 지지를 받아온 문화 개념은 문화를 'Big C'와 'small c'[57]로 나누는 개념이다. 'Big C'는 눈으로 직접 볼 수 있고, 손으로 만질 수 있는 물질적인 면을 나타내 보이는 것임으로 관찰하기가 용이하다. 예술, 역사, 지리 등은 분명하게 볼 수 있고, 기억하고 논의할 수 있는 것으로, 의복, 음식, 습관, 축제 등은 'Big C'의 범주에 들어간다. 반면에 'small c'는 눈에 보이지 않고 손으로 잡을 수 없는 비물질적인 것으로 현대사회에서 인간이 가지고 있는 세계관과 가치관, 규범, 신념 등을 말한다. 이러한 것은 현대사회에서 살고 있는 어떠한 집단의 사람들을 다른 집단의 사람들과 서로 구분할 수 있는 기준이 되는 것이다. 결국 'Big C'는 한 사회에서 일반적인 혹은 특출한 개인의 작품이나 사회에 대한 이바지를 의미하며 주로 한 나라의 경제, 사회, 정치, 위대한 영웅, 정치가, 작가 등을 다룬다. 반면 'small c'는 한 사회의 규범, 가치, 세계관 등 생활양식을 말하며 의사소통을 위한 생활 위주의 문화를 의미한다.

외국어 교육에서 문화적 요소에 대한 관심이 커지기 시작한 것은, 언어의 기능적 측면을 강조하며 의사소통 능력의 개발을 언어 교육의 목표로 설정한 의사소통 중심의 교수법이 등장하면서부터이다. 하임즈(Hymes)는 "언어학이란 동질적인 언어 공동체에서 가장 이상적인 화자·청자의 언어 능력

---

57) Brooks, N. H.(1975), The Analysis of Language and Familiar Cultures. in R. C. Lafayette.(ed.) *The Culture Revolution in Foreign Language Teaching*, Lincolnwood: National Textbook Company, pp.19~31.

(linguistic competence)을 연구하는 것"[58]이라는 촘스키(Chomsky)에 반론을 제기하며, 언어학 이론은 의사소통과 문화를 결합하는 좀 더 일반적인 이론으로 발전해야 한다고 주장하였다. 좀 더 구체적으로 언어 교수의 목표는 어떤 표현이 형식적으로 가능한가? 어떤 표현이 상황에 적절한가? 어떤 표현이 실제로 생성이나 이해의 관점에서 사용 가능한가? 어떤 표현이 실제로 이루어졌을 때 그것이 무엇을 의미할 것인가?[59] 등에 대한 지식과 능력을 갖추는 것으로 보았다.

<표 5> 외국어 교수법에 따른 문화 개념

외국어 교수법	문화
문법 번역식 교수법	목표 언어 사회의 문학작품(예술작품)
청각 구두식 교수법	일반생활문화
의사소통 중심 교수법	언어 능력(의사소통 능력)을 구성하는 부분

의사소통과 문화의 관계를 '공유문화의미소(共有文化意味素)'[60]로 설명하는 갈리송(Galisson)은 프랑스어를 가르치면서 문화 교육을 실시한다는 것은 프랑스어의 형태소가 내포하고 있는 본유적 의미에 부가되거나 첨가되어 있는 화행(話行)적 의미소를 학습자로 하여금 이해하도록 만드는 것이라고 보았다. 바로 이 화행적 의미소 안에 프랑스인들이 공유하는 문화적 코드가 녹아있으며, 이 코드를 이해하지 못하는 것이 비프랑스어권 외국인들에게 실제로 의사소통의 장애요인으로 작용할 수 있다는 것이다. 이는 외국인 학습자가 원하는 것은 목표 언어를 모국어로 사용하는 사람과 같아지

---

58) Chomsky, N. A.(1965), *Aspects of the theory of syntax*, Cambridge: MIT, pp.3~9.

59) Hymes, D.(1972), On communicative competence. in J. B. Pride & J. Holmes(Eds.), *Sociolinguistics*, Harmondsworth: Penguin Books, p.281.

60) Robert. Galisson(1991), De la langue á la culture par les mots, Paris, CLE international, pp.111~113 ; 장승일(2008), 「샹송과 문화교육에 관한 단상」, 『프랑스어문교육』 28, 한국프랑스어문교육학회, pp.38~43에서 재인용.

62

는 것이 아니라 그들과 원활히 소통하는 것이며, 따라서 목표 언어 사회 문화는 차곡차곡 쌓아 두어야 할 지식의 총체가 아니라 목표 언어 사용자를 이해하고 또 이들로부터 이해 받을 수 있게 하는 열쇠[61]라고 보는 입장이다.

갈리송은 공유문화의미소에서 공유문화 개념을 발전시켜 외국어 교육에서 공유문화의 중요성을 강조하였다. 공유문화[62]란 외국인들에게 있어 그 사회 구성원들을 깊이 있게 이해할 수 있게 하며, 이들로부터 이해되고 또 받아들여질 수 있게 하는 동시에 겉치레와 흉내의 차원을 넘어 진정으로 이들과 의사소통할 수 있게 해주는 단서가 되는 문화 개념이다.

외국어 교육에서의 문화 교육의 경우, 어떤 문화를 가르쳐야 하느냐의 문제에 대해 크게 두 가지 입장으로 나뉜다. 하나는 최소주의(minimalism) 문화이고, 또 하나는 최대주의(maximalism) 문화이다.[63] 최대주의 문화는 소위 '고급문화'라고 불리는 것으로, 문학, 역사, 예술 등과 같이 학업을 통하여 성취하는 대상을 가리킨다. 최소주의 문화는 프랑스인과 소통하고 서로 이해하기 위해서 비프랑스어권 외국인이 최소한 지녀야 하는 일상생활과 관계되는 지식, 소위 프랑스식 삶의 이해를 말한다. 특히 최소주의 문화를 문화 교육의 대상으로 삼아야 한다고 주장하는 외국어 교육 학자들은

---

61) Robert. Galisson(1987), Accéder á la culture partagée : par l'entremise des mots à c.c.p. *Etudes de Linguistique appliquée*, 67, Paris. Didier Erudition, p.124 ; 이봉지(2001), 「멀티미디어를 사용한 목표문화 교육」, 『Foreign Languages Education』 8(1), 한국외국어교육학회, p.361에서 재인용.

62) 갈리송은 일상생활 문화의 방만함과 교양문화의 편협성을 해결하기 위해 '공유문화' 개념을 도입하고 외국어 의사소통을 위해 학습자들에게 이 문화를 가르칠 것을 주장한다.

일상문화	공유문화	교양문화
일상적 문화	집단 정체성을 유지할 수 있도록 해주는 최소한의 보편적 지식	지적 문화

63) 앞의 책. pp.123~125 ; 이봉지(1991), 「외국어 교육과 문화 교육」, 『프랑스어문교육』 1, 한국프랑스어문교육학회, pp.44~45에서 재인용.

언어적, 문화적 공통분모를 가르치는 것이 올바른 문화 교육이라고 여기며, 이들에겐 목표 언어 사회인들의 일반적인 정서를 규정하는 고유한 태도, 행동양상, 그리고 사고방식이 중요한 학습 대상이 된다. 결국 언어교육에 있어 문화의 의미는 목표 언어를 사용하는 사람들의 생활방식, 혹은 생활양식이 공유되고 전승되어 유형화된 것이다.

이렇듯 의사소통이라는 범주 안에서 문화가 논의되고, 문화 교육이 언어 습득에 초점이 맞춰지면서, 문화라는 것을 '의사소통적'으로 어떤 목표를 두고, 어떠한 자료를, 어떻게 학습자들에게 가르칠 것인가가 문화 교육 논의의 주 관심 대상이 되어 왔다. 이러한 경향은 사실 문화 교육적 측면에서 보면, 언어 교육에서의 의사소통 능력의 중요성이 대두되면서, 오히려 문화 교육이 축소되거나 오도되는 경향을 가져왔다고 해석할 수도 있다. 즉 언어 교육에의 의사소통적 접근법 강조는, 언어 수업이 문화 수업을 대체하거나 심층적이고 관념적인 문화 내용을 제외하는 결과를 초래하였으며,[64] 문화 텍스트는 어휘나 문법 구조 등을 이해하기 위해서 문화적 맥락을 단순히 제공하는 차원에 머물러 온 경향이 있다는 것이다. 이는 그동안 외국어 교육에서의 의사소통 능력에 대한 역설이 문화 교육의 중요성을 강조한 듯 보이나 실제적으로는 문화의 개념과 범위를 축소하여, 문화의 진면목을 들여다보지 못하고, 문화가 언어 교육을 위한 도구적 역할을 주로 수행해 왔음을 의미한다.

언어 교육에서는 문화의 의사소통적 역할을 강조할 때, 인문학에서는 1970년대 이후, 후기구조주의와 포스트모더니즘의 대두를 통해 문화의 중요성이 증대되었다. 이들 사상은 문학과 같은 소위 고급문화와 일상적 생활의 표현인 대중문화 사이의 대립을 깨는 역할을 하였는데, 이 때문에

---

64) Weber-Fève, S.(2009), Integrating Language and Literature : Teaching Texual Analysis with Input and Output Activities and an Input-to-output Approach, *Foreign Language Annals, Vol.42, Issue 3.* the American Council on the Teaching of Foreign Languages.

사람들은 이제 더 이상 인문학적 연구를 고급문화에만 국한시키지 않고 인간의 경험을 드러내는 모든 종류의 표현 양식에 포괄적으로 적용시키게 되었다. 이러한 인문학적인 문화 개념 변화의 영향으로 문화 교육에 있어서도 고급문화와 일상문화의 대립은 더 이상 그다지 큰 의미를 갖지 않게 되었다[65]는 것이다. 즉 앞에서 언급한 최대주의와 최소주의, 고급문화(교양문화)와 일상문화, 'Big C'와 'small c'의 분류는 외국어 교육에서의 문화 교육에 있어 제한적으로 적용되거나 한계를 긋기 위한 분류로서 더 이상 의미가 없어졌다는 것이다. 이제는 문화 교육에 있어서의 최대주의 문화와 최소주의 문화는 외국어 교육의 일환으로 열리는 외국 문화 강좌 속에 독립된 교과목으로 단일화되기에 이르렀으며, 이것은 프랑스와 미국에서 행해지는 프랑스어 학습자를 대상으로 하는 프랑스 문화 강좌의 커리큘럼에서도 명확히 알 수 있다.

인문학적인 측면에서는 최대주의 문화와 최소주의 문화의 대립은 이미 무의미한 것이 되었다. 그렇다면 외국어 교육학적 측면에서는 최대주의 문화와 최소주의 문화의 대별, 그리고 문화 교육에의 제한된 적용은 과연 유의미한 것일까. 먼저 결론부터 말하자면 외국어 교육의 의사소통과 문화라는 측면에서 보더라도 학교 교육을 통해 획득되는 최대주의 문화(고급문화)와 삶 속에서 자연스럽게 습득되는 최소주의 문화(일상문화)를 대별하여 운용하는 것은 의미가 없다.

의사소통이라는 관점에서 문화에 접근할 때, 최소주의 문화, 일상문화를 언어 교육에서 다루어야 할 문화 개념으로 확정하고 이를 운용하는 것은 언어 교육에서의 의사소통 능력 개념 역시 축소시킨 것으로도 볼 수 있다. 언어는 문화를 반영하고 문화적 지식을 품고 있는 문화의 도구이기도 하다. 따라서 외국어 교육에서 문화의 개념을 축소하여 한정지으면 의사소통

---

65) Easthope, Antony(1994), 『문학에서 문화연구로』, (임상훈 역) 현대미학사(원전 출판 연도 1991).

능력도 어느 지점 이상을 넘지 않음을 의미하는 것이라고 볼 수 있다.

2) 한국어 교육에서의 '문화'

외국어 교육에서의 의사소통 능력과 문화라는 기존의 관계 설정은 한국어 교육에서도 그대로 적용되어 문화 교육의 방향과 목표 및 문화 개념 설정의 중심 원리로 작용하고 있다.

문화 교육은 '문화'를 어떻게 규정하는가에 따라서 논의의 범위와 방식이 완전히 달라질 수 있으며, 실제로도 지금까지의 한국어 교육의 문화 교육 논의에서 그 점이 확인된다. 한국어 교육에서도 외국어 교육에서와 마찬가지로 일상생활을 규정짓는 행동 양식에 대한 학습이 중요하게 다루어져야한다는 논의가 여러 학자들에 의해 제기되어 왔다. 문화를 언어 교육의 수단적 가치로 간주하여 언어문화와 배경적 지식에 주로 한정된 문화 개념을 적용하는 경향이 있다. 대개 한국어 능력이라는 것을 의사소통적 언어 능력에 국한시키느냐 문화 능력[66]으로 보느냐에 따라 한국어 교육과 관련하여 문화의 개념 범주를 세 층위로 나누는데,[67] 첫 번째 층위는 좁은 의미의 한국어 문화이고 두 번째 층위는 넓은 의미의 한국어 문화이며, 세 번째 층위는 한국문화 일반이다. 그 중 첫 번째와 두 번째를 한국어 문화 능력으로 한정하고 있으며, 세 번째 영역은 한국에 대한 문화 지식으로서 중요함을 인정하면서도 언어 교육에서 다루어야 할 범위는 아니라고 보고 있다.

---

66) 일반적으로 한국어 교육에서 논의하고 있는 '문화 능력'은 'cultural competence'에 대한 번역이다. 이때 '문화 능력(cultural competence)'이란 낯선 문화와의 만남에서 의사소통 상황에 맞게 행동하는 것이 가능한 상태이다. 즉 확대된 문화 개념과 의사소통으로서의 문화 개념이 융합된 상태를 '문화 능력으로 정의하고 있다. 권오현(2003), 「의사소통중심 외국어교육에서의 '문화'」, 『국어교육연구』 12, 서울대 국어교육연구.

67) 김창원(2007), 「한국어 학습자를 위한 문화 능력의 평가 방안」, 『한국어 교육』 18(2), 국제한국어교육학회, p.89.

세 번째 영역은 한국에 대한 문화 지식으로서 중요하기는 하지만 언어문화로 보기에는 지나치게 범위가 넓다고 보는 견해가 대부분이다. 한국어 교육에서 한국문화 일반[68] 영역을 다루게 되더라도 언어 능력 향상을 위한 읽기 자료나 언어활동을 위한 기능적 도구로 활용되고 있는 실정이다.

언어와 문화는 상호불가분리의 관계성을 갖는다. 사회의 고유한 사상, 관습, 가치관 등이 담겨있는 문화를 이해함으로써 그 사회 구성원들이 사용하는 언어를 습득하거나 그들의 언어 행위에 내포된 의미를 제대로 파악할 수 있으며, 그 사회 구성원들이 지닌 가치 체계와 경험의 세계에 들어가기 위해서는 역사의 산물이자 사회적 행위인 언어를 제대로 익혀야 하기 때문이다. 이와 같은 관점에서 대부분의 외국어 교육학자들 사이에서는 서로 깊숙이 투영되어 있는 '문화'와 '언어'를 분리하기보다, 언어에 의해, 그리고 언어와 함께 수행하는 문화 교육의 필요성을 강조하는 것이 지배적인 경향이다.

앞에서도 언급했듯이 사회학과 인류학에서 말하는 문화는 '한 공동체가 오랜 기간 동안 삶을 영위해 오면서 형성해 온 관념과 행위 양식, 그리고 이루어낸 산물'이며, 인간 삶의 총체물이기 때문에 범주가 광범위하다.

---

68) 한국어 교육에서는 일반적으로 문화의 범주를 크게 '언어문화'와 '일반문화(문화 일반)' 영역으로 나누고 있는데 연구자에 따라 그 개념이 조금씩 다르다.

	언어문화	일반 문화(문화 일반)
박갑수(1999)	언어에 의해 형성된 문화	언어의 배경으로서의 문화
민현식(2003)	모든 문화 중에 언어 영역에서만 나타나는 문화 현상만을 가리키는 제한적 정의 방식	모든 문화 영역에서 나타나는 언어 현상을 가리키는 포괄적 정의 방식
김대행(2003)	언어가 현현되는 형식의 단위에 따른 분류	언어에 현현되는 내용에 따른 구분
조항록(2004)	언어에 투영된 문화적 함의	언어를 통해 산출되는 문화적 양상
김종철(2005)	언어로 이루어지는 문화	언어가 다루는 문화
권오경(2009)	언어 자체에 내재된 삶의 방식으로서의 문화	언어활동에 필요한 배경지식으로서의 문화

또한 어떤 기준을 적용하는가에 따라 문화에 대한 분류도 다양하다. 따라서 개개의 모든 문화 내용을 목록화하기도 어려울 뿐만 아니라 문화의 모든 내용을 한국어 교육에서의 문화 교육으로 적용하는 것은 거의 불가능하다. 그러나 그렇다고 해서 문화 교육에 있어 문화의 개념을 지나치게 축소시키는 것은 한국 사회가 오랜 역사와 문화를 갖고 있는 복합적인 유기체임을 감안할 때, 한국인들이 경험하고 이룩해온 다양한 현상 중 많은 부분을 제외시키는 결과를 낳을 수 있으며, 이로 인해 한국인과 한국문화에 대한 온전한 이해를 막을 수도 있다. 또한 한국어 교육에서 문화를 단지 효율적인 언어 사용 능력의 습득에 필요한 도구로 간주하거나 문화 교육을 언어 교육에 종속된 형태의 것으로만 보는 경우, 언어 교육의 최종 목표라는 측면에서도 한계에 부딪힐 수 있다. 그렇다면 문화에 대한 어떤 개념과 관점에서 출발해야 한국어 교육에서 성공적인 문화 교육을 실행할 수 있을까.

원론적으로 말하자면 문화사적인 보편성과 문화사적 특수성을 감안하여 가장 한국적인 문화가 무엇인가, 가장 가치 있는 한국문화가 무엇인가를 선정해 한국문화 교육을 실시해야 한다. 덧붙이자면 한국문화는 한국인의 지적활동, 행동유형, 그리고 그것들의 물질적 생산물을 포함하는 광범위한 영역을 포함시키는 것이 바람직하다. 한국어 교육에서 다루고 있는 문화 내용은 일상생활문화와 물질문화에 치우쳐 있다. 그러나 한국어 학습자들에게 단편적인 생활방식에 대해서만 제시해 주고 그 생활방식을 나타나게 하는 가치관에 대한 교육이 뒤따르지 않으면 한국문화에 대한 진정한 이해가 이루어지기 어렵다. 왜냐하면 표층적으로 드러나는 문화와 심층에 내재된 문화는 하나의 유기체이기 때문이다. 따라서 문화권 간의 의사소통에서 목표 언어의 발화를 가능하게 하는 행동양식이나 가치 체계의 바탕이 되는 사고의 유형을 이해하는 것은 매우 중요한 일이다.

인간의 사고와 경험이 담겨 있는 문화는 언어를 통해 만들어지고 공유되고

68

계승되며, 언어는 인간의 삶을 통해 형성되고, 그 영위하는 문화 속에서 성장한다. 그러므로 한 사회의 문화적 전통과 가치는 그 사회 구성원들이 지닌 문화적 특성과 밀접하게 연관되어 나타나는 언어 행위를 통해 다양한 방식으로 표출되기 마련이다. 이러한 이유에서 학습자들은 목표 언어 사회의 문화를 익힘으로써 다른 세계에 살고 있는 사람들이 사용하는 언어의 맥락적인 차원을 이해하게 되고, 목표 언어를 배우면서 직접, 간접적으로 그 언어에 녹아있는 문화적 코드를 접하게 된다. 사회의 고유한 사상, 관습, 신념 등이 담겨 있는 문화를 이해함으로써 그 사회 구성원들이 사용하는 언어를 습득하거나 그들이 언어행위에 내포된 의미를 제대로 파악할 수 있으며 그 사회구성원들이 지닌 가치체계와 경험의 세계에 들어가기 위해서는 역사의 산물이자 사회적 행위인 언어를 제대로 익혀야 한다는 것이다.

한국어 교육에서 바라보는 문화에 대한 견해는 일정한 지역적 공간에서 구현되는 자체완결적인 실체[69]로 보고 그 실체를 객관적으로 파악하고자 하는 입장을 취하고 있다. 즉 문화를 정형화되어 있는 실체로 파악하고 변화하는 흐름을 이해하지 못하고 있다. 문화는 하나의 정형화된 실체가 아니라 '세계 공간'과 '역사 공간'[70] 속에서 다양한 사회집단과 세력들 간의 끊임없는 상호작용을 통하여 항상 변하는 역동적인 실체이다.

문화는 시대와 환경에 따라 변화하는 것이다. 따라서 문화는 '고유명사'로서가 아니라 '형용사', '동사[71]'로 접근해야 한다. 여기서 '형용사', '동사'라

---

69) 한국학의 전통적 배경에는 한국 또는 한국문화를 세계의 일부로, 세계화의 관련성 속에서 상대화하여 파악하기 보다는 자체 완결적이며 일정한 지역적 공간 속에서 구현되는 경계지운 실체로 파악하려는 인식론적 경향이 깔려 있다. 문옥표(1995), 「인류학, 현대문화분석, 한국학-이론적·방법론적 연계의 가능성-」,『한국의 사회와 문화』23, 한국정신문화연구원, pp.49~84.

70) 최협(1998),「한국 문화의 연구와 방법」,『정신문화연구』21-2(통권 71호), 한국정신문화연구원, p.25.

71) 이와 같은 맥락에서 김성례는 문화를 전승해야 할 실체적 유산으로 보는 접근을 문화의 '명사적 용법'이라 칭하고 문화를 현재 삶의 일상적 기획과 미래의 보다

함은 품사의 개념이 아니라 문화의 개념과 특징을 대변하는 의미이다. 즉 가변적, 역동적인 특성에 초점을 맞춰야 한다는 것이다. 전통문화에 대한 접근도 고유명사로서가 아니라 현대적 문화 현상에서 접근하여 역으로 다가가야 하며, 사회·문화적 변화와 함께 목표 문화가 얼마나 가변적이고 역동적이었는지에 대해서도 인지하게 해야 한다.

드러나는 문화의 내면, 표층적 문화 저변에 자리잡고 있는 심층적 가치체계를 파악하는 것이 문화이기도 하다. 이러한 맥락에서 문화는 독립적이고 자율적으로 존재하는 그 자체의 체계 혹은 영역이라기보다 우리들의 일상생활의 조건에 나타나는 주요 변화들에 대한 반응으로 이해된다. 따라서 문화 교육은 명시적으로 가르쳐야 할 대상이라기보다 문화에 대한 통찰력과 이해력을 쌓는 것이라는 의식의 전환이 필요하다.

한국어 교육의 목표가 언어의 실제 사용에 중요한 영향을 미치는 문화를 배제한 채 단순히 언어 지식만을 전달하는 것이 아니듯이, 한국어 교육에서의 문화 교육도 그 사회의 독특한 현상이나 양태와 관련된 단편적인 정보를 제공하는 것에 국한되는 것이 아니라 사회구성원들이 공유하는 다양한 경험과 함축의 세계에 근간을 두는 의사소통 능력으로서의 언어와 상징적 기능, 그리고 문화 간 이해 능력 소양까지 포함하는 것으로 확장되어야 할 것이다. 이에 한국어 교육에서의 문화의 개념과 문화의 교육적 위상 및 의의에 대한 재고가 요구된다.

나은 삶을 향한 준비 과정으로 인식하는 접근을 문화의 '형용사 용법' 또는 '동사적 용법'이라고 칭하였다. 김성례(1995), 「문화에 대한 사회적 관심의 고조와 인류학 교육」, 『한국문화인류학』 27, 한국문화인류학회, pp.281~301.

3. 한국어 교육에서의 문화 교육 현황

1) 한국어 교육에서의 문화 교육의 위상

한국어 교육 범주에서 이루어지는 문화 교육은 문화와 언어와의 관련성을 중시하며 우선적으로 언어와 문화의 통합을 이루려는 경향이 있다. 그러나 한국어 교육에서 논의하고 있는 언어와 문화의 통합은 실제적으로 주격인 언어에 부격인 문화가 여러 형태로 활용되는 양상을 보인다. 이에 한국어 교육에서 문화가 어떤 역할을 수행하고 있는지, 한국어 교육에서의 문화 교육의 위상과 비중이 어떠한지에 대해 살펴보고자 한다.

가. 문화를 통한 언어 능력 향상

문화를 통한 언어 능력 향상이란 문화 교육의 위상이 한국어 의사소통 능력 향상을 위한 도구적 역할에 머물러 있음을 의미한다. 이는 언어 능력 향상을 위한 기능적 역할로서 문화가 필요하다는 입장이다. 즉 언어는 문화의 결과물이자, 문화를 가장 잘 반영하고 있기 때문에 한국어 의사소통 능력을 신장시키기 위해서는 한국문화에 대한 이해가 필요하다는 것이다.

한국어 교육에서 의사소통 능력을 위해서 문화적 숙달도의 향상, 문화 도입식 한국어 교수법을 도입하며, 한국어를 효과적으로 학습하기 위하여 한국어에 담겨 있는 언어 문화적 특성을 찾아내어 그 내용 목록을 언어 예절과 언어 내용을 중심으로 작성하고 이를 단계별로 분류하여, 등급화 하는 작업도 한다. 이외에 한국어 교육에서의 문화 교육의 중요성이나 방향을 논의한 연구 업적이 있지만 모두 의사 표현 능력 향상을 위한 수단으로 문화 교육을 설정하고 있다. 이러한 논의들은 '효과적 의사소통을 위해 문화 교육이 필요하다',[72] '언어교육과 관련하여 문화가 어떤 역할을

---

72) 민현식(1996), 「국제 한국어 교육을 위한 문화론의 내용구성 연구」, 『한국말교육』 7, 국제한국어교육학회, pp.101~142.

하는가',73) '한국 문화에 대한 이해가 한국어의 의사소통 능력 신장을 돕는
다'74)는 식으로 문화를 언어 교육의 수단적 가치로만 인정하고 있다. 그러나
한국어 교육에서 의사소통 능력 향상 일변도에 초점을 맞추어 문화 교육을
실행하는 한, 성취문화와 가치문화와 같은 문화 영역이 실제 교육 현장에서
어떻게 실현될 수 있는지에 대한 해결책을 찾기는 어려워 보인다.

나. 문화를 통한 언어 능력과 문화 능력75) 향상

문화를 통한 언어 능력 향상과 문화 능력 향상 도모는 의사소통 능력
향상과 문화 교육 목적을 동등한 비중을 둔 논의로, 한국어 의사소통 능력
향상을 위한 문화 교육의 중요성을 말함과 동시에 문화 교육 자체도 중시한
입장이다. 즉 문화 교육이 언어 능력과 문화 능력 향상을 위한 등가적·양립적
가치로서 역할을 수행할 수 있다는 것이다. 이는 외국어 학습 동기가 특정
영역에서의 생활에 적응하는 데 있다면, 언어 능력의 발달 단계와는 무관하
게 생활 적응에 필요한 문화적 숙달도를 키울 수도 있으며, 문화적 숙달도는
외국어 학습 과정에서 흥미와 동기를 강화하여 의사소통 능력을 향상시킬
수도 있다는 순환적 입장을 취하는 논의다. 여기에 외국어 교육의 목표는
상호문화적인 차원에서 언어와 문화적 작업이 무엇인가를 숙지하고 다른
사람들의 것뿐만 아니라 자신들의 관점과 행동 등의 상호 관련성을 확인하고
조작할 수 있는 유능한 사람을 양성하는 것으로 간주하고, 의사소통은
정보를 주고받는 차원이 아닌, 상대방과의 관계를 맺고 유지76)하는 것을

---

73) 성기철(2001), 「한국어교육과 문화 교육」, 『한국어교육』 12(2), 국제한국어교육학
    회, pp.111~135.

74) 장경은(2001), 「문화를 통한 한국어교육의 실현 방안」, 『외국어로서의 한국어교육』
    26, 연세대학교 언어연구교육원, pp.435~452.

75) 여기서의 문화 능력은 'cultural competence'를 말한다.

76) 이진숙(2003), 「외국어로서의 한국어 교육에서 문화를 통합시키기 위한 교육적
    방안」, 『국어교육연구』 12, 서울대학교 국어교육연구소, pp.331~350.

포함해야 한다는 입장도 포함된다.

언어와 문화가 양립적이며 등가적 가치를 지니고 있다는 논의의 핵심 내용은 문화 역시 지식이 아닌 의사소통 행위 자체로써 그 과정에 녹아들어야 하고 의사소통 과정으로 인식되어야 하며 학습자가 실제적인 의사소통을 하면서 대화 상대인 타인과 효율적이며 의미 있는 의사소통 행위를 해낼 수 있는 전반적인 절차를 알게 해야 한다는 것이다. 즉 언어 교육이 그러하듯이 문화 교육 역시 '지식'으로서가 아니라 의사소통 능력의 일부분으로서 '문화 리터러시(Cultural Literacy)'[77]로서 다루어져야 한다는 것이다.

이러한 논의는 의사소통 능력과 문화 이해 능력을 등가적으로 놓는 시각을 주장하는 듯이 보이나 의사소통 능력의 신장만큼의 비등한 가치로 문화 능력의 신장을 적극적으로 논하는 입장을 취하지는 않고 있다.

다. 언어(문화)를 통한 문화 능력 향상

언어를 통한 문화 능력[78] 향상이라는 문화 교육은 문화의 위상과 비중을 높인 논의로, 문화는 한국어 능력 향상의 수단이 아니며, 문화 이해 그 자체가 궁극적 목적에 포함되어야 한다는 것이다. 문화를 보조적 위치에 두고 의사소통 능력을 전면에 내세우는 것은 의사소통의 내용과 의도 및 텍스트의 언어 외적 연관성을 도외시한 것이라고 보고 문화의 중요성을 강조하고 있는 입장이다.

언어(문화)를 통한 문화 능력 향상에 비중을 두는 문화 교육은 언어 교육 안에서의 문화 교육임을 인정하면서도 문화 교육의 목적과 내용을 보다 포괄적으로 파악하려는 입장으로 볼 수 있다. 그러나 이러한 입장 역시 언어 교육의 중요 목표인 의사소통 능력 향상을 소홀히 하지 않는다.

---

77) 최정순(2004), 「한국어교육과 한국문화교육의 등가적 통합」, 『언어와 문화』 1, 한국언어문화교육학회, pp.63~81.
78) 'cultural competence'를 의미한다.

즉 문화와 의사소통이 갖는 밀접한 상호관계를 한층 강조하면서도 보다 폭넓고 심도 있는 문화 내용에 대한 교수와 학습이 필요하다고 보는 것이다.

그러나 문화를 수단이 아닌 목표 그 자체가 될 수 있다는 이러한 논지를 한국어 교재에서의 한국 문화 소개 코너 신설, 한국어 교육기관에서의 한국문화 현장 체험학습 프로그램 강화, 한국문화의 체계적 보급을 위한 인접학문과의 연계노력 활성화79)의 측면에서 전개하고 있다. 또한 기존의 교재 분석80)을 통해 한국어 교육에서 문화 교육이 어떤 순서로 진행해야 하는지, 그리고 교재에 어떻게 반영해야 하는지에 대한 방향을 제시하고 있다. 즉 언어를 통한 문화 능력 향상에 대한 논의는 의사소통 능력 중심 교육에 대한 문제점 지적으로 문화 능력 향상을 언급하고 있을 뿐, 문화 교육 목표를 새롭게 설정하는 등의 근본적인 논의로 나아가지 못하고 있다.

한국어와 한국문화는 씨줄과 날줄처럼, 동전의 앞뒤 면처럼 불가분의 관계를 가지며, 서로 상승작용을 일으켜 한국어 의사소통을 구현한다. 따라서 한국어 교육계는 광범위한 한국문화의, 문화 교육으로의 구체화·현실화를 위해 많은 논의가 이루어질 수밖에 없다. 그러나 문화를 중시하는 연구물은 늘어가지만 정작 한국문화의 특징이 무엇인가라는 물음에 답을 찾기는 쉽지 않다. 또한 한국문화를 교육함에 있어 무엇을 가르칠 것인가 하는 점에 대해서도 관련 자료를 찾기가 쉽지 않다.

앞에서 문화 교육의 위상을 세 차원에서 살펴보았다. 그러나 이러한 세 개의 차원이 한국어 교육에서 동등하게 자리잡고 있는 것은 아니다. 외국어 교육에서의 학습자가 갖추어야 하는 능력을 의사소통 능력, 언어학적 이해 능력, 문화 능력으로 구별하고, 현재 한국어 교육은 어디에 비중을

---

79) 조항록·강승혜(2001), 「초급 단계 한국어 학습자를 위한 문화 교수요목 개발(1)」, 『한국어교육』 12(2), 국제한국어교육학회, pp.491~510.

80) 배현숙(2002), 「한국어 교육에서 문화교육의 현황과 문제점」, 『이중언어학』 21, 이중언어학회, pp.178~198.

두고 있는가라는 질문을 던진다면 의사소통 능력 신장이라는 답변에 주저함이 없을 것이다.

의사소통 능력을 광의로 해석하면 사회전반에 대한 소통일 수도 있고, 협의로 해석하면 언어의 표현과 이해로 해석할 수 있다. 그러나 문화 교육에서 획득되는 능력은 단지 의사 표현의 단계에 머물지 않으며, 한국인과 한국문화에 대한 온전한 이해를 지향한다. 따라서 궁극적인 목적으로 수행되는 문화 교육은 사회문화적 요소(sociocultural factors)뿐만 아니라 다양한 분야의 인지적 요소(cognitive factors)와 정의적 요소(affective factors)까지 갖출 수 있다. 또한 이때 의사소통 능력은 궁극적인 목적으로 수행되는 문화 교육의 필요조건이 될 수 있다.

2) 한국어 교육에서의 문화 교육 방안

가. 문화 교육 방안에 대한 논의들

(1) 문화 교육에 대한 직접적인 방법론

한국어 교육에서의 문화 교육 방안에 대한 논의는 다양하게 제기되고 있다. 문화 교육 방법론 가운데 직접적인 방법론은 '언어와 문화의 통합적(Language and Culture Integration) 접근 방법'과 '민족지학적(Ethnological) 접근 방법'이라 할 수 있다.

언어·문화 통합 교육은 '의사소통 모델'과 '언어-문화 통합 모델'81)의 두 가지 모델을 주로 응용하고 있는데, 모두 한국어 교육에서 문화가 통합적으로 반영되는 방법에 대한 모델이다. '의사소통 모델'은 교육 자료에서 주제, 상황, 기능 등이 문화적인 배경을 가지고 구성되는 것이며, 이와 달리 '언어-문화 통합 모델'은 언어에 반영된 문화적 함축뿐만 아니라

---

81) 김정숙(1997), 「한국어 숙달도 배양을 위한 한국 문화 교육 방안」, 『교육 한글』 10, 한글학회, pp.317~325.

목표 언어 사회의 구성원이 가지고 있는 가치관 및 감정까지를 포함한다. 또한 문화 교육 접근 방식으로 우선 문화를 '언어 통합', '언어 분리'로 분류하고, '언어 통합'82)은 다시 문화 요소를 어떻게 언어 요소에 반영하느냐에 따라 언어 자료 자체를 완전히 문화를 내용으로 하는 '완전 통합'과 언어 자료 가운데 문화 요소를 부분적으로 반영하는 '부분 통합'으로 분류하여 교육하기도 한다. 문화를 언어와 분리하여 교육하는 '언어 분리'83) 교육에는 문화 강좌를 개설하거나 문화 체험을 구성하여 실행하는 문화 교육을 말한다.

민족지학적 접근 방법은 목표 언어 사회에서 목표 언어를 습득하는 한국어 학습자들을 위한 문화 학습을 위해 적용될 수 있다. 이 접근 방법은 목표 언어 사회에서 장기간 목표 언어를 학습하고 있는 학습자에게 효과적인 방법이다. 이런 의미에서 민족지학적 접근 방법은 학습자들이 문화와 언어를 통합하는 효율적인 교육 방안으로의 가능성이 있다고 본다. 그러나 참여 관찰이라는 인류학적 연구 방법론을 한국어 교육 기관처럼 계획적인 교과과정에 의해 진행되어야 하는 언어·문화교육에 실제적으로 적용하기 위해서는 민족지학적 접근 방법이 효과적으로 적용될 수 있는 교수요목에 대한 논의가 필요하다.

이러한 이론적 논의들과는 달리 한국어 교육 현장에서 행해지고 있는 문화 교육 방법은 매우 제한적이다. 목표 문화를 설정하고 목표 문화 사회에 대한 관찰, 참여 관찰, 면접 등 계획된 진행 과정에 따라 문화 이해를 시도하는 민족지학적 접근은 고급반 프로젝트 수업의 경우 일부 수용 가능하

---

82) '언어 통합'이란 정규 언어 교수·학습에 문화를 통합하여 교육하는 것을 의미한다. 성기철(2001), 「한국어교육과 문화 교육」, 『한국어교육』 12(2), 국제한국어교육학회, pp.115~135 참조.

83) 문화 교육 접근 방법이 언어 교육과 분리되었더라도 문화 강좌나 문화 체험의 내용이한국어 교재 내용과 연계된 주제라면 언어·문화 통합 교육의 일환으로 볼 수도 있다.

나 보편적으로 실현하기에는 어려운 방법이다.

언어와 문화의 통합 교육 방안은 민족지학적 접근 방식에 비해 상대적으로 활발하게 이루어지고 있는 편이다. 특히 구체적인 교수·학습의 원리도 제시[84]하고 있다. 언어와 문화의 통합 교육 방안으로서 제시하고 있는 구체적인 교수·학습 원리는 다음과 같이 몇 가지로 요약할 수 있다.

첫째는 '수업 형태의 다양성 원리'다. 이는 언어와 문화가 통합적으로 이루어지는 교실 학습과 교실 밖이 체험 학습 등으로 다양하게 이루어지도록 하는 것을 의미한다. 같은 맥락에서 '수업과 체험의 유기성 원리'도 적용될 수 있다. 둘째는 '문화 비중 점증의 원리'로 언어와 문화가 통합적으로 교수·학습이 이루어지는 것을 전제로 그 비중이 점차 언어에서 문화로 증가되도록 하는 것을 말한다. 셋째는 '주제(내용) 개별화의 원리'로 수업에서 다루는 주제(내용)는 보편적인 주제(내용)에서 민족이나 국가의 문화적 특수성을 나타내는 주제(내용)를 선정하는 것이다. 이와 같은 맥락에서 언어 자료에 있어 어휘나 문장이 단순한 것에서 점차 복잡하고 어려운 것을 사용한다는 '자료 복잡화의 원리'도 설명된다. 다섯째는 '과제 수행 책임 이양의 원리'로 수업 과제 수행의 책임이 점차 교사로부터 학습자로 이양되도록 하는 것이다. 또한 이와 관련하여 '대화적 상호 작용의 원리'도 제시할 수 있는데, 이는 교사와 학습자, 학습자와 학습자의 대화적 상호 작용을 중시하는 것이다.

이러한 원리를 바탕으로 언어와 문화의 통합적인 수업을 위해 교실에서 할 수 있는 다양한 방법[85]을 모색하고 있는데, 그 유형을 다음과 같이 정리할 수 있다.

---

84) 임경순(2006), 「문화중심 언어와 문화의 통합 교수학습 방법 연구」, 『한중인문학연구』 19, 한중인문학회, pp.293~320 참조.

85) Chaistain(1976), Seelye(1984), Brown(1994)의 논의를 바탕으로 하고, 한상미(1999), 조항록(2000), 장경은(2001)이 제안한 내용을 참조하여, 한국어 교육 현장(성인 학습자를 대상)에의 적용 가능한 방안들을 정리한 것이다.

우선 가장 일반적으로 적용될 수 있는 방법으로 교수·학습 과정에서
문화적인 차이를 나타내는 내용이 나오면 그때마다 설명하는 문화 방백
(Culture Aside)이다. 어휘나 표현 수업 중 교사의 필요에 따라 의미를 설명함으
로써 문화적 내용을 다룰 수 있으며 의사소통 상황에 나타나는 문화적
의미에 대한 설명이 가능하므로 가장 보편적으로 사용되고 있는 문화 교육
방식이다. 그러나 이것은 문화 교육에 대한 체계적인 인식을 바탕으로
계획하여 실행되는 것이 아니기 때문에 교사의 주관적인 판단과 지식을
요하며 심층적인 내용까지 다루기는 어렵다. 이 방법의 장점은 학습자에게
언어적 배경으로서의 문화 내용을 제시할 수 있다는 것이고, 단점은 조직적,
체계적인 문화 교육이 어렵다는 점이다.

문화 동화 장치(Culture Assimilators)[86)]는 잘못 이해될 수 있는 상호문화적
주제와 관련된 내용을 교실에 소개하고 학습자들은 이에 대한 원인과
해답을 생각해 본 후, 정확한 대답을 통해 학습자에게 피드백을 제공하는
문화 교육 방식이다. 이것은 세 부분으로 구성되어 있는데 첫 번째는
학습자가 오해할 수 있는 문화적 상황을 담은 짧은 이야기를 제시하는
것이고, 두 번째는 그러한 상황이 발생하게 된 원인이 될 수 있는 네
가지 가능성을 제시하는 것이다. 세 번째는 그 중에서 맞는 답을 가르쳐
줌으로써 학습자들에게 문제의 원인이 되는 문화적 상황을 이해시키는
것이다. 이 방식은 한국 생활에 대한 일반적인 정보는 이미 학습한 학습자에
게 적합하며, 다른 문화와 비교되는 한국문화의 특수한 면을 제시할 때
효과적이며, 학습자들을 타문화에 대한 가치, 태도, 신념 등에 노출시킴으
로써 문화 능력의 배양을 가능하게 한다. 문화 동화 장치는 학습자들이
자국의 문화 유형을 포기하고 다른 문화로 동화되는 것을 피하기 위해

---

86) Albert, R. D.(1983), The intercultural sensitizer or culture assimilator: A cognitive
   approach, in D. Landis and R. Brislin(eds). *Handbook of intercultural training: Vol.2,
   Issues in training methodology*, Elmsford, NY: Pergamon, pp.186~217.

문화감지도구(ICS : Intercultural Sensitizer)라는 이름으로 다시 명명되기도
하였다.

　문화 캡슐(Culture Capsule)은 교사가 두 문화 사이의 차이점 등에 대해
묘사하는 방법으로 실행되는데 학습자는 이를 통해 두 문화 사이의 차이점에
대해 토론하거나 요약하는 방식으로 문화를 학습한다. 교사가 제공하는
문화 정보나 자료를 문화 캡슐이라고 하는데 이것을 통해 학습자는 자국
문화와 목표 문화의 차이점 등을 학습할 수 있게 된다. 이러한 문화 캡슐
중에서 하나의 주제와 연관된 일련의 자료들을 다시 또 하나의 독립적인
자료로 정리할 수 있는데 이것을 'Culture cluster'라고 한다. 즉, 각각 하나의
문화 캡슐을 통해 문화 내용이 제시되지만 이러한 것들이 하나의 주제를
통해 연결될 경우, 그것은 'Culture cluster'[87]가 되는 것이다. 문화 캡슐은
두 문화의 공통점과 차이점을 학습하는 것에 목표를 두고 제시되므로 문화적
차이가 나타나는 내용은 모두 교육 자료로 활용될 수 있다.

　문화 섬(Culture Island)은 교실을 하나의 섬으로 간주하여 교실 환경을
조성하는 방법이다. 학습자들의 관심을 유도하고 질문과 발표를 유도하기
위해서 교사가 주변을 포스터, 사진, 그림 등을 게시판에 부착하여 목표
문화의 전형적인 측면을 보여줄 수 있는 공간[88]으로 만들어 유지하는
것을 말한다. 교사는 학습자의 언어 능력을 고려한 다양한 문화적 주제들을
선별하여 문화 섬을 만들어 주는 것이 바람직하다.

　이러한 기본적인 문화 교육 접근 방법과 함께 최근에 강조되고 있는

---

87) Chaistain(1976)에서는 Meade Morain(1973)에서 제시한 프랑스 결혼식을 예로 들어
　이것을 설명하였다. 결혼식이라는 주제를 중심으로 행정적인 결혼 절차와 종교적인
　결혼식, 결혼 연회라는 세 개의 문화 캡슐을 통해 프랑스의 결혼 문화를 총체적으로
　이해하도록 제시하였다.
88) 이화여자대학교 언어교육원에서 진행되었던 6단계 프로젝트 수업의 경우, 6단계
　교실은 학습자와 교사가 프로젝트를 위한 하나의 섬으로 조성된다. 프로젝트
　주제와 관련된 자료뿐만 아니라 프로젝트에 임하는 태도, 학습자들 간의 규칙,
　프로젝트 일정 등이 교실을 장식하게 된다.

방법으로 과제 해결적 접근 방법, 협동적 접근 방법[89])이 있다. 이는 먼저 짝 활동 또는 그룹 활동을 통해 문화적 단편들을 모으는 작업을 수행하고, 다음으로 활동에 참여한 구성원이 발견한 것을 공유하고 토론하여 완전한 작품을 만들고, 마지막으로 목표 문화와 자국 문화의 비교라는 차원에서 그러한 정보를 해석하는 것이다.

(2) 한국어 교수법과 연관된 문화 교육 방법론

언어와 문화의 통합적 접근 방법, 민족지학적 접근 방법이 문화 교육 방법에 대한 실제적인 방법을 모색한 것이라면 1980년대 후반에 대두된 내용 기반 교육(Content-based Instruction) 방법과 주제 기반 교육(Theme-based Instruction) 방법은 문화 교육에 대한 직접적인 방안은 아니지만 한국어 교수법이므로 한국문화 교육 방법과도 직결된다고 볼 수 있다.

내용 기반 교육은 내용 학습과 언어 교육 목표를 통합한 것으로서 언어와 내용 지식을 동시에 교수·학습하는 것을 뜻하며, 내용 자료가 언어 형태와 언어 제시 순서를 결정하는 것이다. 이는 전통적인 언어 교육과정과는 대조적으로 내용 중심 교육과정은 언어의 형태나 계열성보다는 주제 내용과 훨씬 밀접한 관련성을 지닌다고 하였다. 내용 기반 교육 방법에서 문화 내용은 주로 언어 능력 향상의 방법으로 활용되고 있다. 예를 들어 '문학과 예술' 단원에 한국의 대표적 풍속화를 소개하는 내용의 글을 읽기 텍스트를 구성함으로써 언어교육과 문화 교육적 측면을 강화하는 기능을 할 수 있다.[90])

한국어 교육에서는 주제 기반의 교육도 실시되고 있는데 최근 개발되고 있는 교재들이 주제 중심 통합 교수요목을 택하면서 문화 교수요목도 포함하

---

89) Tomalin, Barry & Stempleski, Susan(1993), *Cultural awareness*, Oxford : University Press ; 조항록(2002), 「한국어 문화 교육론의 주요 쟁점과 과제」, 『21세기 한국어 교육학의 과제와 전망』, 한국문화사, p.462 참조.

90) 이화여자대학교 언어교육원 5급 교재인 『말이 트이는 한국어 Ⅴ』, 제10과 문학과 예술 참조.

고 있다는 점에서 이를 잘 알 수 있다. 예를 들어 '가족'이 주제인 단원에 한국인의 호칭 사용에 대한 문화적 내용을 제시함으로써 문화 교육적 측면과 함께 주제 중심 교육의 효과를 강화하고 있다. 그러나 한국어와 한국문화 내용을 단지 하나의 주제로 묶었다고 해서 주제 중심 한국어·한국문화 통합 교육이라 할 수는 없다. 하나의 주제 안에서 목표 문화 내용 습득과 언어활동을 개연성 있고 긴밀하게 연계해야 하며 이를 통해 한국어 능력과 문화 이해 능력이 향상되어야 한다.

내용 기반 교육 방법과 주제 기반 교육 방법 이전에 한국어 교육에서의 문화 교육 방법론은 사실 의사소통 중심 교수법이 대두되면서 대체로 사회·언어학적 관점에서 논의되어 왔다. 이에 대한 대표적인 예는 '화행지도'를 통한 문화 교육이다. 화행(speech act)을 통한 문화 교육 방법은 목표 언어 화자들 화행을 이해하고 실제로 연습해 봄으로써 이면에 내재되어 있는 문화적 의미를 학습하여 의사소통 능력을 키울 수 있다. 이에 해당하는 주요 화행으로 거절하기, 불평하기, 칭찬하기, 감사하기, 요청하기, 제안하기 등을 들 수 있다. 즉 문화의 구성 요소에서 중요한 비중을 차지하는 신념, 가치관, 태도, 언어 관습 등에 대한 이해는 일상 행위 문화의 이면에 내재되어 있는 목표 언어 사회 구성원의 관념 세계를 이해하도록 하는 것이 된다.

한국어 교수법에 의한 한국어 수업과는 별도로 이루어지는 문화 교육도 간혹 있는데, 강의 수강, 특강 참여[91] 등 인지적 활동을 통한 문화 학습이

---

91) 이화여자대학교 언어교육원에서는 2008년 가을학기부터 2010년 여름학기까지 한 학기에 1~2회의 한국문화 특강을 실시한 바 있다. 강좌 주제는 '조선 후기 회화와 미의식', '한국의 건축문화', '영화를 통해 본 한국 사회·한국인의 정서', '한국의 전통춤', '외국인을 위한 한국 전통 음악 여행' 등이다. 문화 강좌는 각 분야 전공자가 담당하였으며 주제에 따라 한국어와 영어로 진행되었다. 강좌의 대상이 한국어 학습자라는 점을 감안하여 비교문화적인 관점에서 한국문화의 특징에 대해 설명하였다. 한국문화의 표층적인 현상만을 접해 온 한국어 학습자들에게 한국의 사회와 문화 저변에 흐르는 한국문화의 원형을 조금이나마 이해하도록 하는 기회를 제공하는 계기가 되었다.

그것이다. 이는 일상생활의 체험만으로는 도달하기 어렵거나 접근하기
힘든 문화 주제를 다루는 데 효과적이다. 주제의 선정이나 사용 언어는
학습자 단계에 따라 주제가 달라진다. 이는 일종의 설명의 방식으로 볼
수 있지만 특정 문화 요소에 대하여 체계적이고 포괄적으로 접근할 수
있으며 '문화' 중심으로 진행된다는 점에서 한국어 수업 시간의 언어 능력과
연계된 교육 방식과는 다르다고 볼 수 있다.

나. 한국어 교육 기관에서 활용되고 있는 문화 교육 유형

현재 한국어 교육 기관에서 활용되는 문화 교육 방법은 다음과 같이
유형별로 정리할 수 있다.

국내에서의 한국어 교육 기관은 일반적으로 한국어의 구조와 기능, 그리
고 의미를 교육할 때 문화 교육이 병행되고 있다. 즉 한국어의 특정 표현과
어휘를 교육하면서 이의 화용론적 특징, 어원 등을 설명하며, 특정 주제나
상황 및 기능에 대한 역할극과 같은 교실 활동을 통한 문화 교육이 이루어지
고 있다. 이러한 상황 표현과 기능은 학습자들이 목표 언어 사회에 자연스럽
게 노출되어 있기 때문에 매우 유용하게 활용된다. 교실 밖에서 학습자들은
인사하기, 길 묻기, 물건 사기, 전화하기, 음식 주문하기, 교통수단 이용하기,
우체국이나 은행 이용하기 등을 통해 문화적 적응력도 향상시킬 수 있다.

다음으로는 신문 자료, TV 뉴스 및 드라마 활용, 광고 전단지 활용과
같은 실용적인 실제 자료를 활용하여 한국문화를 교육하고 있다. 드라마,
영화, 광고 등과 같은 시청각 자료(visual aids)를 활용하는 것은 학습자의
흥미를 유발시키므로 효율적인 문화 교육 방안이 될 수 있다. 시청각 자료가
언어적 이해를 보완해 줌으로써 목표 문화에 대한 학습자의 언어적·문화적
이해를 도와줄 수 있기 때문이다. 드라마나 영화는 분량이나 난이도를
조절함으로써 한국어 학습자의 단계에 맞게 활용될 수 있다. 신문 자료,

인터넷 자료는 중급 이상의 학습자에서 본격적으로 활용되는 보조 자료로서 한국의 현실 사회 전반을 교육 내용에 포함하고 있다.

또한 일부 교육 기관에 국한된 것이기는 하지만 한국 역사, 문학, 사회, 현대 정치와 같은 문화의 다양한 영역에 대하여 특정 시간을 설정하여 한국어로 강의하고 토론하도록 하는 것이다. 좀 더 세부적으로 학습자로 하여금 관심 영역을 선택하여 참여하도록 하는 선택 과목 제도의 운영이나 특정 주제에 대하여 자료를 찾아 정리하여 토론하는 활동의 부과, 한국의 분단 상황이나 한국의 지역주의와 같이 배경 상황에 대하여 충분한 설명을 요구하는 교수 활동을 통하여 실시된다.

마지막으로 현장 체험을 통한 한국문화 교육이다. 대다수의 한국어 교육 기관에서 한 학기에 한두 번 실시하고 있는 현장 체험 학습은 한국문화에 대한 직접적인 체험을 주목표로 하고 있다. 한국어 교실 밖에서 이루어지는 한국문화 현장 체험은 한국어 학습자들이 한국어 교실 상황이라는 제한적인 공간에서 벗어나 한국어를 사용하는 실제 목표 사회와 문화를 직접 만날 수 있는 기회를 제공하며, 학습자들이 실제 현장에서, 실제적인 자료 (authentic materials)를 통해 한국문화를 체험해 봄으로써 한국문화에 대한 관심과 흥미를 유발한다. 이런 점에서 한국문화 현장 체험은 의미 있는 문화 교육 방법이다. 특히 한국이라는 목표 언어와 문화의 사회에서 이루어지는 교육일 때는 더욱 그러하다.

다. 한국어 교재에서의 문화 내용 구성 방식

한국어 교육 기관에서의 문화 교육은 대부분 한국어 교재에 의존하고 있는 실정이므로 한국어 교재는 언어교육 내용을 제공하는 동시에 한국어 학습자에게 직접·간접적으로 문화에 대한 견해를 갖게 하고, 한국어와 한국문화에 대한 인식을 결정지을 수 있다. 따라서 한국어 교재의 문화 내용 구성 방식은 문화 교육 방안 측면에서도 중요하다.

교재는 교수·학습의 내용을 담아 학습자에게는 학습 대상을 인지하게 하고, 교사에게는 교수 대상을 인지하여 적절한 교수 전략을 갖도록 한다. 최근 한국어 교재에 문화 교육적 요소가 적극 도입됨으로써 문화 교육적 효과를 기대하고 있다. 한국어 교재의 내용 구성 요소는 일반적으로 한국어 교재 평가 기준에 교재의 목적과 목표(Aims and Goals), 주제(Subject Matter), 어휘와 문장 구조(Vocabulary and Structures), 연습과 활동(Exercises and Activities), 외형적인 특성(Layout and Physical Make-up)이다. 여기에 문화의 중요성에 대한 인식으로 문화(Culture) 항목도 포함된다. 한국어 교재 평가 기준92)에서 문화 영역 평가 기준을 정리해 보면 다음과 같다.

<표 6> 한국어 교재 평가 기준 중 문화 영역 평가 기준

1. 성취 문화 중심인가? 일상 문화 관련 내용을 포함하고 있어 현장 적용성을 높이고 있는가?
2. 교재가 문화 상대주의적인 입장을 취하고 있어, 결과적으로 문화적 충격이나 목표 문화에 대한 거부감을 최소화하는 데 기여하고 있는가?
3. 문화 내용은 설명과 제시 위주로 소개되는가? 과제 활동에 포함되는가?
4. 제시된 활동은 학습자가 목표 문화에 대한 이해와 평가를 가능하게 하여 자율 언어 학습을 도울 수 있도록 구성되었는가?

위의 문화 영역 평가 기준을 보면 이미 문화와 언어를 분리된 영역으로 다루고 있으며 문화 활동의 목표가 언어 학습에 도움을 주는 것으로 규정되어 있음을 알 수 있다. 이는 <표 7>의 던네트(Dunnett) 외(1987)93)가 제시한

92) 이병규 외(2005), 『한국어 교재 분석 연구』, 국립국어원 ; 조항록 외(2003), 『"예비교사·현직교사 교육용 교재 개발" 최종 보고서』, 문화관광부 한국어세계화재단. 참조

84

교재를 선택할 때 고려해야 할 7가지 문화적 측면과 대조적이다. 던네트
(Dunnett) 외의 기준을 살펴보면 언어와 문화가 독립적인 항이 아닌 통합된
상태로 제시되고 있으며, 또한 문화가 분리되지 않고 본문의 대화나 텍스트
안에 녹아 있다면 문화적 측면에 대해서는 무엇을 고려해야 하는지를 알
수 있다.

<표 7> 교재를 선택할 때 고려해야 할 문화적 측면

1. 문화적 관점을 잘 다루고 있는가? 2. 문화 측면이 긍정적인가 부정적인가 아니면 복합적인가? 3. 연습 문제가 문화적 활동을 하도록 돕고 있는가? 4. 어휘나 문법 등이 문화적 맥락에서 사용되는가? 5. 삽화나 사진이 문화적으로 연결되는가, 대화 내용이 문화적인가? 6. 대화 내용이 문화적인가? 7. 문화적인 관점이 타문화에 대해 일반적인가 주관적인가?

앞서 살펴본 한국어 교재 평가 기준에서도 알 수 있듯이 기존의 한국어
교재는 문화 내용을 독립된 항으로 구성하고 있다. 또한 문화 내용 접근에
있어서도 대부분 단순 설명식을 채택해 왔다. 예를 들면 최근 출판된 한국어
교재의 대부분은 거의 각 단원에 'culture capsule', 'Literature & Culture'
등의 명칭으로 한국 문화를 소개하고 있다. 그러나 이렇게 제시된 문화
내용은 단원과의 연계가 낮을 뿐만 아니라 과연 그 문화 내용이 적절한지에
대한 의문을 갖게 한다. 고급 학습자 교재에는 읽기의 텍스트나 듣기 지문
안에 문화 내용을 단순 설명 형식으로 넣어서 구성하고 있다. 이는 문화

---

93) Dunnet, Stephan C., Dubin, F. & Lezberg, A.(1987), English Language Teaching from
an Intercultural Perspetive, Joyce M. .Valdes,(ed.), *Culture Bound*, Cambridge University
Press, pp.148~161.

교육과 관련하여 전통적으로 활용되어 온 방법으로 문화 내용을 임의로 선정하여 한국어 또는 학습자 모국어로 설명하는 방법이다. 그러나 설명이라는 방식은 교수·학습과정에서 목표 문화에 대해서 입체적으로 이해하기에는 한계가 있다. 따라서 학습 단계, 문화 항목의 특징과 유형, 학습 환경 등을 고려하여 문화 내용을 구성하여야 할 것이다.

최근에 개발되는 대부분의 한국어 교재는 주제-과제, 기능-문법-어휘가 상호 연관된 상태에서 집필되고 있으며, 본문 대화의 제시는 대체로 사회·문화적 맥락과의 연관성 하에서 적절한 담화 상황이 설정되고 있다. 이러한 교재 구성과 맥락을 같이 하여 문화적 함의를 갖는 내용을 본문 속에 포함시킴으로써 자연스럽게 문화 학습이 이루어지도록 구성하고 있는 것은 고무적인 일이다.

한국어 학습자를 대상으로 하는 한국문화 교육은 대부분 한국어 교육 현장에서 한국어 교재를 통해 이루어지고 있다. 그리고 한국어 교재에서의 문화 교육 내용 제시 방법은 실제 수업에서의 문화 교육 방법과 직결된다. 따라서 한국어 교재에서의 문화 내용 제시 방법은 문화 교육의 측면에서 중요한 의미를 지닌다. 이에 한국어 교재에 문화 내용을 제시할 때 문화 교육적 차원에서 고려되어야 할 점을 정리해 보았다.

그것은 첫째, 문화 내용 제시는 문화의 유형과 성격에 따라 차별화되어야 한다. 즉 한국문화의 특성이 드러날 수 있는 효율적인 제시 방법을 모색해야 한다는 것이다. 둘째, 문화 교육의 역할에 따른 제시이다. 이는 의사소통 능력 신장 기능, 정보적인 기능, 학문적 자료로서의 기능 등 문화 교육의 목적이 무엇인지를 고려하여, 그에 따라 제시해야 한다는 의미이다. 셋째, 하나의 문화 내용도 다각적, 심층적, 입체적으로 제시94)할 수 있어야 한다. 즉 처음에는 접근이 용이한 행동문화 요소로 접근하지만 순차적으로 행동문

---

94) 배두본은 같은 맥락에서 문화 내용의 나선형 제시를 주장하였다. 배두본(1997), 『영어 교육학』, 한신문화사.

화 내면에 깔려 있는 가치관과 의식구조 같은 관념문화에 대한 심층적인
접근도 가능하도록 여지를 마련해야 한다는 것이다. 넷째, 언어 학습에서의
주제와 연계를 갖는 문화 내용을 제시하면 효율적이다. 이는 앞에서 언급한
주제 중심 통합 문화 교육을 말하는 것이다. 주제 중심 통합 문화 교육은
한국어와 한국문화 내용을 통합하여[95] 수업할 수 있는 좋은 방법이다. 선정된
주제가 문화 학습의 내용이 되며, 실제 학습 내용은 한국어 활동으로 연계되기
때문에 한국어와 한국문화가 통합되어 이루어질 수 있다. 또한 주제로서
문화와 언어를 연계하는 것은 동기와 흥미를 부여한다는 점에서 효과적이다.
이에 한국어 교재 구성 시, 문화 교육 내용 제시에 있어 주제 통합이라는
명목 하에 문화 요소와 목표 언어 기능의 연계를 지나치게 강조하는 경향이
있다. 그러나 문화 내용이 의사소통 그 자체는 아니므로, 문화 내용을 문법
항목과 언어 기능에 직접 연결하여 언어활동으로 무리하게 전이시키려는
시도는 지양해야 할 것이다. 문화 내용 제시 방법도 언어활동으로 자연스럽게
전이되어, 언어 능력의 향상을 함께 도모할 수 있도록 하거나 문화 교육
방안 연구를 통해 문화 내용 이해를 효과적으로 수행할 수 있도록 하는
것이 바람직하다. 다섯째, 한국 문화의 형성과 변화 모습을 감지할 수 있도록
사회·문화적 분석이 반영된 문화 교육 내용을 제시해야 한다.

그러나 언어 교육의 일환으로서 주제별 교육 방안, 기술적인 방안, 언어와
문화의 통합 방안 등에 대해 논의하기에 앞서 교육 대상으로서의 한국문화의
특징이 무엇이며, 또한 그러한 한국문화의 특성을 살릴 수 있는 한국문화
교육의 기본 원리가 무엇인지에 대해 먼저 고민해봐야 할 것이다. 왜냐하면
한국어 교육에서의 문화 교육은 언어와 문화가 서로 연계를 갖고 통합되어
이루어지는 것이 이상적이지만, 그 이전에 언어와 문화는 각각의 특성을
가지고 있기 때문이다.

---

95) 이를 위해서는 우선 주제와 연계 있는 적절한 문화교수요목 선정이 보장되어야
　　한다.

Ⅲ. 문화 교육의 두 패러다임

한국어 교육에서는 문화의 복잡하고 다양한 모습을 언어 교육이라는 범주에 한정하려는 경향이 있다. 이는 언어교육에서의 문화 교육이므로 언어적 목적에 중점을 두려는 의도에 의한 결과일 것이다. 그러나 한국어 교육에서의 문화 교육일지라도 문화 교육의 목표를 언어의 수단으로만 간주하여 문화 교육의 한계를 짓는 것은, 결국 언어 교육의 한계도 긋는 것이라 할 수 있다. 이에 한국어 교육에서의 한국문화 교육은 이제 실용적 의사소통 능력 향상과는 차원을 달리하는 패러다임의 전환이 필요하다. 따라서 여기에서는 문화 교육의 목표를 재설정하고, 학습자 변인을 반영한 한국문화 교육의 새로운 패러다임을 설정해 보고자 한다.

1. 문화 교육 목표 재설정의 필요성

문화 교육은 크게 '문화에 의한 교육(education of culture)'과 '문화에 대한 교육(education for culture)'[1]으로 실현된다. 문화 교육의 이러한 관점에서 보면 언어문화, 태도, 생활문화는 '문화에 의한 교육'으로 분류되고,

---

1) 김경식·윤주국(2004), 「현대사회에서 문화교육의 방향 탐색」, 『교육학논총』 25(1), 대경교육학회, p.1 참조.

성취문화는 '문화에 대한 교육'으로 분류될 수 있으며, 의식구조와 가치관은 '문화에 의한 교육'과 '문화에 대한 교육'에 모두 깔려 있는 배경이라 볼 수 있다.

이렇듯 문화 교육이 언어문화와 생활문화, 성취문화, 의식구조와 가치관 등으로 다양하게 실현될 수 있음에도 실제적으로 한국어 교실에서 이루어지고 있는 문화 교육은 일반적으로 문화 텍스트를 주제와 연관지어 흥미 위주로 다루거나 읽고 이해하기 능력 향상을 위해 문화적 맥락을 단순히 제공하는 정도이다. 물론 언어 교육에서의 문화 교육에 있어 우선적으로 목표 언어를 이해하고 이를 적절하게 구사할 수 있는 능력을 갖추는 것이 전제조건이 되어야 한다는 점에 대해서는 이견을 제시하기 어렵다. 특히, 목표 언어 사회인 한국이라는 교육적 환경에서 교육을 받는 한국어 학습자2) 들의 경우, 한국문화 접근에 있어 한국 사람과 적절하게 관계를 형성하고 원활하게 의사소통3)을 하는 데 요구되는 언어 능력 습득에 주된 관심을 갖는 것은 당연한 일이다.

이러한 맥락에서 문화 교육에 대한 주된 논의도 언어 습득에 초점을 맞추고 의사소통 능력 향상을 위해 어떤 자료를, 어떻게 학습자들에게 가르칠 것인가에 대한 논의가 제기되고 있음은 이미 살펴본 바와 같다. 이러한 현실은 문화 교육의 실현이라는 맥락에서 문화 교육의 목표를 어디에 두어야 하는지에 대해 다시 생각해 보게 한다. 그렇다면 한국어 교육 현장에서 문화 교육의 목표와 수준을 어떻게 설정할 것인가.

언어 교육에서 문화 교육의 필요성은 언어와 문화의 불가분의 관계에서 비롯되고 있음은 주지의 사실이다. 따라서 의사소통 능력의 개념이 대두된 이후 제기된 문화 교육의 목표는 당연히 의사소통 능력을 키우기 위한

---

2) 제2언어(KSL)로서 한국어를 배우는 경우를 말한다.
3) 한국어 학습 목적에 따라 요구되는 문화 교육의 목표도 달라질 수 있다. 그러나 여기서는 일반 목적 한국어 학습자에 한정하여 논의하고 있음을 밝혀 둔다.

필수적인 과정으로 인식되어 왔다. 이를 단적으로 나타내고 있는 논의로 헨든(Hendon)[4]은 목표어로 완전한 의사소통을 하기 위해서는 다른 문화권에 속한 사람들의 행동양식을 이해하는 것이 중요하며, 자국 문화에 대한 예속적 정향, 즉 자국 문화 규범에 국한된 행동 및 태도를 줄여나가는 것이 주요 교육 목표 중의 하나라고 주장하였다. 여기에서 좀 더 나아가 실리(Seelye)[5]는 문화 교육의 목표를 좀 더 구체화시켰다.

<표 8> 실리(Seelye)의 문화 교육 목표

1. 학습자들이 자신의 모국 문화 이외의 문화적 행동을 이상하거나 열등한 것으로 생각지 않도록 지도함을 목표로 한다.
2. 나이, 성별, 사회계층 등의 사회적 변인이 사람들의 화법과 행동에 영향을 미친다는 것을 이해시킨다.
3. 목표 원어민들이 흔한 일상생활에서 어떻게 관습적으로 행동하는가를 이해시킨다.
4. 영어 단어와 표현을 그저 언어적인 뜻으로만 학습하는 것이 아니라 영미문화가 각 단어에 부여하는 내포적 의미까지도 알게 한다.
5. 목표 문화의 일반화된 명제들이 과연 사실인지 아닌지를 학습자들이 스스로 경험과 관찰을 통해 평가하고 판단할 수 있도록 한다.
6. 학습자들이 스스로 목표 문화에 대한 정보를 모으고 분석할 수 있는 기술을 함양시키는 것이다.
7. 학습자들이 목표 문화와 사람들에 대해서 지적 호기심과 공감을 가질 수 있도록 하는 것이다.

---

4) Hendon, Ursula S.(1997), The Interaction of Language and Culture: New Views in Foreign Language Teaching. in D. S. Lottgen (ed.), *Cultural studies in the second language classroom: needs, problems and solutions*, Universidad de Murcia, pp.163~180.

5) Seelye, H. Ned.(1984), *Teaching culture: Strategies for intercultural communication*, Lincolnwood, Ill: National Textbook Company, p.301.

실리(Seelye)의 문화 교육 목표는 한국어 교육의 문화 교육 논의에서 자주 인용되어 왔다는 점에서 주목할 필요가 있다.

이러한 논의는 문화 교육 목표의 큰 비중을 학습자의 일상생활에의 적응 면에 두면서 학습자들이 목표 문화에 대한 존중 의식을 갖고 일상생활에서 적극적으로 경험하는 가운데 스스로 올바른 평가와 공감을 느끼도록 만드는 것에 문화 지도의 주안점을 두어야 한다는 것이다. 그러나 이러한 항목은 문화 교육의 목표와 방향이라기보다는 문화 교육의 방법 및 구체적 항목으로 보는 것이 더 적합해 보인다.

문화 교육에 대한 논의가 진전되면서 문화의 범위가 점차 넓어져 성취 문화적 요소를 문화 교육의 범위에 적극 포함시키고자 하는 논의들이 등장한다. 물론 과거에도 문학 작품 등 성취 문화적 요소가 포함되지 않은 것은 아니지만 주로 강조된 것은 일반 행위문화였다. 그러나 최근에 들어와 문학, 예술을 포함하여 정치, 경제 사회 등 사회 전반의 대표적이고 특징적인 요소가 문화 교육에 자연스럽게 포함될 수 있음을 강조하기도 한다.

이는 외국어 학습 단계가 올라갈수록 상황 설정과 맥락의 구성이 사적인 영역에서 공적인 영역으로, 주변적인 영역에서 일반적인 영역으로, 사실적인 영역에서 구체적인 영역으로 확대되는 것에 따른 것으로서 일상 생활문화에서 다양한 성취문화로의 발전은 자연스러운 것으로 보인다. 다만 여기에서 중요한 것은 다른 나라와 차별됨으로써 목표 언어 사회를 이해하는 데 꼭 필요한 요소들이 중요시되어야 한다는 점이다.

발레트(Valette)[6]는 문화적 목표를 4개의 범주로 구분하였다. 첫 번째 범주는 목표 문화에 대한 더 큰 인식과 더 방대한 지식의 개발이고, 두 번째 범주는 목표 문화의 예의범절을 행할 수 있는 능력이 습득이고, 세 번째 범주는 목표 문화와 학생들의 문화 사이의 차이점 이해이고, 네 번째

6) Allen, Edward David & Valette, Rebecca M.(1977), *Classroom techniques: foreign languages and English as a second language*, New York: Harcourt Brace Jovanovich, pp.245~269.

범주는 목표 문화의 가치 이해이다. 이는 화용론적 차원에서의 문화와 가치중립적 차원에서의 문화에 접근하고 있다. 라파예트(Lafayette)[7]는 학습자 중심의 측면에서의 문화 교육의 목표에 대해 논의하였다.

<표 9> 라파예트(Lafayette)의 문화 교육 목표

1. 주요 지리적 기념물을 인식하고 설명할 수 있다.
2. 주요 역사적 사건을 인식하고 설명할 수 있다.
3. 주요 제도(행정, 정치. 종교, 교육 등)를 인식하고 이해할 수 있다.
4. 주요 예술적 기념물(건축물, 미술, 문학)을 인식하 이해할 수 있다.
5. 일상의 "비활동적인" 문화적 패턴(사회, 계급, 결혼, 직업 등)을 인식하고 이해할 수 있다.
6. 일상의 "활동적인" 문화적 패턴(식사, 쇼핑, 인사 나누기 등)을 인식하고 이해할 수 있다.
7. 통상적인 일상생활에서 적절하게 행동할 수 있다.
8. 상투적인 제스처를 적절하게 사용할 수 있다.
9. 다른 사회와 그 구성원에 대한 가치판단을 이해할 수 있다.
10. 목표 언어와 관련이 있는 인종의 문화를 인식/설명할 수 있다.
11. 목표 언어를 사용하는 비유럽인의 문화를 인식/설명할 수 있다.
12. 문화 관련 설명에 대하여 타당성을 평가할 수 있고 문화 관련 정보를 조직화하는 데 필요한 기술을 발전시킬 수 있다.

라파예트(Lafayette)의 주장은 언어문화, 가치체계, 행위양식이었던 이전의 논의에 비하여, 이들 외에 지리적 기념물, 역사적 성취물, 주요 제도, 예술적 기념물 등 성취문화까지 폭넓게 문화 교육의 목표로 삼았다는 점에서

7) Lafayette, R. C.(1988), Integrating the teaching of culture into the foreign language classroom, in A. J. Shingerman (Ed.), *Toward a new integration of language and culture*, Northeast Conference Reports. Middlebury, VT: The North-east Conference, pp.47~62.

이전의 주장과는 크게 다르다. 이는 언어와 문화와의 관계에 기인하는 '언어문화'의 차원을 넘어 '언어, 사회, 문화'로까지 문화 교육의 영역을 확장해 가고 있음을 보여준다. 1990년대 이후에는 외국어 교육에서의 문화가 언어문화, 행위문화를 넘어 문화 전반에 대한 이해의 폭을 넓히고 심지어 사회·경제적 능력까지 키워야 한다는 주장이 제기되었다.

교육부는 제7차 제2외국어 교육과정[8]에서 이제까지 언어 재료의 하위분류에 머물고 있던 문화 항목을 단독 항목으로 독립시켜 문화 이해 교육의 중요성을 강조하였다. 문화 교육의 목표를 5차 교육과정에서는 대부분 해당 외국어권의 생활양식과 사고방식을 폭넓게 이해하는 것, 6차에서는 해당 외국어권의 생활과 문화를 이해하는 것, 7차에서는 해당 외국어 문화권 문화의 수용 태도를 기르는 것으로 설정하고 있다. 이는 문화 교육의 목표 설정에 있어 인지적 요인(cognitive factors), 사회문화적 요인(sociocultural factors)뿐만 아니라 목표 언어 사회 문화에 대한 인식 태도와 문화 정체성 변화 등의 정의적 요인(affective factors)도 중요한 요소로 작용하고 있음을 보여준다.

지금까지 한국어 교육에서의 문화 교육의 목표에 대한 다양한 논의들도 있었다. 한국어 교육에서는 문화 교육의 목표를 상위목표와 하위목표로 분류[9]하기도 한다. 여기에서 상위목표로는 문화 이해를 통한 한국어 의사소통 능력의 신장을 설정하였으며, 하위목표로는 첫째 문화의 다원성 이해, 둘째 일상적 생활방식 이해, 셋째 보편적 사고방식 이해, 넷째 보편적 문화 지식 이해, 다섯째 언어와 문화의 관계 이해, 여섯째 인위적, 자연적 산물 이해, 일곱째 문화 이해와 실천의 태도, 여덟째 일상생활 적응력

---

8) 교육부(2000), 『고등학교 교육과정 해설-12. 외국어』, 교육부 고시 제1997-15호 참조.

9) 성기철(2001), 「한국어교육과 문화 교육」, 『한국어교육』 12(2), 국제한국어교육학회, pp.111~135.

등을 들고 있다. 그러나 이는 언어 교육과 문화 교육이라는 층위에서 볼 때 상위목표와 하위목표가 뒤바뀐 듯하다. 이러한 목표 설정을 통해 한국어 교육에서의 문화 교육의 위상을 재확인할 수 있다.

한국어 교육에서의 문화 교육의 대표적 학자라고 할 수 있는 박영순은 한국어 교육에서도 문화 교육의 목표[10]를 다음과 같이 제시하였다.

<표 10> 박영순의 문화 교육 목표

---

1. 목표 언어가 속해 있는 문화의 대략적인 특징을 이해한다.
2. 자국 문화와 목표 문화의 공통점과 차이점을 이해한다.
3. 문화적으로 조건화된 행동과 언어 표현에 대해 이해하고 그에 알맞은 행동과 언어적 대응을 적절하게 할 수 있다.
4. 자국 문화와 언어에 대한 객관적인 분석과 평가를 할 수 있고, 다른 언어와 문화를 비교·대조할 수 있다.
5. 목표 언어를 구사할 때는 목표 언어가 속해 있는 문화적 관습이나 가치관에 따라 적절하게 수행할 수 있다.
6. 학습자 자신의 자국 문화와 목표 언어문화와의 공통점과 차이점에 대한 이해를 통하여 두 언어문화에 대한 더 정확한 이해와 사용을 향상시킨다.

한국어 교육학자들이 제시한 문화 교육의 목표는 다분히 문화에 대한 이해를 통한 의사소통 능력과 일상생활 능력의 신장이다. 또한 그러면서도 인위적·자연적 산물에 대한 이해를 포함시킴으로써 성취문화를 교육의 대상에 포함시키고 있다.

문화 교육을 문화적 관점으로 확대 해석하여 목표와 의의를 제시한 논의도 있다. 문화 교육의 목표를 세 가지 측면에서 설정한 논의로,[11]

---

10) 박영순(2002), 『한국문화론』, 한국문화사.

첫째는 인류 보편문화에 대한 이해이다. 인간이란 공통적 구조적 공감이 전제되지 않고는 타문화의 수용과 영향력은 한계가 있기 때문이다. 둘째는 지역적 특수 문화에 대한 이해이다. 즉 자국 문화와 이질적인 것에 대한 이해를 의미한다. 셋째는 의사소통 능력12)이다. 문화 교육의 의의13)에 대해서도 첫째, 학습 목표 언어 사회와 그 문화를 이해하는 것은 이질적인 문화권에 대한 거부감을 없애주고 한국어 학습 동기와 학습 의욕을 고취시켜 높은 학습효과를 가져온다. 둘째, 문화를 배움으로써 의사소통 능력의 신장과 함께 학습자의 정체성 확립, 비교 문화적 시각 확보가 가능해진다. 셋째, 글로벌 시대의 외국어 교육은 사회통합, 국제인 양성이라는 인류 공통의 목적과도 부합되어야 한다고 하였다. 이러한 논의는 언어 교육에 한정된 문화 교육의 목표를 문화적 관점으로 확대하여 접근하였다는 점에서 의의가 있다. 그러나 문화 교육의 목표를 문화적 관점과 연결지어 원론적으로 논의하는 것에서 그치고 있다. 마치 언어 교육과 문화 교육을 이원적으로 파악하고 있는 듯하다. 따라서 이러한 문화 교육의 목표를 한국어 교육 현장에 어떻게 적용할 것인지에 대한 실제적인 논의가 요구된다.

이런 의미에서 실제 한국어 교육의 교과 내용과 교수요목에 대한 표준 제시라 할 수 있는 TOPIK의 평가 기준을 살펴보는 것은 의의가 있을 것이다. 이는 한국어 교육에서 기준으로 삼고 있는 단계별 학습 목표에 해당된다. 이를 통해 한국어 교육에서 상정한 문화 교육의 수준과 기준도 파악할 수 있다.

---

11) 최주열(2008), 「한국 문화 교육 접근 방법 연구」, 『언어와 문화』 4(1), 한국언어문화교육학회, pp.203~222.
12) 언어문화 교육을 의미한다.
13) 권오경(2009), 「한국어교육에서 문화교육 내용 구축 방안」, 『언어와 문화』 5(2), 한국언어문화교육학회, pp.49~72.

<표 11> TOPIK의 등급별 총괄 기준[14]

단계	급	총괄 기준
초급	1급	자기 소개하기, 물건 사기. 음식 주문하기 등 생존에 필요한 기초적인 언어 기능을 수행할 수 있으며 **자기 자신, 가족, 취미, 날씨 등 매우 사적이고 친숙한 화제에 관련된 내용을 이해하고 표현할 수 있다.** 약 800개의 기초 어휘와 기본 문법에 대한 이해를 바탕으로 간단한 문장을 생성할 수 있다. 또한 간단한 생활문과 실용문을 이해하고 구성할 수 있다.
	2급	전화하기, 부탁하기 등의 일상생활에 필요한 기능과 우체국, 은행 등의 공공시설 이용에 필요한 기능을 수행할 수 있다. 1,500~2,000개 정도의 어휘를 이용하여 **사적이고 친숙한 화제에 관해 문단 단위로 이해하고 사용할 수 있다.** 공식적 상황과 비공식적 상황에서의 언어를 구분해 사용할 수 있다.
중급	3급	**일상생활을 영위하는 데 별 어려움을 느끼지 않으며 다양한 공공시설의 이용과 사회적 관계 유지에 필요한 기초적 언어 기능을 수행할 수 있다.** 친숙하고 구체적인 소재는 물론, 자신에게 친숙한 사회적 소재를 문단 단위로 표현하거나 이해할 수 있다. 문어와 구어의 기본적인 특성을 구분해서 이해하고 사용할 수 있다.
	4급	공공시설 이용과 사회적 관계 유지에 필요한 언어 기능을 수행할 수 있으며 일반적인 업무 수행에 필요한 기능을 어느 정도 수행할 수 있다. 또한 뉴스, 신문 기사 중 비교적 평이한 내용을 이해할 수 있다. 일반적인 사회적·추상적 소재를 비교적 정확하고 유창하게 이해하고 사용할 수 있다. 자주 사용되는 관용적 표현과 **대표적인 한국문화에 대한 이해를 바탕으로 사회·문화적인 내용을 이해하고 사용할 수 있다.**
고급	5급	전문 분야에서의 연구나 업무 수행에 필요한 언어 기능을 어느 정도 수행할 수 있으며, **정치·경제·사회·문화 전반에 걸쳐 친숙하지 않은 소재에 관해서도 이해하고 사용할 수 있다.** 공식적, 비공식적 맥락과 구어적, 문어적 맥락에 따라 언어를 적절히 구분해 사용할 수 있다.
	6급	전문 분야에서의 연구와 업무 수행에 필요한 언어 기능을 비교적 정확하고 유창하게 수행할 수 있으며 **정치·경제·사회·문화 전반에 걸쳐 친숙하지 않은 주제에 관해서도 이용하고 사용할 수 있다.** 원어민 화자의 수준에는 이르지 못하나 기능 수행이나 의미 표현에는 어려움을 겪지 않는다.

<표 11>에서 알 수 있듯이, 평가 기준이 지극히 언어 능력 평가 기준이며,

---

14) TOPIK 문항 유형 개발을 위한 기초 연구팀(2006), 『한국어능력시험 문항 유형 개발을 위한 기초 연구-문항 개발을 위한 지침서-』, 한국교육과정평가원, pp.6~14. (굵게 표시된 부분은 문화 교육과 관련된 기준으로 본 연구자가 강조하였음.)

96

친숙하고 주변적인 주제에 대한 의사소통 상황에서, 친숙하지 않고 공식적인 주제에 대한 의사소통 상항으로 단계화하고 있다. 심지어 정치·경제·사회· 문화 주제도 의사소통 능력과 연결되어 있다.

이렇게 본다면 실제적으로 의사소통 능력 향상을 한국어(한국문화) 교육의 목표로 설정하고 있다고 볼 수 있다.

앞에서 살펴보았듯이 한국어 교육에서의 문화 교육의 목표는 우선적으로 의사소통 능력 향상이고, 점차 교육 대상으로서의 문화의 범위를 확대하면서 세계인 양성이라는 인류 공통의 목적과도 연결되고 있다. 그러나 이러한 논의는 대체로 막연하다. 자칫 외국인 한국어 학습자가 아닌 자국 국민을 대상으로 하는 범 문화 교육으로 오인할 수도 있을 것 같다. 이에 외국어 교육에서 문화 교육 목표의 또 다른 패러다임을 구축하기 위한 이론적 근거부터 살펴보도록 하겠다.

의사소통 능력 일변도의 문화 교육에 있어 방향 전환을 할 수 있는 단서를 바이럼(Byram)[15])과 크람쉬(Kramsch)[16])의 논의에서 찾을 수 있다. 이들은 문화 학습 없이 제2언어 또는 외국어를 제대로 배울 수 없음을 강조하며, 문화란 음식, 사물, 민속, 통계 자료와 같은 눈에 보이는 현상에 국한하지 않고 구성원의 세계관, 신념 등 내재적인 측면을 포함해야 한다고 보았다. 또한 모런(Moran)[17])은 언어 교육에서의 문화 교육을 통해 기대되는 효과로, 외국어 학습에 대한 흥미와 동기를 유발하는 외국어 학습 향상의 효과, 개방적·우호적 태도로 유도하는, 즉 내재적 동기를 자극하는 정의적인

---

15) Byram은 외국어 능력을 문화적인 이해와 정체성을 포함할 수 있는 개념으로까지 확장시켰다. Michaël Byram(1989), *Cultural studies in foreign language education*, Clevedon, England: Multilingual Matters, pp.102~119.

16) Kramsch, C. J.(1993), *Context and Culture in Language Teaching*, Oxford England: Oxford University Press.

17) Moran, P. R.(2004), 『문화교육』, (정동빈 외 역) 경문사(원전 출판연도 2001), pp.151~171.

효과, 그리고 문화에 대한 지식과 올바른 판단력과 가치관 정립의 효과를 제시하였다. 즉 외국어 교육은 개인의 인식을 변화시키며 개인이 세계를 인식하는 시각과 관점을 확대시키는 데 필수적이라는 것이다.

여기에 언어 학습의 동기 이론을 더할 수 있다. 외국어 학습에는 도구적 동기(la motivation utilitaire)와 통합적 동기(la motivation intégrative)[18] 외에 실존적인 동기(l'existence d'une motivation)[19]가 있다. 즉 언어 학습에는 필요에 의한 동기와 호기심에 의한 동기뿐 아니라 문화적·세계적 정체성을 찾는 실존적인 동기가 존재한다. 따라서 외국어 교육에는 문화를 통한 의사소통 능력 향상과 더불어 궁극적인 문화 교육을 수행해야 할 책임이 있다. 이는 외국어 교육에서 문화의 역할이 단지 언어의 기능적인 도구에 머물지 않고 목표 언어 사회 문화에 대한 실존적인 교육도 이루어져야 함을 의미한다.

위의 외국어 교육에서의 문화 교육의 목표에 대한 논의에서 우리는 문화 교육의 역할에 '의사소통 능력' 향상이라는 도구적 기능과 함께 실존적 기능이 존재함을 알 수 있었다. 이는 문화 교육이 언어 교육의 궁극적인 목표가 될 수 있음을 시사한다. 이에 본서에서는 문화 교육 목표에 있어 또 다른 패러다임을 도출하고자 한다. 이러한 패러다임은 단순한 기능성 위주의 문화 교육이 아닌 삶에서 발생하는 여러 문화 현상을 이해하고, 한국어 학습자가 문화 간 주체로서의 한국문화와 자국문화 사이에서 충분히

---

18) 통합적 동기는 도구적 동기와 대별되는 개념으로서 언어 학습의 동기를 유발하는 '이국적' 또는 문화적 호기심으로 다른 문화에 대해 느끼는 매력의 한 형태를 말한다. Jean-Claude Beacco(2010), 「언어 교수 학습의 문화적 차원-지식과 능력의 관계 속에서」, 『언어 간 의사소통과 문화 교육』, 서강대학교 개교 50주년 한국어 교육원 개원 20주년 기념 국제학술대회 발표문에서 참조.

19) Gardner, R. C.(1985), *Social Psychology and Second Language Learning Learning: The Role of Attitudes and Motivation*, London: Arnold ; Bogaards. P.(1988), *Aptitude et affectivité dans l'apprentissage des langues étrangères*, col. LAL, Paris, Crédif-Hatier, pp.48~49.

공감하고 사유하며 판단하는 과정을 통해 문화 정체성을 확인하는 교육을 의미한다. 이러한 패러다임은 문화 교육의 목적이 한국어 학습자들의 호기심과 동기를 유도하는 차원을 넘어서, 그 자체로 교육적인 가치도 지닌다.

이상의 논의를 종합해 볼 때 문화 교육의 목표는 언어의 실용적 차원 외에도 문화에 대한 실존적 차원에서의 인식을 바탕으로 설정될 수 있다. 이는 결국 한국어 교육에서 문화 교육이 언어 교육의 보조적인 기능 수행이라는 위치이면서 동시에 한국어 학습과 함께 진행되는 궁극적인 목표임을 의미한다.

2. (일반 목적) 한국어 학습자가 지향하는 문화 교육의 목적

1) 한국어 학습자의 다양한 변인

최근 한국어 교육의 주된 특징 중의 하나는 학습자 중심의 교육 (learner-centered instruction)[20]이다. 학습자 중심의 교육은 학습자의 다양한 변인을 고려함으로써 학습자가 중심이 되어 교수 학습이 이루어짐을 의미한다. 이에 문화 교육도 학습자가 외국어로서 한국어(KFL)를 배우는가, 제2언어(KSL)로서 한국어를 배우는가, 교포 학습자(heritage learners)인가 비교포 학습자(non-heritage learners)인가, 한국어 학습 목적이 무엇인가[21] 등이 고려

---

20) 최근 학습자 중심 교육이라는 말이 널리 통용되고 있다. 학습자 중심이라는 용어는 이미 오래 전부터 사용되었지만 오늘날 새롭게 거론되는 것은 시대적 변화를 반영한 것이라 말할 수 있다. 그동안 교사 중심적인 획일적 교육이 학습자들의 창의적이고 개성적인 사고를 기르는 데 부정적으로 작용했다는 반성과 함께 교육의 눈높이를 학습자에게 맞추고 학습자들이 배우고 싶어 하는 내용을 가르치며 학습자들에 의한 자발적인 수업이 이루어지도록 유도하자는 것이다. Nunan, David(1988), *The Learner-Centered Curriculum*, Cambridge University Press, pp.2~3 및 pp.24~26.

21) 일반적인 의사소통 능력 신장 목적, 학문적 목적, 직무 수행 능력 배양 및 제고 목적, 민족 교육 목적, 한국문화에 대한 이해 목적으로 구분할 수 있다. 학습자 연령은 성인, 청소년, 아동으로 분류되는데 재외동포의 경우, 아동 학습자와 청소년

되어야 하며, 재외동포와 외국인의 경우, 다시 지역에 따른 분류가 필요하다. 한국문화 교육에 있어서 지역이나 대상에 따라 어떻게 다르게 가르쳐야 하는가는 문화 내용 범주화와 문화 교육 방법론 논의에 앞서 생각해 봐야 할 문제이다. 지역이나 대상을 크게 분류하더라도 재외동포(재일교포, 재미교포 등), 유교문화권[22](중국, 일본 혹은 북부 월남) 외국인, 구미권(오세아니아 주 포함) 외국인, 이슬람권 외국인, 동남아권 외국인, 기타(남아메리카나 아프리카 등) 지역의 외국인 등이 있다. 그렇다면 이들에게 어떻게 각각 다르게 효과적으로 가르칠 수 있을까.

　물론 가장 효과적인 문화 교육을 위해서는 우선 각 국적별(거주 국가별) 학습자의 요구 분석이 선행되고, 요구 분석 결과를 반영하여 문화 내용을 구성하고, 그에 맞는 교육 방법론은 모색하여 반영하는 것이 우선시되어야 한다. 현재 한국어 교육 현장에서 한국문화를 교육할 때 지역이나 대상에 따라 어떻게 다르게 가르쳐야 하는가는 거의 고려되지 않고 있는 것이 현실이다. 의사소통 중심의 교수법이 대두되면서 중요성이 부각된 문화 교육 방법론은 대체로 사회언어학적 관점[23]에서 논의되고 있다. 문화 교육에 있어서도 학습자들의 요구 조사 분석 결과를 반영하는 것이 효과적일 수는 있지만 한국문화에 대한 기본 정보와 지식이 없는 가운에 요구 조사를 하는 것은 개인적인 선호도 조사에 그칠 위험이 있다. 물론 한국어 학습자 집단이 정해져 있고 그 집단을 대상으로 요구조사를 하여 반영하는 경우에는 요구분석의 결과를 반영하는 것이 유의미할 것이다.

　본서에서는 한국어 학습자 변인 중 무엇보다도 큰 중요성을 갖는 교포 학습자와 비교포 학습자를 대상으로 하는 문화 교육의 내용과 방법에 대해

　　학습자의 비율이 높다. 또한 재외동포는 이민 1.5세대, 2세대, 3세대인지에 따라 학습자의 특수성을 지닌다.

22) 한국문화 교육에 있어 비유교문화권과 유교문화권에 대한 교육은 차별화되어야 한다.

23) 이의 대표적인 예로 '화행 지도'를 통한 문화 교육을 들 수 있다.

살펴보고자 한다. 물론 가장 이상적인 것은 교포 학습자는 거주 나라별, 언어권별로 분류하며, 비교포 학습자는 우선 나라별로 분류를 하여 그 나라에 맞게 교육 과정, 교수요목, 교재 개발을 하는 것이다. 그러나 실제 한국어 교육 현장에서는 학습자의 다양한 변인과 특수 상황에 맞는 교육체제를 완벽하게 갖추기는 어려우므로 최소한 교포 학습자와 비교포 학습자로 분류되어야 할 것이다. 한국어 교육에서도 마찬가지겠지만 특히 한국문화 교육에 있어서 교포 학습자인가 비교포 학습자인가를 고려하는 것은 중요한 의미를 지닌다. 본 연구자가 다양한 학습자 변인 가운데 교포 학습자와 비교포 학습자를 문화 교육의 측면에서 우선적으로 중요하게 다루는 이유는 그들의 한국문화에 대한 인식,[24] 한국문화 학습의 동기, 한국어(한국문화) 교육의 목표와 방향에 근본적으로 다르기 때문이다.

본서에서는 이렇듯 한국어 학습자의 다양한 변인을 간략화 하여 교포 학습자 중에서는 다수를 차지하는 재미교포 학습자, 비교포 학습자 중에서는 외국인 학습자의 다수를 차지하고 있는 중국인 학습자[25]를 대상으로 하는 문화 교육 방안을 모색해 보고자 한다.

순수 외국인 중 중국인 학습자를 조사대상자로 선정했다면 재외동포 학습자 중에서는 재중동포를 조사대상자로 선정하는 것이 합당하지 않을까 라는 의문을 제기할 수도 있을 것이다. 그러나 재중동포는 재외동포의 가장 큰 비율[26]을 차지하고 있지만 실제 한국어 학습을 위해 한국어 교육

---

24) 재미교포 학습자와 중국인 학습자를 대상으로 실시한 다음 장의 심층인터뷰 결과에서 자세히 논의하겠지만 한국어(한국문화) 교육의 목표가 '취업과 대학 진학'인 학습자와 'my culture', 'I'm Korean'이기 때문이라고 답변한 학습자는 한국문화 인식과 한국문화 학습에 있어 그 출발부터 다르다고 생각한다.

25) 2010년 이화여대로 파견된 외국인 학생은 541명으로 교환학생이 497명, 방문학생이 44명이다. 외국인 교환학생 중 중국이 57명으로 가장 많았다.(2010년 10월 4일자 『이대학보』)

26) 2005년도 통계자료에 의하면 전 세계 175개국 660만여 명 재외동포가 가장 많이 살고 있는 나라는 중국으로 2005년 11월 현재 2,439,395명이고, 그 다음으로 미국이

기관에서 교육을 받는 학습자는 거의 없는 것이 현 실정이다. 또한 특히 재중동포(소위 조선족)는 타 국가의 재외동포보다 더 강한 종족(Ethnic)[27] 정체성을 유지하고 있다.[28] 최근 정체성의 부분에 있어서는 조선족이 종족 정체성의 위기를 맞고 있다고는 하나 그럼에도 여전히 높은 종족 정체성을 갖고 있다. 재중동포 정체성 구성에 큰 영향을 미치는 요소 중 하나인 조선족 교육은 중의적인 의미를 지니고 있다. 공공 교육으로서의 중국의 교육이라는 측면과 조선족을 대상으로 한 소수민족교육이라는 측면을 모두 가지고 있다는 점이 그것이다. 따라서 재중동포의 거주 국가 교육의 특수성 과 실제적으로 교육 대상이 되기 어려운 현실적인 상황을 감안하였다.

2) 한국어 학습자의 한국문화에 대한 의식 및 문화 교육 목적

한국어 학습자를 대상으로 하는 문화 교육의 목표와 방향을 설정하기 위해서 본 연구에서는 문화 교육의 차원에서 의미 있는 두 집단인 재미교포 학습자와 중국인 학습자를 대상으로 자국(거주 국가) 문화에 대한 인식과 한국문화에 대한 인식, 그리고 한국어 교육 현장에서 한국문화 교육 필요성 여부, 한국어 교육과 문화 교육의 비중(위상)에 대해 현장 조사를 실시하였다. 두 학습자 집단의 유의미한 차이점을 반영하여 한국어 교육에서의 문화 교육에 적용해 보고자 한다.

현장 조사는 학습자를 면대면 인터뷰하는 질적 연구법을 방법론[29]으로

2,087,496명으로 많은 재외동포가 살고 있다. 다음은 일본과 독립국가연합(CIS)으로 각각 901,284명과 532,697명 순으로 나타나고 있다.

27) Ethnic을 민족으로 번역할 것인가, 종족으로 번역할 것인가에 대해서는 인류학자들 간에도 엇갈린 견해를 보이고 있다. 김광억 외(2005), 『종족과 민족 : 그 단일과 보편의 신화를 넘어서』, 아카넷. 중국에서 '민족(民族)'은 '중화민족'이라는 개념과 연계되면서 국족(國族 : Nation의 중국식 번역)적인 의미로 쓰이기도 하고 때로는 소수민족의 약칭으로 쓰이기도 한다. 여기서는 중국에서 쓰는 민족이라는 어휘가 갖는 중의성 때문에 종족을 사용하였다.

28) 윤인진(2004), 『코리안 디아스포라』, 고려대학교 출판부.

102

도입하였다. 본 연구자가 심층 인터뷰를 선택한 이유는 자국 문화와 한국문화에 대한 인식 정도, 한국문화를 바라보는 중국인 학습자의 입장과 시각을 파헤치는 데에 질문과 답변을 과연 한정된 예시 답안을 제시하고 그 안에서 답을 고르게 하는 객관식 설문지나 단편적인 답 이상을 기대하기 힘든 단답식보다 심층 인터뷰법이 적절하다고 판단했기 때문이다. 재미교포 학습자 역시 개인성장사를 바탕으로 한 한국어 습득 과정과 한국 및 한국인과 한국문화에 대한 의식의 변화 과정을 추적하기 위한 방법론으로 질적 연구 방법인 심층 인터뷰가 적절하다고 생각된다. 설문지 조사법 등의 양적 연구 방법으로는 교포 학습자들이 경험한 복잡한 의식의 변화를 포착하고 기술하기에 한계가 있기 때문이다.

　질적인 표본 추출을 위해서는 적절성의 원리30)가 필요하다. 적절성은 연구에서 이론적 필수조건에 따라서 연구에 대한 가장 좋은 정보를 제공해 줄 수 있는 연구 참여자를 선정하고 선택하는 것이다. 본서의 목적에 따른 적절성을 충족하는 참여자들은 고급 한국어31) 학습자로서 재미교포 학습자와 중국인 학습자이다. 고급 한국어 학습자로 선정한 이유는 한국어를 배우러 온 학습자들이 한국어 의사소통 능력이 향상되면서 한국 문화에 대한 전반적인 관심이 생기고 인지도가 높아지는 시점이기 때문이다. 또한 한국어 교육 집단을 크게 교포 학습자와 비교포 학습자로 나누는데, 교포

29) 설문지법, 단답식 등 양적 연구법이 기존의 학문세계에서 연구자가 선택하거나 새롭게 설정한 이론의 실제 적합성을 확인하는 데 치중하므로 이론이 '위에서 밑으로 적용된다면', 질적 연구는 연구자가 경험하는 실제의 이론적 해석을 시도하므로 이론이 밑에서 위로 형성되는 귀납적 접근을 취한다는 점에서 차이가 있다. Jennifer Mason(2010), 『질적연구방법론』, (김두섭 역) 나남출판부(원전 출판연도 2002).

30) 신경림 외(2004), 『질적 연구 방법론』, 이화여자대학교 출판부.

31) 본서에서는 한국어 교육 기관에서의 한국어 교육 경력 1년 이상 되는 일반 목적의 한국어 학습자로 제한한다. 대학 부설 교육기관의 경우, 한국어 단계 5·6급에 해당되는 학습자이다. 심층 인터뷰는 한국어로 진행하였다.

학습자 중에서 한글학교 등을 통해 어릴 때부터 한국어 교육을 받아온 재미교포 학습자와 비교포 학습자 중에서 가장 높은 비율을 차지하며 한국과 같은 유교문화권으로 문화 교육의 특수성을 지니고 있는 중국인 학습자를 대상으로 하는 것은 유의미한 조사 작업이 될 것이다. 한국문화 교육의 대상 중에서도 중국인 학습자는 특수한 대상이라 할 수 있다. 한국과 중국은 같은 유교문화권이며 문화적·역사적으로도 밀접한 관계에 놓여 있다. 따라서 이러한 한국과 중국의 문화적 특수 관계로 인해 한국의 문화와 역사에 대해 어떤 인식(선입견, 고정관념)을 가지고 있는지 알아보는 것은 중요한 작업이 될 것이다. 중국인 학습자와 재외동포 학습자 중에서 본서의 연구에 적절한 연구 참여자를 선정하기 위해 예비 조사를 실시하였다. 예비 조사는 개인 정보를 중심으로 이루어졌다. 예비 조사를 바탕으로 적절한 연구 참여자 재미교포 학습자 16명, 중국인 학습자 21명을 선정하고 반구조화된 심층 인터뷰를 실시하였다. 연구 참여자 선정은 의도적 표집(purposive sampling)을 채택하였다. 이러한 표집 방법은 표본 집단에서 도출된 결과가 연구의 목적과 의도에 가까운 결과를 나타낼 수 있다는 장점이 있다. 그러나 양적 방법론처럼 연구 결과의 일반화를 목적으로 삼지 않는다. 심층 인터뷰를 선택한 또 하나의 이유는 '특정한 것'을 심도 있게 이해하고자 함이었다.

중국인 학습자 중에서 한국에 유학 온 지 1년 이상부터 2년 미만의 학습자를 대상으로 했다. 한국어 숙달도는 고급 수준이다. 한국에서의 체류 기간이 1년 미만이거나 한국어 학습 기간이 1년 미만이면 한국문화의 인지도 자체가 낮거나 관심이 전혀 없는 경우가 많기 때문에 한국어로 의사소통이 가능하고 한국에서의 체류 기간도 1년 이상이라 한국문화에 대한 필요성과 한국어 교육에서의 문화 교육에 대한 필요성에 대한 의식을 조사할 수 있는 대상이라 본다. 예비 조사에서 초급이거나 한국 체류 기간이 비교적 짧은 경우에는 문화적 이질감과 문화적 충격을 심하게 겪겠지만

104

그것을 문화로 인식하지 못하고 있었으며, 한국어 습득 그 자체에 어려움을
겪고 있으므로 그 당시에는 거의 대부분의 학습자가 문화 교육의 필요성을
느끼기 어려운 상황이다.

가. 재미교포 한국어 학습자의 문화 교육 목적
(1) 재미교포 학습자의 사회문화적 특징

언어 교실에서 문화 교육을 하는 이유는 문화 내용이 학습자의 동기
유발[32]의 효과와 의사소통과 문화의 상관성 때문일 것이다. 그러나 언어
교실에서 학습자의 한국어 학습 목적에 맞지 않는 문화 교육은 학습자들에게
있어서 문제를 일으키며 이것이 오히려 동기를 감소시킬 수도 있다.

'재외동포'라는 용어는 해외동포, 교민, 교포, 재외국민, 재외한국인들의
명칭과 혼용되어 사용되고 있다. 이중에서 '재외국민'은 대한민국 헌법
제2조 2항에서 규정한대로 대한민국 정보의 법적 보호를 받을 권리가
있으므로 당연히 대한민국 국적자로서 해외에 거주하는 한국인을 말하고,
'재외동포'는 좀 더 넓은 의미로 국적을 불문하고 외국에 거주하는 한민족을
통칭하는 것으로 체류자는 물론 영주권자, 시민권자 등을 포함하는 의미라고
할 수 있다. 재외동포를 크게 재외국민과 외국국적 동포로 구분하는 것이
일반적이다.

재외동포 학습자를 대상으로 하는 한국어 교육(문화 교육)은 이주 배경이
나 이주 목적에 따라 다르며, 거주 국가의 정책 방향이나 교육 목적, 교육적
요구 등에 따라 다양한 상황들이 존재하고 있다. 따라서 재외동포 교육은
이들이 해외에 거주하게 된 역사적 배경이나 형성 과정, 한국어 학습 목적,
수준, 거주 국가의 문화 등을 고려하여 지역별로 다르게 이루어져야 한다.

---

32) McKay, S. L.(2000), Teaching English as an international language: Implications for
cultural materials in the classroom, *TESOL Journal*, 9(4), Teachers of English to Speakers
of Other Languages, pp.7~11 참조.

재미동포들이 갖는 자기 정체성은 동포의 거주 밀집도에 따라 경향이
다르다. 동포 거주 밀집지역의 재미동포들은 1세의 경우는 한국인, 1.5세와
2세들의 경우, 한국계 미국인이라는 정체성[33]을 확실히 갖고 있다. 이는
환경적으로 한국인들과의 지속적인 교류가 가능하고 한국 음식 등 한국적인
문화 요소를 접할 기회가 많은 것이 영향을 끼친 결과라고 여겨진다. 그러나
동포 거주 밀도가 낮은 곳에서는 환경적인 제약으로 특별한 노력을 기울이지
않고는 쉽게 정체성을 확립하기 어렵다. 일반적으로 이민 1세대 이후를
가리키는 데는 1.5세대, 2세대, 3세대 등으로 불리고 있다. 1세대가 보통
부모 세대를 지칭한다면, 1.5세대는 10대 전후에 부모를 따라 이민을 와서
성장한 세대를 지칭하며, 2세대 이후는 미국 내에서 출생한 한국계를 일컫는
다, 2세대 이후 중에는 부모 중 한쪽만이 한국계이거나, 입양되어 외국인
부모를 가지고 있는 경우도 있다. 재미교포 학습자 사이에서도 한국어에
유창하며 가정에서 한국어로 대화하고 한국문화에 익숙한 이른바 FOB(Fresh
Off the Boat)와 한국어에 유창하지 못하고 부모님과의 대화에서도 영어를
더욱 선호하며 한국문화에 익숙하지 못한 'Twinkie'[34]로 구분하여 서로를
지칭하는 등 재미교포 학습자 사이에서도 구분된다.

재미교포 학습자들은 한국어를 배우고자 하는 외국인이 아닌 교포라는
점과 가정에서는 부모님과 한국어로 대화를 하고 한국문화를 경험하며,
사회에서는 영어문화권 생활환경 속에서 있기 때문에 외국인이나 모국어
학습자와는 다른 한국문화 습득 과정을 경험하는 특수성을 지닌다. 이러한

---

33) 옥선화·백희영(2000),『재미동포 가족의 자녀교육 및 가족생활 실태조사』, 재외동
포재단연구보고서, 재외동포재단. 이 책에서는 재외동포들이 자신의 정체성 확립
에 도움이 되는 요소로 '한국어 배우기'와 '한국 역사·문화·가족·가치관 배우기'로
꼽고 있다고 밝혔다.

34) FOB(Fresh Off the Boat)는 '이제 막 배에서 내린' 뜻으로 해석되는데, 한국이라는
배에서 이제 막 내린 것처럼 한국어에 유창하며 부모님과 한국어로 대화하고
한국 문화에 친밀하다. 반면 'Twinkie'는 겉은 한국인의 모습이나 그들의 사고방식이
나 생활방식은 미국인과 다를 바 없는 껍질만 한국인이라는 뜻이다.

특수성으로 인해 재미교포 학습자를 대상으로 하는 한국어 교육을 단순한 언어 교육의 차원이 아닌 민족적 정체성의 문제와 연결하고 있는 논의들이 많다. 한국교육과정평가원의 재외동포 연구보고서에 제시된 재외동포 한국어 교육의 목표는 다음과 같다.

<표 12> 재외동포 한국어 교육의 목표(재외동포 연구보고서)

1. 모국어의 습득 기회를 확대하여 모국어 학습 의욕을 고취시킨다.
2. 모국어 습득의 효율성을 높인다.
3. 모국의 문화에 대한 이해도를 높인다.
4. 언어의 다양성을 바탕으로 거주지에서의 성공적 정착과 자신의 발전을 기한다.
5. 모국의 중요성 인식과 모국애를 배양한다.
6. 자신의 민족적 근원을 이해하고 태토(胎土)의 중요성을 인식한다.
7. 모국과의 다양한 교류, 협력의 능력을 배양한다.
8. 민족애를 고취하고 한민족간의 유대정신을 기른다.

위에서도 알 수 있듯이 재외동포 학습자를 대상으로 하는 한국어 교육(한국문화 교육)의 공통된 목표 중의 하나는 정체성과 관련된 것이다. 물론 그 내용과 방법에 있어서는 거주 지역의 특성에 맞게 구체적이고도 다양한 교육이 이루어져야 한다. 같은 맥락으로 재미교포 학습자의 한국문화 교육에 있어서의 특수성도 다음과 같이 논의되고 있다.

재미교포 학습자는 보통의 경우, 한국에 거주하고 있는 친인척이 있으므로 한국에 와서 생활하는 경험을 하게 된다. 이때 이질적인 느낌이 들지 않도록 일생생활과 기본예절은 물론이고 사회 가치 및 규범 등에 대한 내용에서는 소홀함이 없도록 해야 한다. 또한 한민족으로서의 정체성 확립과

<표 13> 한국문화 교육에 있어서의 재미교포 학습자의 특수성

1. 정체성 위기를 겪게 된다.
2. 개인적인 차이는 있으나 한국어와 한국문화에 대한 기본적인 배경 지식이 있다.
3. 한국문화 학습에 대한 동기 부여가 있다.

민족문화의 발전 및 세계화 구현이 중요한 과제이지만 지나치게 '애국심 강조' 등에 초점을 맞추는 것은 지양해야 하며, 한국문화에 대한 객관적인 이해와 분석 및 평가를 할 수 있도록 해주어야 한다. 이를 위해 세계 여러 문화들 간의 비교가 가능하게 해줌으로써 진정한 의미의 문화 교육이 이루어질 수 있도록 해야 한다. 그리고 전통문화와 함께 현대 사회의 문화 및 가치관에 대한 내용도 포함하고, 미래 사회에 대한 과제 및 역할에 대한 내용도 포함되어야 한다. 이렇게 된다면 재미교포는 문화 교육을 통해 존경받는 현지인으로서 그곳에서 가치 있는 삶을 영위하고, 재미교포 스스로 한국인과 한국 사회를 이해하고 나아가 '열린 정체성'을 확립할 수 있을 것이다.

　문화 교육은 한국의 전통문화와 역사를 일방적으로 가르치는 것이 아니라 재외동포 학습자의 문화 배경과 학습 욕구를 고려한 다문화적 한국문화 교육이 되어야 한다. 무엇보다 거주국에서 출생한 2·3세 재외동포에게 한국은 '외국'이고 거주국은 '자기 나라'로 비쳐진다는 사실을 인식하는 것이 필요하다. 재미교포는 민족 정체성은 이중 정체성이기 때문에 이들을 대상으로 하는 한국어 교육과 한국문화 교육은 거주국에서의 경험과 시각이 주체가 되는 다문화적 민족교육이 되어야 한다. 이들이 익숙한 거주국의 문화와 역사를 모국의 문화와 역사와 비교 대조를 통해서 양쪽의 유사점과 차이점을 찾아내고 시간과 공간을 뛰어 넘는 보편적 진리와 가치를 통해서

양쪽 문화와 사회를 애정을 가지고 포용력 있게 받아들일 수 있도록 해야
한다.

재미교포에 대한 한국어 교육과 문화 교육은 이들을 포용하는 틀 안에서
이루어져야 한다는 주장이 대부분이다. 무엇보다 1.5세 내지 2세들이 시간이
경과할수록 그들의 정체성을 유지하기 어려운 환경에 놓이게 되므로 이들은
포용하기 위해서는 민족 교육이 필요하다는 것이다. 이때의 민족 교육은
물론 폐쇄된 민족주의 교육이 아니라 '개방된 민족주의', '열린 정체성'이다.
한국인의 후손으로 한국어와 한국문화를 잘 알고 한국 것에 대한 자부심을
갖는 것은 거주 국가의 건전한 시민으로서 생활하는 데 유리한 사고이다.
따라서 한국어뿐만이 아니라 한국어를 통해 한국문화를 이해하고 한국인의
후손으로서 자긍심을 갖게 하여야 한다35)는 것이다. 그러나 실제 심층
인터뷰를 한 재외동포의 경우, 이러한 틀, 한국이라는 틀 안에 있는 자신을
인식하지 못할 뿐 아니라 필요성조차 느끼지 못하고 있었다. 우리는 재외동
포에 대한 환상을 가지고 있는 듯하다.

한국문화와 한국어에 대한 배경지식을 가지고 있다는 학습자의 변인은
한국어와 한국문화를 배우고자 하는 일반적인 순수 외국인 학습자와는
차별성을 가져야 한다는 결론에 이르게 된다. 언어 교육에 있어서도 재외동
포의 한국어 실력은 순수 외국인을 대상으로 하는 기준으로는 수준을 판단으
로는 쉽지 않다는 특징이 있다. 대부분의 재외동포 학습자들은 고급 수준의
어휘와 표현을 구사하며 말하기를 하지만 쓰기는 초급 단계에 머물러 있는
경우가 많기 때문이다. 언어적 정확성은 현저히 떨어지나 유창성은 뛰어나다
는 특성을 지닌다. 한국문화 교육도 이러한 재외동포의 특징의 연장선에
있다. 따라서 한국문화에 대한 노출 정도, 한국문화의 관심 영역, 그들이
노출되어 있는 사회문화에 대한 이해가 필요하다. 이를 위해서 학습자를

---

35) 이광규(2005), 「재외동포를 위한 한국어교육 : 세계 속 동포들의 현황과 과제」,
『이중언어학』 28, 이중언어학회, pp.1~10.

대상으로 심층 인터뷰를 실시한 후에 그 결과를 분석하도록 하겠다. 재미교포 학습자를 대상으로 한 심층 인터뷰를 통해 그들의 한국문화에 대한 인식과 관심도, 한국문화 교육의 필요성 여부 등을 살펴보도록 하겠다.

(2) 인터뷰 내용과 결과

현장 조사에 앞서 선행 연구와 문헌 자료 내용을 살펴보고, 연구 참가자들이 한국문화에 대한 긍지와 정체성을 어느 정도 소유하고 있는지를 알아보기 위한 기본 정보 조사와 심층 인터뷰를 실시하였다. 심층 인터뷰를 통해 구체적으로 재미교포 학습자들은 한국문화에 대한 지식과 한국의 전통적 가치 및 한국인으로서의 긍지와 정체감을 어느 정도 소유하고 있는지, 재미교포 학습자들은 한국문화, 그리고 한국인으로서의 정체감에 대하여 그들이 가정, 학교, 교회 등의 사회기관 혹은 이에 부설되어 있는 교육기관(특히 한글학교)으로부터 어떤 내용을, 어떻게 교육 받아 왔는지, 재미교포 학습자들이 지향하는 한국문화 교육의 바람직한 방향이 무엇인지에 대해 탐색해 보고자 한다.

1차 조사에서는 기본적인 정보, 즉 참가자들의 인구통계적 정보(교육정도, 직업, 거주지 등), 이민관계(출생지, 이민년도, 이민목적, 이민경험 등), 가족관계(크기, 거주자 등), 일상사, 친구관계, 정규학교 활동에 관한 정보, 전반적 한글학교 활동(교수경험, 학급활동 등), 일상적 가정문화(언어사용, 선호 대중매체, 의식주 관련 습성 및 기호) 등에 대해 간단히 조사하였다. 1차 조사의 결과 본서의 연구 목적과 부합하는 연구 참여자 16명을 선정하여 2차 심층 인터뷰를 실시하였다. 2차 심층 인터뷰에서는 거주 국가 문화와 한국문화에 대한 인식과 문화적 정체성, 문화 교육 필요성 여부 등에 대한 심층적인 대화를 나누었다.

재미교포 학습자를 대상으로 한 2차 심층 인터뷰 질문 내용은 다음과

<표 14> 심층 인터뷰 질문 내용(재미교포 학습자)

1. 교환학교로 한국 대학교를 선택한 이유는 무엇입니까

2. 가정에서 어떤 언어를 사용합니까? 한국문화 체험 경험이 있습니까?(이민 시기와 목적 등을 포함하여 질문)

3. 거주 국가에서의 거주국의 문화 교육은 어떻게 받았습니까? 거주 국가의 역사와 문화에 대해서 어떻게 생각합니까?

4. 거주 국가에서 한국의 사회, 문화, 역사에 대해 배운 적이 있습니까? 어떤 내용이었습니까?

5. (한글학교를 포함하여 한국어 학습 시) 한국의 사회, 문화, 역사에 대해 배운 적이 있습니까? 어떤 내용이었습니까? 한국 역사와 문화에 대해 특별히 생각나는 것이 있으면 이야기해 보십시오.

6. 한국의 사회, 문화 역사에 관심이 있습니까? 특히 어떤 것에 관심이 있습니까? 한국의 문화를 배울 기회가 있다면 다양한 문화의 영역 중 어떤 것을 배우고 싶습니까?

7. 한국문화에 대한 이해가 한국어 능력 향상에 도움이 된다고 생각합니까?

8. 한국어 교육 과정에 한국문화 교육이 이루어진다면 필요하다고 생각합니까?

9. 교포 학습자로서 한국생활에서 제일 어려웠던 점, 힘들었던 점은 무엇입니까? (문화적인 측면에서)

10. 현재 한국어 수업을 받고 있는데… 한국어를 공부하는 최종 목표는 무엇입니까? (예 : 의사소통 능력, 문화적 정체성, 한국인과 한국 사회 이해 등)

11. ___에게 한국은 어떤 존재입니까? 어떤 의미가 있습니까?

같다. 면대면의 심층 인터뷰를 진행했기 때문에 연구 참여자 성향과 진술의 정도에 따라 질문의 내용과 깊이가 달라지기도 하였다. 다음에 제시한 질문 내용은 모두에게 적용된 기본적인 질문이다.

재미동포 학습자의 정체성 자각의 정도가 한국어 능력과 깊은 상관관계가 있으며, 또한 민족 정체성에 대한 연구를 한 학자들36)은 모두 민족 정체성이 뚜렷할수록 거주 사회에서 안정적으로 정착하며 이중 문화를 보유하는 학습자가 그렇지 않은 학습자보다 매우 긍정적인 학업 성취와 자아 개념을 가진다고 밝히고 있다. 이는 부모가 한국문화에 대한 긍정적 태도를 가질수록, 그리고 이중 문화에 우호적일수록 재미동포 학습자들은 재미 한인으로서 건전한 정체감을 형성하고 미국 사회에도 더 잘 적응한다는 연구37)들과도 맥을 같이 한다. 이러한 결과는 민족 정체성의 확립이 다문화 사회에서의 성공적인 삶에 상당히 영향을 끼칠 수 있음을 증명하고 있는 것이다.

인터뷰 내용을 정리하여 한국문화 교육의 측면에서 논의하자면, 우선 재외동포 학습자는 거주 국가, 거주 지역에 따라 한국어와 한국문화에 대한 인지도와 관심도, 필요성이 다르다는 것이다. 예를 들어 재미동포의 다수가 거주하는 L.A. 지역은 한국어 능력과 한국문화 인지도가 높고 요구도도 높으나, 재외동포 거주자가 별로 없는 미국 애리조나 같은 지역은 특별히 한국인임을 인지하기 않고 지낸다. 즉 재미교포 간에도 거주 지역에 따라 다양한 스펙트럼을 갖고 있었다. 이는 앞으로 재외동포를 대상으로 하는 한국어(한국문화) 교육 방안 연구에 지역적 특성을 고려해야 함38)을 시사한다.

미국은 다문화, 다민족국가로 민족, nationality에 관심을 두지 않기 때문에 거주 국가에서는 정체성의 혼란도 거의 없는 것으로 조사되었다. 재미교포라

---

36) Hall(1999), Amin(2000), Golden(1987), Banks와 Cummims(2001). 이경란(2006), 『재북미 한인청소년을 위한 한국 문화 교육프로그램 개발 연구―생활문화교육을 중심으로』, 성신여자대학교 대학원 가족문화소비자학과 박사학위논문에서 재인용.

37) 정진곤(1996), 「재미 한인학생의 한국문화교육의 현황과 개선방향」, 『비교교육연구』 6(1), 한국비교교육학회, pp.301~353.

38) 심층인터뷰의 이러한 결과는 교포 학습자를 동질 집단으로 보는 데 무리가 있음을 지적한 이해영의 논의와도 다르지 않다. 이해영(2010), 「재미 교포 학습자와 비교포 초급 학습자의 한국어 능력 비교」, 『이중언어학』 44, 이중언어학회, p.292.

는 정체성에 유연함을 가지고 있었다. 기존의 연구조사 내용[39]과는 달리, 재미교포 학습자들이 가장 상처를 받는 것은 거주 지역에서의 정체성 혼란이 아니었다. 오히려 한국에서 한국인들이 "왜 한국인인데 한국말을 못해? 재미교포니까 한국말을 잘 해야지"라고 할 때 내가 한국인인가라는 혼란을 경험한다고 답변했다.[40] 재외동포에 있어 정체성은 단지 한국의 개별적 역사 속에서 보는 것이 아니라 그것이 거주 국가의 사회적·문화적 맥락 속에서 형성되었다는 시각을 함께 가져야 한다. 정체성의 유연함이나 유동성 혹은 변화 가능성들은 '미국스러운 것'이라는 상상과 '한국스러운 것'이라는 양 끝을 가진 스펙트럼 사이의 표류를 의미하는 것이 아니라 오히려 다양한 맥락들을 나름의 방식으로 정의하고 오고가며 경계를 설정해 가는 다층적인 행위 자체에 있는 것이다.

또한 한국어 능력 향상과 더불어 한국인과 한국 사회 문화를 알고 싶은데, 이들이 한국어와 한국문화에 관심을 갖는 단 하나의 이유는 가족 간, 친척 간의 관계에서의 의사소통 문제 때문이었다. 이러한 내용은 연구 참여자 16명 모두에게서 공통적이었다.

재미교포 학습자들은 몇 년간의 한글학교를 다니고, 한국의 가정환경 속에서 자연스럽게 한국의 음식과 한국어를 들으며 자랐으면서도 오히려 한국문화에 대한 인지도는 그리 높지 않았다. 이를 역으로 생각해 보면 한국문화에 대한 제대로 된 교육을 받지 못했기 때문에 한국문화에 대한 인지도가 낮았다고 해석할 수 있다. 그럼에도 재미교포 연구 참여자들은 한국어 학습과 한국 방문 동기에 있어, 부모님, 친척과의 원활한 대화와 교류, 한국인 배우자 희망, 미래에 자신의 자녀에게 한국어와 한국말을 가르치기 위해서라는 외국인 학습자와는 질적으로 다른 답변을 하고 있었다.

---

39) 정체성 혼란 문제는 재외동포 관련 논문에 거의 다 논의되고 있는 내용이다.
40) 한국인들이 외국인 모습의 사람에게는 친절하면서 재미교포에게는 냉대하는 분위기에 오히려 상처를 받는다고 한다.

이는 한국의 '가족'의 한 일원이며, 또 가족으로서 닮고 싶어 하기 때문이라 해석할 수 있다. 즉 한국문화의 가장 중요한 특징인 '가족주의'의 발현41)으로 볼 수 있지 않을까한다. 그들에게는 다소 일상적이고 너무나 자연스러워 스스로 의식하지 못하지만 한국 사회와 문화 안에 이미 들어와 있었던 것이다. 재미교포 학습자들은 대부분 한국어(한국문화) 학습을 바로 한국인 과 한국문화에 대한 이해로 연결 짓고 있다. 이러한 한국어(한국문화) 학습의 동기는 순수 외국인 학습자와는 근본적으로 다르다.42) 따라서 재외동포를 대상으로 하는 한국문화 교육은 순수 외국인 학습자와는 그 목표에 있어 분명 질적으로 차원이 다르다. 따라서 재미교포 학습자를 대상으로 하는 한국어(한국문화) 교육에 있어 그 목표를 의사소통 능력 향상에 두는 것은 이들의 학습 동기와는 거리가 있어 보인다.

나. 중국인 한국어 학습자의 문화 교육 목적

(1) 중국인 학습자의 사회문화적 특징

중국인 학습자43)를 대상으로 하는 문화 교육 방안을 예시 집단으로 선택한 이유는 최근 중국과 한국에서의 한국어 교육에 대한 관심과 중국 학습자 수의 증가44)라는 최근 한국어 교육 상황의 변화와 한국문화와의

---

41) 가족주의는 한국인의 집단의식의 영원한 원형이다. 홉스테드도 한국 사회를 전형적 인 집단주의 사회로 규정하였는데 이러한 집단주의는 가족주의에 기초하여 형성된 것이다. 현대의 가족제도에는 적용이 안 된다고 보는 사람도 있으나 이는 그렇지 않다. 현대 한국의 가족제도는 핵가족에 가깝지만 이것은 부모와 거의 단절되어 있고 따라서 부모가 거의 권위를 갖지 못하는 서양의 핵가족과는 본질적으로 다르다.

42) 앞에서 논의했던 언어 학습의 실존적 동기와 부합된다고 할 수 있다.

43) 한국어 교육에서는 중국어권 학습자의 경우, 중국 국적과 대만 국적, 홍콩 국적을 모두 포함하고 있다. 그러나 문화 교육의 경우, 중국어권 학습자라도 문화적 배경 환경에 따라 문화를 대하는 태도와 인식에서 차이가 있을 수 있다. 따라서 여기에서 중국어 학습자는 중국 본토 학습자만을 연구 참여자로 선정하였다.

44) 1998년 이후 일본인 학습자들은 거의 같은 수준을 유지하고 있는데 반해, 중국인

관계에서 지니는 특수성 때문이다. 중국에서의 한국어 교육은 4년제 대학 정규 학사 학위 과정을 중심으로 이루어지고 있다. 중국에서 한국어 교육을 담당하는 기관은 고등 교육기관인 각 대학들이다. 어떠한 영역의 수준 높은 인재를 양성한다는 고등교육에 대한 요구에 따라 중국에서의 한국어 교육의 목표도 의사소통 교육의 차원을 넘어 한국의 역사, 인문, 사회 등의 지식을 포함한 한국학(Korean studies)을 지향하고 있다. 중국에서 한국 어과를 운영하고 있는 주요 대학들의 교육과정을 살펴보면, 예외 없이 한국의 사회와 문화에 대한 수업이 있음을 확인할 수 있다. 일반적으로 중국에서의 한국어학과 설립 목적은 한·중 양국 간의 교류를 담당할 수 있는, 한국어가 능통한 인력을 키우는 데 있기 때문에 대개의 경우 한국어 의사소통 관련 수업이 중심이 되고 이에 더하여 무역과 경제 관련 수업이나 한국 사회와 문화 전반에 대한 개론적인 내용의 수업이 주로 이루어지고 있다. 그러나 한국어학과 학생 수와 교수진의 수가 증가하고 석·박사 과정이 설립됨에 따라 한국어학과 내에서도 다양한 전공과목이 개설되고 있으며 한국문화 관련 과목도 늘어나는 추세에 있다.

한국어 교육 과정에 가장 큰 영향을 끼치는 한국어 학습 목적에 있어서도, 일본인 학습자의 '한국에 대한 관심'이라는 막연한 목적과는 달리, 중국인 학습자는 '대학(원) 진학'이라는 뚜렷한 목적을 가지고 있는 것[45]으로 나타 났다. 따라서 본서에서는 한국문화 교육 방안 모색에 있어 한국어 학습자 집단 중에 가장 높은 비율을 차지하고 있는 중국인 학습자를 대상으로 하는 한국문화 교육 방안을 모색해 보고자 한다.

학습자들은 현저하게 증가하고 있다. 중국은 수교 이후 자유무역을 표방하면서 사회, 경제적으로 대외적인 관계 지향 정책에 영향을 받은 결과로 보이며 이것은 당분간 계속적인 증가 추세로 이어질 것으로 보인다.
45) 강승혜(2003), 「한국문화 프로그램 개발을 위한 한국어 학습자 요구분석 – 일본 학습자 집단과 중국 학습자 집단의 비교」, 『한국어교육』 14(3), 국제한국어교육학 회, pp.1~29.

중국인 학습자들은 한국문화를 학습할 때 특수성을 지니고 있다. 중국과 한국은 같은 한자문화권, 유교문화권에 속해 있기 때문에 문화에 있어서 서로 비슷한 점이 많다. 그렇다면 중국인 학습자에게 과연 한자 교육이 필요한가라는 질문은 우리가 일본어나 중국어를 배울 때, 한자 교육이 필요 없는가라는 문제를 생각해 보면 답이 나올 것이다. 즉 한국 한자와 일본 한자, 중국 한자, 그리고 대만 한자는 여러 면에서 차이가 나타나기 때문에 반드시 별도의 교육이 나타나는 의미의 차이, 한 개념에 대한 표현의 차이는 교육이 절대적으로 요구된다. 이러한 맥락에서 한국과 같은 유교문화권인 중국인 학습자를 대상으로 하는 문화 교육은 더욱더 요구된다. 중국은 다민족 국가로 문화의 혼합성이 매우 강한 반면, 한국의 전통문화는 동아시아 문화와 밀접한 연관성이 있으면서도 한국문화는 고유한 특성을 선명하게 나타내고 있다. 따라서 중국인 학습자들이 한국문화를 학습할 때에는 공통점으로만 한국문화를 이해하는 것이 아닌 차이점에 대해 더 많은 관심을 기울이며 중국문화와의 비교를 통해 한국문화의 특성을 이해할 필요가 있다.

이러한 논의를 바탕으로 본서에서는 중국인 학습자를 대상으로 한국문화 교육을 연구함에 있어서 공통된 문화 요소의 이해 및 서로 다른 문화 요소의 비교라는 두 가지 방법을 사용하였다. 이는 단순 비교 접근이 아니라 공시적, 통시적 접근을 말하는데 출발선에서는 같은 모습일지라도 역사와 함께 현재의 모습은 서로 다른 모습을 갖게 되었음을 알게 해야 한다.

그렇다면 중국인 학습자에 있어서 한국은 어떤 나라일까? 한국과 중국은 오랜 시간을 유교문화권이라는 세계관 속에서 유대를 맺으며 함께 해 온 문화적 배경이 있다. 그러나 오늘날의 한국과 중국은 정치·경제체제로부터 생활 문화에 이르기까지 서로 다른 체제를 가진 나라이다. 중국인 학습자들은 한국인과 서로 상이한 문화 배경에서 생활을 해 왔기 때문에 한국인의 사고방식과 감정을 있는 그대로 이해하기란 쉬운 일이 아닐 것이다.

한국어 교육에서 흔히 초급부터 제시되고 있는 인간관계(대인관계) 문화는 표층적으로만 다루어서는 안 될 문화 요소이다. 홉스테드의 이론에 의하면46) 대인관계 문화는 문화 형태 중에서 가치 범주에 속하는 내용이다. 가치 범주는 워낙 문화의 가장 깊은 층에 있기 때문에 눈으로 직접 보고 확인할 수 있는 내용이 아니다. 한국과 중국인의 문화의 차이를 비교해 볼 때, 형식의 차이도 밝혀야 되지만 더욱 중요한 것은 문화의 심층적인 가치를 이해할 수 있는 구조를 제시해야 한다.

(2) 인터뷰 내용과 결과

중국인 학습자들은 대부분 한국문화의 정체성, 한국문화의 가치 등의 내용보다는 한국어 능력 향상에 도움이 되거나 진학 또는 취직에 도움이 되는 실용적인 측면에서 문화 교육에 접근하고 있다. 문화 학습은 학습자가 이전에 습득한 자신의 고유한 지식과 경험에 의존하여 새로운 생각과 개념을 구축해가는 과정이므로 중국 내 현대 젊은이들의 의식구조와 가치관과도 무관하지 않을 것으로 보인다.

본 현장 조사의 목적은 현재 각 대학에서 중국인 학습자가 증가하고 있는 현실에서 중국인들이 가지고 있는 특수성을 고려하여 교수·학습할 때 효과적인 한국문화 교육이 된다47)는 것에 초점을 둔다. 효율적인 문화 교육 방법과 실제 지도 방안을 구체적으로 제시하여 보다 객관적이고 실질적인 한국문화 교육 환경을 만들어 가는 데 의의가 있다.

중국인 학습자를 대상으로 한 심층 인터뷰 질문 내용은 다음과 같다.

---

46) Hofstede, G.(1995),『세계의 문화와 조직』, (차재호·나은영 역) 학예사(원전 출판연도 1991).

47) 조정순(2006),「중국인 학습자를 위한 효과적인 한국어 교수법」,『白楊人文論集』 11, 신라대학교 인문과학연구원, pp.173~190.

<표 15> 심층 인터뷰 질문 내용(중국인 학습자)

1. 한국으로 유학을 온 특별한 이유가 있습니까?
2. 자국에서의 사회·문화 교육은 어떻게 받았습니까?
3. 중국은 문화 혁명 이후에 1차 변화를 겪었고, 문화 개방 이후에 2차 변화를 겪고 있는데 중국 역사와 문화를 바라보는 본인의(중국인들의 특별한) 시각이 있습니까?
4. 자국에서 한국의 사회, 문화, 역사에 대해 배운 적이 있습니까? 어떤 내용이었습니까?
5. (한국어 교육 시) 한국의 사회, 문화, 역사 등에 대해 배운 적이 있습니까? 생각나는 문화 내용이 있으면 이야기해 보십시오.
6. 한국 역사와 문화에 대한 생각은 어떻습니까?
7. 한국의 사회와 문화에 관심이 있습니까? 관심이 있다면 어떤 영역입니까? 관심이 없다면 그 이유는 무엇입니까?
8. 한국문화를 배울 기회가 있다면 다양한 문화의 영역 중 어떤 것을 배우고 싶습니까? 혹시 한국의 문화 중에서 배울 필요가 없다고 생각하는 분야가 있습니까?
9. 한국문화를 아는 것이 한국어 능력 향상에 도움이 된다고 생각합니까?
10. 한국어 교육 과정에 한국문화 교육이 이루어진다면 필요하다고 생각합니까?
11. 한국어 교육 경력이 1년 이상이면 한국인과의 의사소통에는 별 문제가 없을 것 같은데 (한국어와 한국문화에서) 아직도 부족하다고 생각하는 것이 있습니까?
12. 한국생활 또는 학교생활에서 제일 어려웠던 점, 힘들었던 점은 무엇입니까? (외국인으로서 문화적인 측면에서)
13. 한국어와 한국문화를 배우기 전에 가지고 있었던 한국인과 한국문화에 대한 선입견이 있었다면 이야기해 보십시오.

사회문화적 배경을 고려하여 재미교포 학습자와는 질문 내용이 달리 구성하였다.

한국어 학습 동기는 연구 참여자 21명 모두 한국 대학 진학이 목표이거나 졸업 후 취업이었다. 기존의 많은 논문에서 중국인 학습자의 한국어 학습 동기를 첫째는 한국 대학 진학이고, 둘째는 취업(비즈니스)으로 조사하고 있는데 이와 거의 비슷한 결과이기도 하다. 그러나 이는 아마도 대학부설 교육기관에서 교육을 받고 있는 학습자들 가운데 연구 참여자를 선정하였으므로, 이는 연구 참여자 선정에 의한 결과일 수도 있다. 그러나 여기서 주목해야 할 것은 이러한 한국어(한국문화) 학습 동기가 한국, 한국문화에 대한 인식에 지대한 영향을 끼친다는 점이다. 자세히 말하자면 이들에게 대학 진학이 한국어 교육의 목표이지만 한국이라는 나라의 문화는 함께 배워야 할 타문화의 존재가 아니라 경제적 발전과 개인의 성공적인 삶을 위한 존재로 인식하고 있다는 것이다. 그러므로 한국문화도 한국어 능력 향상을 위해, 진학을 위해 취직을 위해 배워야 한다는 답변이 대부분이었다.

자국 문화 인식에 대해서는 "자랑스럽다. 역사가 오래되고 복잡하다. (발전적으로) 변화가 빠르다."는 긍정적인 답변이 많았다. 그러나 중국 내에서도 젊은이들의 중국 역사와 문화에 대한 무관심이 사회적 문제로 부각되고 있다고 하였다.

한국문화에 대한 관심 정도에 있어서는 한국의 역사와 사회 문화에 대해서는 알고 있는 것이 거의 없었다. 이는 중국에서 초등학교부터 고등학교까지 정규 교육과정에서 오히려 서양사와 일본사는 배웠으며, 전쟁과 관련된 부분에서 한국 역사가 단편적으로 잠깐 언급되는 것 외에는 한국의 문화와 역사에 대한 교육은 거의 받은 적이 없는 사회적, 문화적, 교육적 배경과도 무관하지 않아 보인다. 이와는 대조적으로 현대 대중문화에 큰 관심을 보이며, 특히 드라마나 영화에 나온 시대적 문화에 관심을 보였다.

이는 재미교포 학습자들이 한국의 대중문화에 별로 관심 없다는 점과 대조적
이다. 한국의 성취문화(예술, 유물, 유적지 등)에 거의 관심을 두지 않으며,
박물관 체험 학습이 최악의 문화 교육이라고 답변하기도 하였다. 이는
현대 대중문화와 일상생활문화를 제외하고는 중국문화와 별 차이가 없다는
선입견이 작용한 것으로 보인다. 어찌 보면 자국의 역사와 문화에도 관심이
없는 중국인 학습자들이 한국의 역사와 문화에 관심이 없는 것은 당연한
결과라고도 볼 수 있을 것이다. 자국 문화에 대한 인식과 관심도가 한국문화
에 대한 인식의 변인으로 작용할 수 있기 때문이다.48)

심층 인터뷰 결과대로라면 중국인 학습자들은 문화 교육에 대한 요구가
없으므로49) 언어문화 위주로 가르치고 한국문화 일반에 대해서는 교육하지
않는 것이 소위 말하는 학습자 의견을 반영한 교육 방안일 것이다. 그러나
한국과 중국 문화의 유사성으로 인해 중국인 학습자들은 특별한 목적을
갖고 있지 않은 한, 현대 대중문화에 관심을 주로 갖고 한국의 문화적
특징에 대해서는 배울 필요가 없다고 생각하는 경향이 있다. 이런 의미에서
중국인 학습자들의 한국문화에 대한 선입견에서 벗어나도록 하는 것이
한국문화 교육의 핵심이 되어야 할 것이다. 자세히 말하자면 한국어 의사소
통 능력 향상을 목표로 하는 패러다임의 적용과 함께 중국과 한국 문화의
관계를 반영한 문화 교육 방안이 구성되어야 하겠다. 중국인 학습자에
대한 문화 교육의 출발은 한국문화란 무엇이며 같은 유교문화권인 중국문화
와의 관계에서 어떻게 자리매김을 할 수 있을까 등의 질문을 가지고, 이에
대한 지속적인 탐구 작업에서부터 이루어져야 한다. 이런 점에서 중국인
학습자에게 한국문화와 중국문화의 특수성을 반영한 효과적인 한국문화

---

48) 한국에서도 요즘 대학생들은 학점, 토플 점수, 취업에 관심이 있고, 한국의 문화에
관심이 있는가라는 맥락에서 생각해 볼 수 있겠다.
49) 그렇다면 기존의 많은 요구조사에서 나타난 중국인 학습자의 문화 요구조사
결과는 무엇인가? 객관식 설문지나 단편적인 답변에 대한 신뢰도에 의문이 든다.

교육을 하기 위해서는 그들의 언어와 사회 문화에 대한 배경지식을 가지고 있는 교사가 절실히 요구된다. 유교문화권에 속하는 두 나라 문화의 공통점과 차이점을 밝혀 줄 때 중국인 학습자는 흥미와 학습 의욕을 더욱 가지게 될 것이다. 또한 접근 방법은 중국인 학습자가 관심과 흥미를 갖고 있는 현대 대중문화를 활용하는 것이 효과적일 것이다.

문화 교육 방안의 설계에서 학습자 문화권과 학습의 목적이 적극 고려되어야 한다는 전제 하에 본서는 그 시도의 하나로서 한국어 학습자의 높은 비율을 차지하고 있는 재미교포 학습자와 중국인 학습자에 대한 심층인터뷰를 실시하였다. 본 연구자가 다양한 한국어 학습자 가운데 문화 교육적 차원에서 확연히 대별되는 교포 학습자와 비교포 학습자를, 그리고 그 가운데 재미교포 학습자와 중국인 학습자를 대상으로 심층 인터뷰를 실시한 것은 의사소통 능력 향상에 치우쳐 있는 한국어(한국문화) 교육의 목표와 방향에 있어 또 다른 문화 교육 패러다임 설정이 필요함을 말하기 위해서였다.

이러한 목적 하에 유의미한 두 한국어 학습자들에 대한 심층 인터뷰 결과, 일반 목적의 재미교포 학습자와 중국인 학습자는 문화 교육의 측면에서 한국어 학습 동기, 학습 목표, 한국문화에 대한 인식과 태도 등에서 거의 대조적인 차이를 보였다. 즉 중국인 학습자들은 한국문화 교육의 목적이 '한국 대학으로의 진학을 목표로 하며 궁극적으로 한국어 능력 향상을 위해 한국문화 교육이 필요하다'고 답변했으며, 재미교포 학습자들은 '나의 문화니까,[50] 내가 누구인지, 나의 배경에 대해 알고 싶어서, 한국사회로의 융화를 위해, 한국문화를 배우는 것은 나의 미래이기 때문에'라고 답변하였다. 이렇듯 한국문화의 학습 목표가 대조적인 두 학습자 집단에 대한 문화 교육은 그 출발부터 달라야 한다.

이에 한국어 교육에서의 문화 교육 목표를 한국어 능력 향상을 위한

---

50) 재미교포 학습자들은 심층 인터뷰 진행하면서 '한국문화'와 관련된 질문에 대해 'Korean culture'로 말하지 않고 'my culture'로 말하고 있음을 발견할 수 있었다.

도구적 기능에 두는 경우에는 한국어 '의사소통 능력' 향상을 위한 문화 교육을 실시하고, 도구적 동기를 넘어 실존적 동기에 의한 문화 교육일 경우에는 문화 교육의 목표를 '문화 간 이해 능력' 함양에 둘 수 있다.

<표 16> 학습자 변인과 문화 교육의 목표

	재미교포 학습자	중국인 학습자
목표	문화를 통한 '문화 간 이해 능력' 함양	문화를 통한 한국어 '의사소통 능력' 향상
위상	문화 교육≧언어 교육	문화 교육≦언어 교육

재미교포 학습자의 경우는 문화를 통한 '문화 간 이해 능력' 함양에 중점을 두는 문화 교육으로 구성하며, 중국인 학습자의 경우는 문화를 통한 한국어 '의사소통 능력' 향상에 주안점을 두는 문화 교육으로 구성하는 것이 학습자의 한국어(한국문화) 교육의 목표와 부합되는 문화 교육일 것이다. 이는 한국어 학습자 변인을 반영한 문화 교육 구성이라 볼 수 있을 것이다.

본서에서 문화 교육의 새로운 패러다임으로 설정한 '문화 간 이해 능력' 함양의 도출 과정을 다음과 같이 정리할 수 있다.

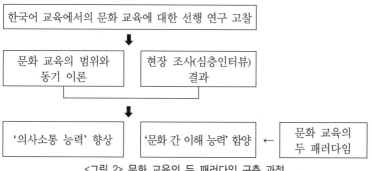

<그림 2> 문화 교육의 두 패러다임 구축 과정

122

한국어 교육에서의 문화 교육에 대한 선행 연구를 고찰하여 현재 한국어 교육에서는 문화 교육을 언어 교육의 연장선상에서 의사소통 능력 향상을 위한 수단으로 간주하고 있음을 파악하였고, 이에 한국어(한국문화) 교육 목표에 있어 또 다른 방향을 찾고자 시도하였다. 먼저 문화 교육에서의 문화 범위 확대와 외국어 교육에서의 동기 이론을 도입하였고, 다음으로 재미교포 학습자와 중국인 학습자를 대상으로 하는 심층 인터뷰를 통해 문화 교육의 목표와 위상이 다름을 확인하였다. 이러한 모색을 시도하여 한국어 교육에서의 문화 교육 목표로 '의사소통 능력' 향상 외의 또 다른 패러다임을 도출할 수 있었다. 결국 문화 교육의 방향 설정에 있어 한국어 '의사소통 능력' 향상과 함께 '문화 간 이해 능력' 함양이라는 또 다른 패러다임을 구축할 수 있었다.

3. 문화 교육의 두 패러다임 : '의사소통 능력'과 '문화 간 이해 능력'

앞 절에서 한국어 학습자를 유의미한 두 집단으로 나누고 한국어(한국문화) 교육의 목표를 살펴보았으며, 이를 통해 한국어(한국문화) 교육의 목표를 '의사소통 능력' 향상과 '문화 이해 능력' 함양으로 설정할 수 있었다. 이 절에서는 문화 교육의 두 패러다임으로 설정한 '의사소통 능력'과 '문화 이해 능력'의 개념과 구성 요소를 살펴보고, 한국어 교육에서의 문화 교육에서 두 패러다임은 어떤 관계를 갖고 있는지 관계를 규명해 보고자 한다.

1) '의사소통 능력' 향상과 문화 교육
가. '의사소통 능력'의 개념
'의사소통 능력(communicative competence)'이라는 개념은 1970년대 초반

촘스키(Chomsky)[51]가 주장한 언어 능력(linguistic competence)과 언어 수행 (linguistic performance)에 대한 비판에서 비롯되었다. 언어 능력은 모국어 화자들이 소유한 문장들을 생성하고 이해할 수 있는 무의식적인 지식과 직관이고, 언어 수행은 한 개인이 이러한 언어 능력을 실제 발음이나 문장 이해에 적용하는 것이다. 그러나 이 이론은 상대방과 대화하는 실제 상황 맥락을 고려하지 않았다는 점에서 비판을 받았고, 결국 아무리 문법적으로 완벽한 문장이라 해도 상황에 적합하지 않으면 성공적인 의사소통을 할 수 없다는 것을 인정하게 되었다.

앞 장에서 언급한 바와 같이 '의사소통 능력(communicative competence)' 개념은 하임즈(Hymes)[52]에 의해 도입되었다. 그는 인간의 언어 능력이 문법 능력뿐만 아니라 심리적·언어적 인지능력, 언어의 사회문화적 의미의 이해력, 그리고 실제로 그 사회나 환경에서 그와 같은 언어 사용이 가능한지 에 대한 지식 등이 통합된 형태라고 주장하였다. 즉 진정한 의미의 언어 능력이란 실제 언어 상황에서 언어의 사회문화적 의미를 이해하고 사용할 수 있는 능력이라 말하고 있는 것이다. 이러한 이론은 '언어 사용'이라는 측면에서 언어가 사용되는 상황이라는 '문화' 안에 통합되어야 한다고 본 것이다.

이렇게 볼 때, 의사소통 능력이란 언어가 가지고 있는 구조, 형태 등에 관한 언어적 지식은 물론 사회 문화가 요구하고 필요로 하는 규칙들, 그리고 문장 이상의 단계에서 요구하는 담화 규칙들과 비언어적 의사소통까지 포함하는 개념이라 할 수 있다. 즉 의사소통 능력은 목표 언어와 그 문화의 문화적 상황 안에서 효과적이고 적절하게 의사소통을 하는 능력을 말한다.

외국어 교육의 핵심은 목표 언어의 의사소통적 차원에 있다. 목표 사회의

---

51) Chomsky, Noam(1965), *Aspects of the Theory of Syntax*, Cambridge: M.I.T., pp.5~15.
52) Hymes, D.(1972), On communicative competence. in J. B. Pride & J. Holmes(eds.), *Sociolinguistics*, Harmondsworth: Penguin Books, pp.269~293.

124

구성원들이 사용하는 언어를 이해하고 이를 적절하게 구사할 수 있는 능력을
갖추는 것이 의사소통의 성패를 가르는 중요한 요인이다. 특히 문화 간
의사소통53)은 목표 언어와 목표 사회 문화에 대한 지식이 전제 조건이
되어야 한다. 서로 다른 문화적 배경을 가진 사람들의 의사소통을 하는
과정은 매우 복잡하고 어려운 일이다. 서로 다른 문화에는 각기 다른 문화적
규범이 작용하므로 여기에는 언어적 차원, 개인적 차원, 사회적 차원, 정치적
차원, 경제적 차원, 역사·문화적 차원54) 등이 복합적으로 얽혀 있다. 따라서
목표 문화를 이해하려면 목표 사회의 의사소통을 관찰해야 하며, 목표
사회구성원들의 의사소통을 그들의 관점에서 올바로 이해하려면 그들의
문화를 알아야 한다.

　　문화권 간 의사소통은 실제로 문화적인 차이를 인식하는 특정한 상황
속에서 이루어지는 것으로 개체 간의 본질과 문화적으로 조건화되어진
환경에서 이루어진다.55) 문화 간 의사소통 능력은 상호문화적인 의사소통,
상호문화적인 이해를 바탕으로 문화 간 화자가 한국어로 의사소통할 때
문화적인 차이에 대처하는 데 도움을 줄 수 있는 능력56)을 말한다. 따라서

---

53) 문화 간 의사소통은 제2차 세계대전 이후 주로 유럽을 중심으로 이루어진 새로운
　　연구 분야로 인류학자 Edward T. Hall(1959)이 그의 저서 *The Silent Language*에서
　　'Intercultural Communication'이라는 용어를 처음으로 사용하였다. '문화 간 의사소
　　통' 개념에 관한 연구 경향을 거시적 차원과 미시적 차원으로 구분하기도 한다.
　　거시적 차원에서는 '한 문화와 다른 문화 사이에서 이루어지는 의사소통'으로
　　정의하고 있으며, 주로 문화와 문화 사이에서 일어나는 문화 접촉, 문화 전달,
　　문화 전파 등의 과정과 그 결과 나타나는 현상에 관심을 두고 있다. 미시적 차원에서
　　는 문화 간 의사소통의 주체를 서로 다른 문화권에 속한 개인으로 보며, 언어,
　　가치관, 관습 등이 다른 개인들이 어떠한 과정을 통해 상호 작용을 하고, 어떻게
　　의미를 공유하여 서로를 이해하는가에 관심을 둔다. 이렇게 본다면 대부분의
　　한국어 교육에서 다루고 있는 의사소통 개념은 미시적 차원에서의 논의라고 할
　　수 있다.
54) 이두원(2006), 「문화간 커뮤니케이션 능력」, 『한국인과 문화간 커뮤니케이션』,
　　커뮤니케이션북스.
55) 서하석(2008), 『의사소통을 위한 언어와 문화의 이해』, 한빛문화.

문화 간 의사소통에서 중요한 역할을 하는 것은 일상생활과 사회적 관계가 유기적으로 관련되어 있는 '문화'[57)]라 할 수 있다.

한국어 구사 능력과 한국문화에 대한 이해는 상생(相生)의 관계에 있다고 할 수 있다. 한국어 학습자에게 한국문화 교육은 한국인의 사고방식, 현대문화를 이해하기 위한 배경으로서 전통적 문화 형성, 한국인의 가치관을 이해시키고 나아가서는 외국인 학습자가 한국 생활의 다양한 모습을 잘 이해하고 적응할 수 있도록 하기 위해 필요하다. 그러나 의사소통 능력이라고 해서 일상생활 문화에만 초점을 맞추는 것도 바람직하지 않다. 그렇다고 해서 의사소통 능력의 습득을 지향하는 한국어 교실에서 사회의 전반적인 모습이나 특정한 문화 관련 지식에만 초점을 맞추는 것도 바람직하지 않다. 실제 한국인과의 대화에서는 한국어 교실에서 배운 문법 중심의 대화를 하거나 어휘 활용 대화를 하게 되지는 않을 것이다. 실제 대화에서는 주제 중심의 대화가 되거나 상황 중심의 대화가 되는 경우가 많기 때문이다. 따라서 한국문화에 대한 지식과 정보를 바탕으로 하고 한국어 문법과 어휘를 문맥에 맞게 적절하게 구사하는 것이 한국어 교육에서 말하는 문화 간 의사소통이므로 한국문화에 대한 지식적인 부분도 간과할 수 없는 부분이다.

따라서 한국어 교육에서 문화 교육을 통해 추구하는 의사소통 능력은 단순히 타인의 가치 체계와 문화 행위에 대한 지식을 습득하고 그의 언어로 원활하게 대화할 수 있는 능력이 아니라 상이한 민족들 사이에 존재하는

---

56) 권오경(2009), 「한국어교육에서 문화교육 내용 구축 방안」, 『언어와 문화』 5(2), 한국언어문화교육학회, pp.49~72.

57) 그러나 초기의 의사소통 교수법에서는 언어 사용에 직접적으로 영향을 미치는 일상생활에 대한 지식을 문화로 정의하고 목표 사회에서 볼 수 있는 독특한 문화 현상이나 그 사회의 구성원들이 지닌 고유한 생활방식을 부각시켜 학습자의 자국문화와 비교하는 데 주력하였다. 그런데 문화의 비교주의에 초점을 맞추었던 초기 의사소통 교수법에서는 주로 '이국성'을 기준으로 목표 사회의 문화와 관련된 다양한 유형의 '고정 관념'을 선정하여 이를 백과사전식 지식의 형태로 전달하는 경향이 있었다.

차이점을 인정하고 이를 폭넓게 이해함으로써 상호 간의 관계를 형성하는
데 요구되는 언어적, 비언어적 차원의 전략으로 이해될 수 있다.

나. '의사소통 능력'의 구성 요소

하임즈(Hymes) 이후 '의사소통 능력'이란 개념이 도입되면서 외국어
교육 분야에서 목표 언어에 대한 형태적인 지식의 습득뿐만 아니라 목표
언어로 실제 사용되는 사회적 상황에서 적절하게 의사소통할 수 있는 능력의
배양에 관심을 갖기 시작하였다.

1980년대 들어와서 커넬(Canale)과 스웨인(Swain)[58]은 의사소통 능력을
네 가지 범주로 구성된 개념으로 파악하였다. 즉 어휘, 형태소, 통사론,
문장 단계의 의미, 음운론 등에 대한 지식을 말하는 '문법적 능력(grammatical
competence)',[59] 문법적 형태를 사회문화적으로 적절하게 사용할 수 있는
'사회언어학적 능력(sociolinguistic competence)',[60] 그리고 여러 문장이 연결
된 글이나 말의 전체 의미를 이해하는 능력과 함께 일정한 상황에 맞게
글이나 말을 구성하는 '담화 구성 능력(discourse competence)', 또한 언어적으
로 부족한 점을 비언어적 자원을 활용하여 의사소통할 수 있는 능력 또는
같은 언어적 자원을 좀 더 효과적으로 의사소통에 활용할 수 있는 '전략적

---

58) Canale M. and Swain, M.(1980), Theoretical bases of communicative approaches to second language teaching and testing, *Applied Linguistics*, 1(1), pp.1~47.

59) Chomsky가 말하는 '언어 능력'의 의미를 지녔다고 할 수 있다. 언어 능력이란 화자와 청자가 완전히 동질적인 사회 내에서 상호 작용을 할 수 있는 언어 지식을 갖춘 능력을 의미한다. Bachman은 '의사소통 능력'의 '능력' 개념과 구분하기 위해 의사소통 능력을 'communicative language ability'로, 언어 능력을 'language competence'로 제시하고 있다.

60) 의사소통 능력 구성 요소 가운데 '사회언어학적 능력(sociolinguistic competence)'은 목표 언어를 사용하는 사회에서 받아들여질 수 있는 적절한 의사소통을 할 수 있는가의 문제로, 목표 언어 사회의 문화 이해와 밀접한 관계를 갖는다. 이것이 한국어 교육에서 논의되고 있는 '문화 능력(cultural competence)'의 개념이기도 하다.

능력(strategic competence)'이 그것이다.

위의 네 가지 영역을 요약하면 의사소통 시 사용된 문장의 형식이 문법적으로 적절한가와 사용 수단으로서 가능한가, 사회문화적 상황에 적절한가, 실제 담화 상에서 적용가능한가에 대한 설명이다. 따라서 학습자가 언어를 올바르게 사용하기 위한 의사소통 능력은 문법성(grammaticality)뿐만 아니라 적절성(appropriateness)과 용인성(acceptability)을 충족시켰을 때 가능한 것이라 할 수 있다.

커넬(Canale)과 스웨인(Swain)의 이러한 의사소통 능력의 구성 요소는 바흐만(Bachman)[61])에 의해 수정되었는데, 그는 의사소통 능력을 '조직적 능력(organizational competence)'과 '화용적 능력(pragmatic competence)'으로 크게 분류하고 '조직적 능력'의 하위 개념에 '문법적 능력'과 '구문적 능력'을 두고, '화용적 능력'의 하위 개념에는 '언표내적 능력(illocutionary competence)'과 '사회언어학적 능력'을 두었다.

이후 수많은 학자들이 의사소통 능력 구성 요소에 대해 논의하였는데, 각기 다른 용어를 사용하기는 하지만 이들의 공통된 견해는 단지 언어를 아는 것만으로는 제대로 된 의사소통이 이루어질 수가 없다는 것이다.

이렇게 볼 때 상호 간의 의사소통이 그 형태, 의미, 기능에 있어서 일관성을 갖고 수행되기 위해서는 '언어적 능력' 이외에도 '담화적 능력', '선험 지식적 능력', '문화적 능력',[62]) '전략적 능력'이 필요하다. 특히 외국어 학습에서는 의사소통 능력인 문법적 능력, 사회언어학적 능력, 담화적 능력, 전략적 능력과 더불어 상호문화적 능력의 습득이 필요하다고 본다. 외국어 학습에서 논의하는 상호문화적 능력은 다른 문화의 대표적인 행동, 태도, 기대를 만났을 때 충분히 유연한 방식으로 행동하는 능력을 가리킨다.

---

61) Bachman, L. F.(1990), *Fundamental considerations in language testing*, Oxford: Oxford University Press.

62) 의사소통 능력의 구성 요소 중 하나로, 'cultural competence'를 말한다.

2) '문화 간 이해 능력' 함양과 문화 교육

가. '문화 간 이해 능력'의 개념

'문화 간(Cross-cultural) 이해 능력' 개념을 정립하기 전에 우선 한국어 교육에서 문화 교육의 목표로 제시하고 있는 '문화 능력' 개념 정리가 필요하다. 한국어 교육에서의 '문화 능력'은 다음의 두 개념[63]으로 전개된다.

첫 번째 '문화 능력(Cultural Competence)'은 '의사소통 능력'의 한 구성 요소인 '사회언어학적 능력(sociolinguistic competence)'과도 거의 같은 개념 으로 사용되기도 하는데, 타인과의 교류가 원활하게 이루어질 수 있도록 다른 사회에서 나타나는 여러 가지 문화적 현상과 그 사회 구성원들이 사회적·일상적 삶을 통해 영위하는 문화적 행위가 의미하는 바를 이해하고, 상황에 맞게 적절한 행동을 취할 수 있는 능력을 말한다. 이러한 '문화 능력(Cultural Competence)'은 목표 언어 사회의 정치, 경제, 역사, 지리, 예술 등과 같은 여러 유형의 문화적 양상과 타인의 삶에 내재된 가치관, 표상, 상호작용의 규범, 언어 표현, 행동 방식 등으로 구성된 문화 지식과 그 사회에 살고 있는 사람들과 (그들의 언어로) 의사소통을 하는 상황에서 이러한 문화 지식을 실제로 활용할 수 있는 능력으로 구성되어 있다.

두 번째는 한국어 교육에서 '문화 소양', '문화 문식성', '문화 능력', '한국어 문화 능력' 등으로 다양하게 번역되고 있는 'Cultural Literacy'이다. 어떤 논의에서는 'Cultural Literacy'에 대한 번역을 'Cultural competence'와 동일하게 '문화 능력'으로 사용하기도 하며[64] 'literacy'의 번역인 '문식성(文

---

63) 'Cultural Competence'와 'Cultural Literacy'이다.

64) 김창원은 'Cultural Literacy'를 번역하여 '문화 능력'으로 사용하고 있는데, 'Cultural Literacy(문화 능력)에 대한 개념 규정을 문화적 맥락과 배경 지식 아래 효과적이고 창의적으로 의사소통을 할 수 있는 기본 능력이라고 하였다. 이는 한국어 교육에서 흔히 다루고 있는 'Cultural competence(문화 능력)'의 개념과 크게 다르지 않다. 김창원(2007), 「한국어 학습자를 위한 문화 능력의 평가 방안」, 『한국어 교육』 18(2), 국제한국어교육학회, p.82. 윤여탁도 역시 비슷한 개념으로 사용하고 있다.

識性)' '문해력(文解力)'65) 개념 정의에 의해 '문화적 문식성' 또는 '문화적 문해력'으로 이해되기도 한다.

사실 'Cultural Literacy' 개념은 허쉬(Hirsch)가 그의 베스트셀러 *Cultural Literacy: What every American needs to know*에서 사용한 용어다. 여기에서 허쉬 (Hirsch)는 글을 해독할 수 있고, 많은 어휘의 의미를 알고 있다고 하더라도 문화적인 해석력과 이해력이 부족할 수 있다면서, 'Cultural Literacy'를 언어 적 기술 이상의 것으로 규정하고 구성원들 간 공유된 지식의 총체와 그 나라의 문화에 대한 지식을 요구하는 것이라고 보았다. 또한 그 누구와도 효과적으로 의사소통할 수 있는 충분히 공유된 배경 지식을 소유할 때 올바르고 번영하는 사회가 될 수 있을 것66)이라고 하면서 모든 미국인이 알아야 할 세세한 지적 목록을 4,600개로 정리하여 제시하였다.

그러나 'Cultural Literacy'의 'Literacy'는 텍스트를 읽고 쓸 줄 아는 것이란 의미에서 출발하여, 이를 활용하여 지식과 정보에 접근하고 이를 분석, 평가, 소통하며 개인과 사회의 문제나 과제를 해결하는 능력까지도 의미한 다. 현재 'Literacy' 개념은 '컴퓨터 문식성(computer literacy)', '다문화 문식성 (multi-cultural literacy)' 등과 같이 시대와 상황 또는 문식성의 기능에 따라서 매우 다양하고 포괄적인 의미로 사용되고 있다.

'Cultural Literacy'의 개념은 'literacy'를 어떻게 규정하느냐에 따라 그 개념이 변화해 왔으며, 'literacy' 개념은 언어 현상의 변화에 따라 변화한다.67)

윤여탁(2000), 「한국어교육에서의 문화의 위상과 역할」, 『국어교육연구』 7, 서울대 국어교육연구소, pp.291~308.
65) 문식성이란 용어 대신에 일부의 사회교육학자들은 '문해(文解)'라는 용어를 사용하 기도 한다.
66) Hirsch가 정의한 'Cultural Literacy'를 외국어 학습자에게 적용한다면, 외국어 학습자 는 목표 언어 사회의 문화에 대한 충분한 배경 지식을 갖게 되어 의사소통이 효과적으로 일어날 수 있을 것으로 본다. 박옥희(2009), 「국제어로서의 문화 리터러 시 함양을 위한 영어교과서 문화내용에 관하여」, 『학습자중심교과교육연구』 9(2), 학습자중심교과교육학회, p.140.

130

그동안 정의되어 온 'literacy'의 개념을 종합해 보면, 첫째, 'literacy'는 언어 지식 자체라기보다는 언어적 소통 능력의 개념이며, 둘째, 'literacy'는 한 개인의 지적 수준 및 발달과 관련이 있는 발달 현상이며, 셋째, 'literacy'는 언어 경험에 개입하는 각자가 지닌 능력으로, 언어 이해와 표현에 관련된 지식, 전략, 기능을 포괄하며, 특정 맥락에서 활용할 수 있는 능력까지 포함하고 있다. 이렇게 보면 그 본질적 성격에서는 '문화 능력(Cultural competence)'과 'Cultural Literacy'가 차이를 보이지만, 그 목표가 다른 사회의 문화에 관련된 다양한 지식과 이를 실행할 수 있는 능력이라는 점에서는 일맥상통하는 면이 있다.

그렇다면 본서에서 문화 교육의 또 다른 패러다임으로 제시하고자 하는 '문화 간(Cross-cultural) 이해 능력'은 어떤 개념을 가지고 있는가. 아울러 '문화 능력'과는 어떤 차이점을 갖는가. '문화 능력'은 지식과 수행을 기반으로 하여 한국어 문화의 원리와 맥락을 이해함으로써 포괄적인 문화 이해를 통해 문화적 의사소통 능력 신장으로 이어진다는 관점을 표방한 것으로서 언어문화가 중심을 이루는 것[68]에 반해 '문화 간(Cross-cultural) 이해 능력'은 문화 지식 및 문화 지식의 실행 능력과 더불어 각 사회의 문화 체계와 가치의 차이 및 문화적 이질성과 연관되어 나타나는 상호간의 행동 방식의 차이를 이해하고 이를 바탕으로 자국에서 습득한 가치 체계에 대해 보다 객관적으로 사고하며 타문화에 대해 열린 마음을 갖는 문화적 태도를 포함하는 개념이다. 또한 상이한 문화에 대한 심리적 거리감이나 충격을 극복하고

67) 박인기(2002), 「문화적 문식성의 국어교육적 재개념화」, 『국어교육학연구』 15, 국어교육학회, pp.23~54. 박인기는 문화적 문식성을 통해 '문학을 통한 교육'은 그 이론을 재개념화하고, 문화적 문식성은 '문학을 통한 교육'을 만남으로써 국어교육적 구체성을 확보한다고 보았다. 또한 문화적 문식성이 국어교육의 구도에 코드화 될 수 있도록 문화적 문식성의 특징 요소를 <문화의 존재 양태>, <문화 인지의 효과>, <문식성의 활용 차원> 등 세 가지로 설정하였다.
68) 김창원(2007), 「한국어 학습자를 위한 문화 능력의 평가 방안」, 『한국어 교육』 18(2), 국제한국어교육학회, pp.81~114.

비판적인 시각으로 다른 사회의 현실을 해석하고 수용할 수 있으며, 자신이 살고 있는 사회의 문화적 환경에 비추어 이를 적절하게 재수용하고 실제 사회적 상황에서 자율적으로 삶의 패턴을 선택하고 영위하는 능력인 문화적 생활양식까지도 포함되는 것으로 정의될 수 있다.

한국문화 교육의 측면에서 보면 '문화 간 이해 능력'은 문화의 전통과 현대를 통합적으로 바라볼 수 있는 것이라고도 할 수 있다. 그러나 이는 한국문화에 통달해야 한다는 것을 의미하는 것은 아니다. '문화 간 이해 능력'을 하나의 소양으로 본다면 전통과 현대를 통합할 수 있는, 그래서 단순한 문화 지식이 아닌 시대를 거슬러 혹은 시대의 변화에도 여전히 유효한 통찰력이 될 수 있는 능력이다. 이는 한국어 학습자가 대부분 관심을 가지고 있는 한국의 현대 문화 향유에도 필요한 능력이라는 점에서 한국어 학습자를 위한 한국문화 교육의 목표로서의 의미를 지닌다고 할 수 있을 것이다.

나. '문화 간 이해 능력'의 구성 요소

'문화 간 이해 능력'을 구성하는 세부적인 요소는[69] 첫째, 민족사회적 언어 능력이다. 민족사회적 언어능력의 교육 목표는 타인의 언어에 대한 호기심을 갖고 새로운 의사소통 문화를 발견하고 문화적 차이로 인해 상호간의 의사소통에 문제가 발생할 수 있는 상황을 식별하고 언어 행위의 문화적 차이에 대한 인식을 바탕으로 일상생활에서나 사회적 상황에서 적절하게 대처하는 능력을 기르는 것이다.

둘째, 상호적 대인관계 능력이다. 교육 목표는 상호간의 관계를 드러내는 요소나 방식은 문화에 따라 상이하게 나타날 수 있다는 사실을 인지하고

---

69) 이정민(2009), 「외국어교육에서의 문화교육 : 상호문화적 의사소통에 요구되는 문화능력의 교수학습 문제를 중심으로」, 『프랑스 어문교육』 21, 한국프랑스어문교육학회, pp.125~126.

목표 사회에서 의사소통에 영향을 미치는 상호 관계적 지표와 그것이 의미하는 바를 파악하고, 그 사회 구성원들의 관례적 혹은 일상생활에서의 언어 예절과 이에 수반되는 행동을 식별하고 이를 실제 사회적 상황에서 활용할 수 있는 능력을 기르는 것이다.

셋째, 실용적 성격의 행위 능력이다. 자신이 알고 있는 것과는 다른 집단 행위나 사회 구성 방식이 존재할 수 있다는 사실을 인식하고, 문화적 차이로 인해 겪는 충격이나 거부감의 문제를 해결하는 방법을 익히고, 다른 사회에서 생존하는 데 필요한 행동방식과 미흡한 언어 지식을 사용해서라도 새로운 환경에서 의사소통을 하고 생활할 수 있는 자주적인 능력을 기르는 것이다.

넷째, 세계와의 관계 인식 능력이다. 목표 사회가 이 세상과의 관계 속에서 존재하는 데 동원되는 다양한 정신적, 물질적 가치와 판단의 체계, 즉 목표 사회의 고유한 사회 구성 방식, 다른 사회와위 문화적 접촉을 통해 축적된 개인적, 집단적 가치와 신념, 그리고 판단의 기준 등과 연관된 지식이나 정보를 파악하고 이들을 분석할 수 있는 능력으로 정의될 수 있다. 세계와의 관계 인식 능력은 다른 사회에 살고 있는 사람들과 교류하는 데 있어서 매우 중요한 역할을 하는 요소로 사회마다 상이한 경험을 통해 형성된 고유한 인식의 체계가 존재한다는 사실을 이해하고, 목표 사회 구성원들의 삶, 그들이 갖고 있는 공동의 견해, 가치관, 그 사회의 시사문제나 정치적 이슈 등을 파악하고 이와 관련된 어휘를 익히고 자국과 목표 사회의 개인적, 사회적 경험, 가치 판단이나 입장 등을 서로 비교 분석하고 이와 관련하여 자신의 의견을 표현할 수 있는 능력을 기르는 것이다.

다섯째, 비판적 관찰, 해석 능력이다. 이것은 타인의 사회 현실과 문화 현상을 객관적으로 관찰하고 그 안에 내포되어 있는 다양한 의미 작용의 요소들을 식별하고 이들이 실제로 의미하는 바를 해독해내는 지적인 차원의 사회 접근 방식과 태도를 지칭하는 것이라고 할 수 있다.

여섯째, 다문화능력, 복합적인 문화적 정체성[70]이다. 단지 목표 사회를 구성하는 다양한 문화적 지표와 특성에 관련된 지식을 습득하거나 이를 맹목적으로 받아들이는 것이 아니라 자신의 문화와 가치에 비추어 실제 자신의 삶에의 적합성, 혹은 수용 가능성 여부를 판단하고 선택함으로써 보다 복합적인 문화적 정체성을 형성하는 데 필요한 자질이라고 볼 수 있다.

한국어 학습자의 학습 동기와 학습 목표를 감안할 때 한국어 교육에서 한국문화 교육의 의미는 '문화 간 이해 능력' 함양을 통한 '총체적인 한국 이해'라고 할 수 있다. 즉 한국어 교육에서 문화란 한국이라는 특정 지역에 대해 이해해 나가는 것을 함의한다. 문화 교육은 한국문화의 특수성과 타문화 간의 차이를 통해 어느 한쪽의 우월성보다는 모든 문화가 나름대로의 특성이 있다는 것을 알 수 있게 해야 한다. 그리고 학습자들이 한국에서 생활하게 되는 경우, 이질적인 느낌이 들지 않도록 일상생활과 기본예절은 물론이고 사회 가치 및 규범 등에 대한 내용에서도 이해할 수 있도록 해야 한다. 한국문화에 대한 객관적인 이해와 분석 및 평가를 할 수 있도록 해주어야 하고, 세계 여러 문화들 간의 비교가 가능하게 해줌으로써 진정한 의미의 문화 교육이 이루어질 수 있도록 해야 한다.

문화 교육의 두 패러다임인 '의사소통 능력'과 '문화 간 이해 능력'의 개념과 문화 교육에서의 의미, 그리고 구성 요소를 정리하면 다음과 같다.

---

70) Banks는 문화 정체성을 (자국) 문화 집단의 정체성, 국가적 정체성, 전 지구적 정체성으로 유형화하고 이러한 정체성 간의 정교한 균형을 유지할 것을 제안하고 있다. 이 균형은 한국어 학습자들이 자국의 문화적 정체성을 명확히 한 후에야 한국 문화의 정체성을 이해할 수 있고 나아가 전 지구적 정체성을 지닐 수 있을 때 이루어지는 상태를 의미한다. Banks, J. A. (2001), *Cultural diversity and education: foundations, curriculum, and teaching*, Allyn & Bacon. pp. 128-140.

134

<표 17> 문화 교육의 두 패러다임

	의사소통 능력	문화 간 이해 능력
문화 교육에서의 의미와 개념	● 타인의 가치 체계와 문화 행위에 대한 지식을 습득하고 그의 언어로 원활하게 대화할 수 있는 능력 ● 목표 언어 사회에 존재하는 차이점을 인정하고 이를 폭넓게 이해함으로써 상호 간의 관계를 형성하는 데 요구되는 언어적·비언어적 차원의 전략	● 목표 언어 사회를 구성하는 다양한 문화적 지표와 특성에 관련된 지식을 습득 ● 자국 문화와 가치에 비추어 실제 자신의 삶에의 적합성 혹은 수용 가능성 여부를 판단하고 선택할 수 있는 안목 ● 복합적이면서 중심이 있는 '문화적 정체성', '열린 문화 정체성'을 형성하는 데 필요한 자질
구성 요소	문법적 능력, 사회언어학적 능력, 담화적 능력, 전략적 능력을 포함	민족사회적 언어능력, 상호적 대인관계 능력, 실용적 성격의 행위 능력, 세계와의 관계 인식 능력, 비판적 관찰·해석 능력, 다문화능력, 복합적인 문화적 정체성

　　의사소통 능력 향상을 위한 문화 교육은 문화를 통한 한국어 교육이라고도 볼 수 있다. 문화를 통한 한국어 교육에서 문화는 한국어 교육을 위한 수단으로 활용되며, 문화와 언어의 통합 교육 방식을 취한다. 즉 문화 내용을 자연스럽게 통합시킴으로써 문화의 이해와 의사소통 능력을 함께 신장하는 것이다. 이 때 한국문화에 대한 이해는 한국어 의사소통 능력 향상의 배경이 된다.

　　'문화 간 이해 능력' 함양을 위한 문화 교육에서 '문화 간 이해'라는 것은 문화의 내용과 현상을 맥락으로 보는 것을 의미한다. 즉 문화의 내용과 현상을 문화사적 보편성과 문화사적 특수성이라는 문화적 소통의 맥락에서 의미화 하는 과정을 거친다. 이러한 문화 교육 패러다임은 문화에 대해 한국어 '의사소통 능력' 향상을 위한 기능 교육의 수준에서만 관심을 가졌던 종래의 개념과는 다른 차원의 교육이라 할 수 있다. 또한 문화를 단지 지식 또는 유산, 지적 형식 등의 수준에서만 관심을 가졌던 종래의 개념을 해체한다. 이렇게 됨으로써 '의사소통 능력' 신장을 위한 문화 교육에 국한된 한국어 학습자를 위한 문화 교육의 한 새로운 국면을 열 수 있을 것이다.

3) '의사소통 능력'과 '문화 간 이해 능력'의 관계

문화 교육은 궁극적으로 한국어 학습자들의 한국어 구사 능력을 폭넓고, 깊이 있게 신장시키는 데 기여함은 물론이고, 한국 생활에의 적응 능력을 키우고, 한국문화에 대한 관심과 이해를 바탕으로 더욱 심화된 한국문화 학습의 기회를 제공한다.

문화 교육 목표 설정은 문화 교육에서 얻고자 하는 최종의 결과가 무엇인지를 알고, 보다 구체적이고 체계적인 교육 방법을 가능하게 함으로써 교육의 효과를 극대화한다는 면에서 중요하게 인식된다고 할 수 있다. 따라서 교육 목적과 방향이 명확하지 못하다면 학습자로 하여금 내가 현재 속해 있는 사회도 아니고 한국문화에 대한 관심도 없는데 왜 이러한 내용을 배워야만 하는가하는 부정적인 생각을 가지게 할 수도 있다. 또한 혹시 배우고자 하는 욕구가 있어도 교육의 목적과 방향에 맞지 않는 교육이 이루어진다면 학습자의 관심이나 흥미를 저하시키고, 문화 교육의 필요성이 확실함에도 불구하고 급기야는 문화 교육의 존립까지도 흔들리게 될 수도 있다. 그러므로 한국어 학습자를 위한 문화 교육을 위해서는 명확한 교육 목표 설정이 급선무라 생각된다.

이에 본서에서는 한국어 교육에서의 문화 교육의 목표와 방향에 있어 한국어 학습자에게 한국문화에 대한 흥미를 높이고 이해를 증진시켜 한국어 의사소통 능력 향상을 지향하는 하나의 패러다임과 한국의 문화적 담론에도 동참할 수 있으며, 자국 문화와 한국문화의 정체성을 인식할 수 있는 자질을 함양시키는 또 하나의 패러다임을 구축하였다.

본 연구자는 앞에서 밝힌 바와 같이 언어 교육의 또 다른 패러다임인 실존적 동기 이론과 한국어 학습자의 변인에 따라, 문화 교육 목표에 있어, 크게 '의사소통 능력' 향상과 '문화 간 이해 능력' 함양이라는 차원이 존재할 수 있다는 결론에 도달하였다. 이는 한국어 학습자가 지향하는 문화 교육 목표에 부합되게, 학습자가 필요에 따라 실행할 수 있는 기본적인 틀을 세웠다고 할 수 있을 것이다.

문화 교육의 두 패러다임으로 제시한 '의사소통 능력'과 '문화 간 이해 능력'의 관계는 문화 교육의 패러다임 자체가 다른 최종 도달점이며 주종 관계나 상하 관계를 의미하지는 않는다. 한 마디로 문화 교육 방향이 다른 것이다. 따라서 문화 교육의 목적에 따라(한국어 교육의 최종 목표에 따라) 문화 교육의 패러다임을 선택하여 교육하고 학습하면 되는 것이다. 두 패러다임 모두 최종 목표 도달점은 언어 교육의 완성을 의미한다. 이는 언어교육 안에서 문화를 활용하는가, 혹은 문화의 큰 틀 안에서 언어 교육을 하는가의 문제로도 볼 수 있다. 즉 어떤 패러다임 안에서 문화 교육을 전개하느냐에 따른 것이라 할 수 있다.

그럼에도 본 연구자가 '의사소통 능력' 향상에서 '문화 간 이해 능력' 함양으로 점선의 화살표를 표시한 이유는 한국어 학습자가 의사소통이 가능한 수준의 한국어 능력 성취를 넘어서면 고급 학습자의 요구를 충족시킬 수 있는 언어 교육 이상의 요구가 있을 수 있기 때문이다. 물론 언어 교육의 차원에서는 '의사소통 능력'이 획득되면 언어 교육의 최종 목표에 도달한 것이다. 그러나 문화 교육은 언어만으로는 설명하기 힘든, 그 사회의 언어를 포함한 생활 자체의 습득과 그에 대한 이해를 가능하게 한다. 이것이 바로 문화 교육이 언어 교육을 뛰어 넘는 이유이며, 언어 교육에서의 문화 교육이 최종적으로 '의사소통 능력'을 넘어 '문화 간 이해 능력'으로 나아가야 하는 이유이다.

그러므로 한국어 학습자를 대상으로 하는 문화 교육은 궁극적으로 한국어 의사소통 능력을 바탕으로 하여, 한국문화에 대한 심도 있는 접근과 이해로 한국과 한국인을 온전히 이해하고, 이를 통해 문화 인식에 대한 관점과 시각을 확보하여 열린 문화 정체성에 대한 지향으로 나아가야 할 것이다.

Ⅳ. 한국문화 교육의 기본 원리와 교육 방향

이 장에서는 한국문화 교육의 실질적인 내용인 한국문화의 특징을 살펴보고, 이를 바탕으로 교육 대상으로서의 한국문화를 범주화하고, 문화 범주 간의 상호 관계성을 밝혀보고자 한다. 한국문화의 범주화와 그 범주 간의 관계성 규명은 한국문화 교육 방안의 핵심 원리로 전개될 것이다. 또한 이러한 원리를 바탕으로 하여 '의사소통 능력' 향상과 '문화 간 이해 능력' 함양이라는 두 패러다임에 따른 문화 교육 방향도 제시할 것이다.

1. 교육 대상으로서의 한국문화 특징과 범주

일반적 논의의 대상인 문화는 그 범위와 폭을 한정할 수 없는 인간 삶의 총체적인 표상임은 주지의 사실이나 이렇듯 광범위한 한국문화를 한국어 교육 현장에서 이루어지는 문화 교육에 모두 적용하는 것은 거의 불가능하다. 따라서 한국어 교육에서의 문화 교육에 적용하려면 문화를 영역별로 나누고, 그 영역 안에서 필수적으로 요구되는 항목을 선정하는 것이 필요하다. 그러나 교육 대상으로서의 한국문화를 범주화하기 위해서는 한국문화의 특징을 살펴보는 것이 선행되어야 한다. 이에 먼저 한국인들이 존중하는 가치가 무엇인지, 한국문화의 정체성이 무엇인지 등 한국문화의 특징을 파악하도록 하겠다.

1) 문화 교육 대상으로서의 한국문화 특징

가. 한국문화 정체성에 대한 논의

외국인에게 한국문화의 특성, 한국문화의 정체성에 대해 어떻게 말할 수 있을까. 이에 대한 답은 다양할 수 있다. 왜냐하면 문화를 바라보는 시각이나 가치관이 다양하기 때문이다. 물질적인 문화를 선호할 수도 있고 정신적인 문화를 우선시할 수도 있으며, 전통 중심의 현대 문화를 먼저 거론할 수도 있고, 현대 중심의 전통문화를 말할 수도 있다. 또는 행동과 생산을 가능하게 하는 관계나 원리 등의 관념문화를 우선시할 수도 있다. 그렇다면 이들 중에서 무엇을 교육 대상 혹은 교육 내용으로 설정해야 하는가. 분명한 것은 한국을 대표할 수 있는 문화, 가치 지향적 문화를 교육 내용으로 설정해야 한다는 것이다.

그러면 한국문화를 대표할 수 있는 것은 무엇인가. 즉 한국문화의 정체성은 무엇인가이다. 탁석산[1]은 한국 문화의 정체성을 살피기 위해서 현재성, 대중성, 주체성이라는 기준을 설정했다. 또한 한국의 정체성과 한국인의 정체성을 구별해야 하며, 시원(始原)이 정체성의 기준이 되어서는 안 된다고 하였다. 그러나 이러한 논의는 너무 추상적이다. 조영배[2]는 한국문화의 본질이 '더하기'에 있음을 주장하며 신명성의 문화, 포용주의 문화, 역동성의 문화를 더하기 문화의 긍정적인 분류에 포함하였고, 지나침의 문화, 적당주의 문화, 불안정의 문화를 부정적 분류에 넣었다. 한국문화의 특징을 '조화의 문화'[3]로 보는 견해도 있다. 일과 놀이와 삶의 조화, 문무(文武)의 조화,

---

1) 탁석산(2000), 『한국의 정체성』, 책세상.
2) 조영배(1999), 「한국민요의 음악적 특성을 통해 본 미적 성격에 관한 일고찰」, 『민족예술의 정서와 미학』, 월인, pp.63~88.
3) 조흥윤(2001), 『한국문화론』, 동문현대신서 91.

개인과 사회, 정(靜)과 동(動), 음(陰)과 양(陽), 정신과 육체, 하늘과 땅과 사람 등이 모두 그것이라는 것이다.

한편 임재해4)는 한국문화를 민족문화와 외래문화의 대립적 관계에서 파악한다. 즉 한국문화는 민족문화와 외래문화가 대립적 관계를 이루면서 한국문화를 형성하는 중요한 두 축을 이룬다는 것이다. 현재의 한국문화는 민족문화와 외래문화가 균형을 이루다가 점차 외래문화의 비중이 높아져 가는 상황으로 바뀌어 간다고 할 수 있다. 민족문화와 외래문화는 대립적·상보적 관계를 이루면서 한국문화를 형성하는 중요한 두 축을 이루어 왔다. 민족문화는 역사적 전통성과 지리적 토착성 및 사회적 공동체성을 획득하고 있는 문화로 자리매김한다. 그래야 한국인을 한국인답게 하는 문화적 역할을 할 수 있다. 민족문화 가운데서도 한국인을 한국인답게 하는 문화는, 통시적으로 전통적 성격을 지니고, 공시적으로는 민중적 성격을 지닌 민속문화라 할 수 있다. 민속은 더 많은 사람들이 더 자유롭고 더 풍요로운 삶을 추구하는 지속 가능한 삶의 양식으로 규정된다.

사실 한국문화의 특성, 혹은 정체성을 한 마디로 규정하는 것은 불가능한 일일지도 모른다. 왜냐하면 문화라는 것이 매우 추상적이며 복합적인 것을 포함하며 지속성과 변화성을 동시에 지니고 있기 때문이다. 따라서 문화를 바라보는 시각은 입체적이어야 하며 유동적이어야 한다. 예를 들어 한국의 문화는 은근함이 특징이라고 할 때, 그것이 현재도 그러하며, 대표적인가, 대중적인가를 고려해야 한다. 집단주의가 특징이라고 할 때 현대 신세대의 개인주의적 성향은 어떻게 처리해야 하는가 하는 데까지 논의가 진행되어야 한다. 따라서 한국문화, 혹은 한국인의 문화는 단선적으로 정의해서는 안된다. 이에 문화에 접근하는 방법 가운데 하나인 가치성(가치 지향)을 기준으로 한국문화를 살피는 것이 보다 효과적이라 할 수 있다.

---

4) 임재해(1998), 「한국 민중문화와 민속문화, 그리고 민족문화」, 『전통과 현대』 4, 전통과 현대사, pp.52~75.

한국의 가치 문화는 통시적, 공시적으로 살필 수 있다. 전통 사회에서의 한국인의 가치관은 인본주의, 권위주의, 집단주의, 가족주의로 요약된다. 그러나 근대화를 거치면서 자연친화적 인본주의는 물질중심문화로 선회하였고, 권위주의는 민주주의, 평등주의를 포함하는 데까지 이르렀다. 집단주의는 합리주의를 내세우는 개인주의와 대립하면서도 공존한다. 이는 한국인의 가치관이 다양하면서 중층적이라는 것을 뜻한다. 근대화를 기준으로 삼는다면 한국문화가 원래 이중적 구조를 취하는 특성을 지닌 것일 수도 있다. 이를 소위 '이중가치체계'5)라고 하는데, 이중가치체계란 동일한 상황에 성격을 달리하는 두 개의 규범이 공존하면서 행위자의 선택에 따라 규범의 적용이 달라지는 것이다. 이는 가치체계의 과도기적 이중성과 가치체계의 구조적 이중성으로 구분된다. 각 개인은 전통문화에 집착하면서도 동시에 새로운 문화를 열망하는 이중적 태도를 갖게 된다. 전승자로서의 '나'와 새로운 문화를 창조하려는 개척자로서의 '나'가 한 개인 내에 공존한다는 것이다. 또한 한국 사회에는 겉으로 드러나 있는 명시적 규범(법, 규칙, 제도 등)의 구조와 겉으로 잘 드러나지 않고 진행되는 암묵적 규범이나 행동원리 간에 상당한 불일치가 발견된다. 현대 한국인의 행동에 감추어진 의미 구조를 분석해 보면 이러한 이중가치체계의 특징을 더욱 명확히 알 수 있다. 예를 들어, 한국문화 특징 중의 하나인 '우리' 의식도 그 내면을 들여다보면, 인륜성(人倫性) 개념의 공동체 의식과는 기원이 다른 의식으로, 참된 공동체가 갖는 우리 의식인 '우리'가 없는 '우리' 의식이다. 즉 가족주의, 혈연주의, 지연주의, 학연주의, 집단 이기주의 등과 같이 이해관계에 얽힌 '우리' 의식인 것이다. 이해관계에 따라 열리고 닫히는 이러한 '우리' 의식은 문화 산출의 토대가 되는 문화 의식과 타자와의 통합 과정에서도 이중적 잣대로 계속 작용하여 세계화 시대에 다문화 가정 문제, 외국인의 국적법

---

5) 신수진·최준식(2002), 『현대한국사회의 이중가치체계』, 집문당, pp.15~109.

획득문제, 외국인 노동자 차별 대우 등 시대착오적인 행보를 낳고 있다. 이러한 이중성의 근원6)은 급속한 근대화 과정에서 겉으로 드러나는 규범적·제도적 측면만 근대화되고 내면에는 아직도 전통적인 유교적 가치가 남아 있기 때문이다.

한국문화 특성의 원류를 무(巫)에서 찾는 연구7)도 있다. 즉 무(巫)는 한민족의 종교와 문화의 기반이자 생명이고, 조상 숭배의 신앙이자 축제이고 살아있는 신화의 세계라는 것이다. 아직도 대부분의 한국 가정에서 이사를 가거나 혼인날을 받을 때는 길일을 택하여 하는 것이나 새로운 건물을 신축하거나 새로운 사업을 시작할 때 고사를 지내는 풍습 등은 이러한 무(巫)의 근원을 뒷받침한다고 볼 수 있다. 그러나 불교가 이미 신라 때 전파되어 고려 때까지 깊숙이 뿌리를 내렸었기 때문에 현존하는 문화재의 상당수는 불교와 관련된 것이다. 또한 조선시대에는 국교가 유교였으므로 생활양식이나 가치관은 유교 문화의 영향을 많이 받았고, 유교적인 사고방식과 생활풍습은 현대에도 많이 남아 있다. 유교적 문화재는 특별히 남아 있는 것이 많지 않으나 궁궐이나 서원, 향교, 사대부의 가옥 구조 등은 유교 사상을 반영한 건축물이라 할 수 있다. 남녀를 구별하고 상하를 구별하는 사상이 가옥의 구조에도 반영되었기 때문이다. 그러다가 조선시대 말기에 들어온 기독교가 계속 팽창하고 있어 지금은 기독교적 사고를 하는 사람도 많아졌다.

문화에 의하여 나타나는 문화 현상은 모든 공동체가 똑같은 양상을

6) 김병국(1997), 「반유교적 유교정치 : 한국 정치담론의 모순」, 『전통과 현대』 1(여름호), 전통과 현대사, pp.50~73 ; 함재봉(1997), 「유교와 세계화 : 특수성과 보편성의 문제」, 『전통과 현대』 1(여름호), 전통과 현대사, pp.26~73 참조.
7) 최준식(2002), 『한국인은 왜 틀을 거부하는가』, 소나무 ; 최준식(2005), 『한국의 종교, 문화로 읽는다』 1권, 사계절 ; Covell, Jon Carter, 『한국문화의 뿌리를 찾아 : 무속에서 통일신라 불교가 꽃피기까지』, 김유경 역(1999), 학고재(코벨 칼럼 1979~1985).

보이지는 않을 것이다, '문화' 자체가 차별성을 전제한 만큼 공동체마다 독특한 문화적 양상을 가지고 있으며 이러한 차별적인 양상의 배경에는 다양한 요인들이 작용한다. 한국의 경우도 역시 독특한 문화적 양상을 보이는데 여기에 영향을 미치는 요인들은 다양하다. 혹자는 한국문화의 특성을 논하면서 자연적·지리적 요인을 중시하여 지정학적 요인을 그 근원으로 제시하거나 '유교적 가치관'에서 비롯된 가족주의적 특성을 제1요 인으로 제시하기도 한다. 이에 비하여 역사와 문화의 관계를 중시하는 논자는 전통성을 중시하여 도덕, 종교, 예술, 민속, 사상 등을 중심으로 한국문화를 논하기도 한다.

이렇듯 한국문화를 논함에 있어 중요한 특징은 한국의 문화가 전통과 현대의 혼재 양상을 보인다는 점일 것이다. 19세기가 되면서 밀려온 서양의 문화, 즉 정치적으로 서양의 민주주의 제도, 경제적으로 서양의 자본주의, 문화적으로 서양식 문화 등은 불과 50년이 지나면서 전통문화를 근본적으로 흔들고 상당 부분을 대체해 놓았다. 그 과정에서 전통과 현대는 매우 복잡하게 혼재되어 있으며, 그 과정과 정도는 다른 민족에서는 찾아보기 어려울 정도이다. 이러한 혼재 양상이 최근의 세계화, 개방화 바람과 함께 들어서는 세계 문화의 한국 침투에 대해 즉각적인 호기심, 충격, 갈등 등의 양상으로 나타나는가 하면, 한편으로는 한국문화가 세계 문화와 만나 한국문화를 세계에 더 많이 알리고 발전시키는 양면성을 보이고 있다. 이러한 한국문화의 시대적 특징으로 인해 외국인 한국어 학습자에게 비치는 한국문화는 전통과 현대가 어우러진 혼재된 양상의 문화일 것이며, 이들 문화 간의 상호 보완 내지는 갈등으로 이루어지는 역동적인 양상의 문화일 것이다.

한국의 문화는 사회적 특성으로 볼 때 궁중 문화, 양반 문화, 서민 문화로 나눌 수 있고, 종교적으로는 무속 문화(또는 민간신앙 문화), 불교 문화, 유교 문화, 기독교 문화 등으로 나눌 수 있으며, 시대적으로 보면 삼국시대

이전, 삼국시대, 통일신라시대, 고려시대, 조선시대, 일제강점기 문화, 광복
후 문화, 60~70년대 문화, 80년대 문화, 90년 초반 문화, 90년대 중후반
문화, 2000년대 이후 문화 등으로 나눌 수 있을 것 같다. 또한 최근에는
세대별 문화 차이도 보인다.

　여기에서 논한 한국문화의 역사성, 전통과 현대의 혼재, 한국문화의
지속성과 역동성은 한국문화의 정체성을 논함에 있어 중요한 관점이다.
따라서 한국어 교육에서의 문화 교육은 '일반적인 문화 내용'과 '한국문화의
특징적인 양상'의 접맥이 요구된다.

　나. 문화 교육을 위한 한국문화 이해의 시각

　한국어 교재 분석을 통해 한국문화 항목을 추출하고, 문화 항목을 다시
한국어 숙달도별로 단계화한 한국문화 교육 연구물들을 보면, 한국어 교육에
서는, 한국문화를 일정한 지역적 공간에서 구현되는 자체완결적인 실체로
인식하고, 그 실체를 주로 정보적 차원에서 파악하고자 함을 알 수 있다.
즉 문화를 정형화되어 있는 실체로 파악하고 변화하는 흐름을 이해하지
못하고 있다.

　한국문화 교육은 문화 내용에 대한 맹목적인 나열이 아니라 한국문화의
다양성·다층성, 그리고 발전성을 반영하여, 서로 다른 모습으로 나타나는
한국문화의 부분들이라 해도 내면적 상호 관련성을 인지하고 통합적으로
제시하는 것이 바람직하다. 다시 말해 한국문화의 다양한 대외적 의미들,
보편성과 독자성의 문제, 그리고 현대인들이 한국문화를 볼 수 있는 다양한
시각과 그 문화를 실천 과정에서 이용할 수 있는 다양한 용도 등이 설명되어
야 한다는 것이다. 한국문화에 대한 '문맥화(文脈化)'와 '개념화(槪念化)'[8]
된 학습으로 이루어졌을 때 한국문화 교육은 교육적·실천적·가치적 의미를

----

8) 박노자(2000), 「한국문화 교육의 현황과 문제점」, 『한국어교육』 11(2), 국제한국어
　　교육회, p.79.

가질 수 있을 것이다. 아울러 한국문화 교육은 '한국다움'에 대한 고민이 바탕이 된 것이어야 한다. 즉 한국어 교육에서 한국문화는 한국인의 정체성과 한국다움의 실체에 접근하는 코드가 되어야 할 것이다. 문화 교육 내용은 문화사적 보편성과 문화사적 (한국의) 특수성을 반영하는 것, 현재에서 출발하는 것, 비교·문화적으로 접근하는 것 등이 우선 고려 대상이 되어야 한다. 앞에서 열거한 문화 교육을 위한 한국문화 이해의 시각9)을 구체적으로 정리해 보면 다음과 같다.

(1) 한국문화 교육 대상은 과거의 '전통문화'가 아니라 현재의 '문화적 전통'이다.

한국어 학습자를 위한 한국문화 교육의 콘텐츠는 전통사회 문화가 아니라 문화적 전통이어야 한다. 여기서 '전통문화'와 '전통적 문화'는 다른 것이다. 전통적 문화는 과거에서만 찾아지는 것이 아니라 현재에도 상당한 사회적 적합성(relevance)10)을 유지하면서 오늘날 사회성원들의 가치지향이나 규범의 일부를 이루고 있는 문화를 말한다. 그러므로 전통문화에 대한 교육은 그것이 문화적 전통 콘텐츠로 연결될 때 보다 풍부한 의미를 갖게 된다. 그럼에도 한국인들도 향유하지 않는 과거의 문화를 한국어 학습자에게 가르치는 예를 쉽게 찾아 볼 수 있다. 과거의 역사나 문화는 현재의 관점에서 그 중요도가 결정된다. 과거에 아무리 중요한 사건일지라도 현재와 연관이 없으면 우리에겐 그다지 필요 없는 것이다. 따라서 외국인들에게 한국문화를 가르칠 때에도 철저하게 이 관점11)을 유지해야 한다. 문화적 전통을 위해서

---

9) 배재원(2013), 「문화 교육을 위한 한국문화의 이해」, 국제한국언어문화학회 2013년 봄 학술대회 발표문.

10) 최협(1998), 「한국 문화의 연구와 방법」, 『정신문화연구』 21-2(통권 71호), 한국정신문화연구원, p.26.

11) 한국문화에 대한 접근은 동시대적인 관점에서 이루어져야 한다는 것이다. 왜냐하면 한국어 학습자들의 관심 영역과 그것의 효용은 현재의 한국문화에 접점이 있기

는 과거보다는 오히려 현재의 사회적 상황에서 지배적인 관행과 가치를 발견하고 그것이 역사적 맥락에서 변천되어 온 역동적 과정을 다각적으로 분석해 들어감으로 해서 문화 과정에 참여하는 사람들이 거기에 어떠한 의미를 부여했는가를 밝히는 작업도 필요하다.

(2) 한국문화는 '세계사적 보편성'과 '한국사적 특수성'의 맥락에 놓여 있다.

이것은 문화의 보편성과 독자성의 문제다. 한국문화의 실체는 한편으로 국제적인 문화교류와 외래문화 요소의 수용과 토착화 과정의 결과물이었다. 오늘날 한국사회와 문화는 우리가 원하지 않더라도 세계체제의 일부임을 부정할 수 없기에 문화 교육 대상에는 한국문화가 외적 요인에 역동적으로 반응하면서 나름대로의 유형을 구축해가는 과정을 포함시켜야 한다. 즉 한국문화를 보다 큰 세계와의 연관 속에서 파악해야 한다는 것이다. 또한 비교 문화적 접근은 한국문화의 보편성과 특수성을 밝히는 데 매우 유용한 방법이다. 한국의 세계문화유산은 세계사적 보편성과 한국사적 특수성을 잘 반영하고 있어서 한국어 학습자를 위한 문화 교육 내용으로 중요한 아이템이라 할 수 있다.

(3) 한국문화는 '가변적'이며 '역동적'인 실체다.

문화는 시대와 환경에 따라 변화하는 것이다. 그럼에도 한국 또는 한국문화를 세계의 일부로, 세계화의 관련성 속에서 상대화하여 파악하기 보다는 일정한 지역적 공간 속에서 구현되는 경계지운 완전체로 파악하는 경향이 있다. 그러나 문화는 하나의 정형화된 실체가 아니라 '세계 공간'과 '역사 공간'[12] 속에서 다양한 사회집단과 세력들 간의 끊임없는 상호작용을 통하

때문이다. 이는 한국문화 교육 내용 선정 시 고려해야 할 중요한 요소라고 생각한다.

12) 최협(1998), 「한국 문화의 연구와 방법」, 『정신문화연구』 21-2(통권 71호), 한국정신

여 항상 변하는 역동적인 실체다. 따라서 문화는 '고유명사'로서가 아니라 '형용사', '동사'로 접근해야 한다. 여기서 '형용사', '동사'라 함은 품사의 개념이 아니라 문화의 개념과 특징을 대변하는 의미이다. 즉 가변적·역동적인 특성에 초점을 맞춰야 한다는 것이다. 전통적 문화에 대한 접근도 고유명사로서가 아니라 현대적 문화 현상에서 접근하여 역으로 다가가며, 사회·문화적 변화와 함께 목표 문화가 얼마나 가변적이고 역동적이었는지에 대해서도 인지하게 해야 한다. 또한 문화를 가르치는 데 있어서 끊임없이 변하는 문화와 핵심적인 원리로서의 문화 간에 빚는 갈등의 전망을 지켜보아야 할 필요가 있다.

(4) 한국문화의 지층구조는 '중층적'이며 '심층적'이다.

사회적 현상으로 드러나는 가시적인 문화 현상은 빙산의 일각에 불과하므로 문화의 현상과 함께 저변에 중층적으로 형성되어 있는 지층의 모습을 들여다 볼 수 있어야 한다. 이를 위해서는 한국문화에 대한 통합적 접근이 요구된다. 문화적 산출물과 관행에는 한국인의 의식구조와 가치관이 반영되어 있다. 그러므로 흥미 위주로 문화적 산출물과 관행만을 단편적으로 다룬다면 한국문화의 진정한 모습을 간과할 위험이 있다. 또한 문화의 상호관계성을 간과하고 관념문화만을 다룬다면 한국문화를 추상적, 피상적으로 받아들일 수도 있다. 따라서 교육적 접근이 용이한 가시적인 문화 현상을 다루면서, 드러나지 않는 비가시적 움직임·작용으로서의 관념문화도 함께 이해할 수 있도록 교육해야 한다. 한국문화 교육에 있어 한국문화의 중층적, 심층적 구조를 이해하고 목표 문화에 접근하는 것이 중요하다. 기존의 한국문화에 대한 단층적인 접근, 맥락 없는 접근, 분절적인 접근은 한국문화의 이해에 있어 일정한 한계를 가질 수밖에 없다. 따라서 문화

문화연구원, p.25.

요소를 중층적 구조를 조망하는 시야를 가질 수 있도록 해야 한다.

한국문화 교육은 한국문화 이해의 필요성과 목적을 인지해야 할 뿐만 아니라 문화 교육에 대한 인식과 태도, 그리고 한국문화의 특징과 관점을 확보하는 것이 무엇보다 중요하다. 한국문화의 특징에 대한 이해가 전제되어야 학습자가 한국문화를 온전히 알 수 있고, 비로소 객관적인 시각으로 문화를 바라볼 수 있게 될 것이다. 또한 이를 바탕으로 타문화의 평가와 수용에 있어 개방적인 자세를 취할 수 있을 것이다.

2) 한국문화 범주 간의 상호 관계성

한국어 교육에서의 문화 교육은 언어와의 통합을 논하기에 앞서 문화 그 자체에 대한 교육 내용이 먼저 명확히 되어야 한다.

현재 한국어 교육에서의 한국문화 교육은 한국어 교육과정의 설정된 주제와 관련된 문화 내용을 단편적·표층적으로 다루고 있다. 즉 교육목표, 교육과정, 교육내용 등에 있어서 체계적인 문화 교육이 이루어지고 있지 않는 실정이다.[13] 이는 한국어 교재에 반영된 문화 요소가 한국어 학습자의 수준에 맞게 체계적·총체적으로 설계되지 않았으며, 문화 교육 방법도 교사의 개인적인 경험이나 지식에서 나오는 단순한 문화 정보에 의존한다는 점에서 기인한다. 따라서 본서에서는 광범위한 문화 영역을 한국어 학습자를 대상으로 하는 문화 내용으로 범주화하고, 그 범주 간의 관계를 규명하여 문화 교육의 방안 연구의 근거로 삼고자 한다.

가. 교육 대상으로서의 한국문화 범주

---

13) 체계적인 문화 교육을 위해서는 교재 작업 초기부터 문화 항목을 고려하여 한국어 교육과 한국문화가 연계성·통합성을 갖는 주제를 선정하는 과정이 필요하다.

한국어 학습자를 위한 문화 교육은 문화 연구를 바탕으로 하되, 교육 대상으로서의 문화의 단계를 거쳐야 한다. 한국어 학습자가 한국어를 체계적이고 다양한 기능의 언어 능력을 통합적으로 배우듯이 한국문화 역시 한국인과 한국문화를 온전히 이해하기 위해 체계적이고 총체적인 교육이 필요하다는 전제 하에 '일반 문화'를 문화 교육 대상으로서의 범주화를 시도하고자 한다.

(1) 한국문화 범주 설정 기준

한국어 학습자의 언어 능력은 어느 수준을 넘어서면 언어학적 지식의 향상만으로는 이루어지지 않는다. 그렇기 때문에 언어 교육과 문화 교육은 고급 단계로 올라 갈수록 균형 있게 이루어져야 하는데, 현재와 같이 몇몇 문화 항목의 제시만으로 그 균형적인 교육을 달성하기는 어렵다고 본다. 그러나 문화의 모든 내용을 완벽하게 모두 다룬다는 것 또한 현실적으로 불가능한 일이므로 한국어 교육에서의 문화 교육의 목표에 부합하도록 한국문화의 범위를 설정하는 것이 바람직하다.

외국어 교육 전문가들은[14] 외국어 교육에서 학습자들이 문화 교육의 결과, 문화의 무엇을 배워야 하는가에 대해 의사소통의 표준 및 문화적 관습과 산물을 배워야 한다고 강조하고 있다. 문화적 관습이란 행동양식, 즉 무엇을 해야 하며, 어디서, 어떻게 해야 하는가이며, 문화적 산물이란 유형, 무형의 것이다. 다시 말해 문화적 관습이란 앞에서 언급한 바와 같이 이론가들이 종종 소문화(small 'c')라고 하는 것이고 문화적 산물이란 대문화(Big 'C')를 말한다. 그런데 이들 각각의 문화는 모두 독립되어 있는 것이 아니고 유기적으로 연계되어 있음을 강조하고 있다. 문화 범주 간의 유기적 연계성을 강조하고 있다는 것은 두 문화의 범주가 문화 교육의

---

14) Standards for Foreign Language Learning(1996), *Preparing for the 21st Century*, AATF National Commission on Cultural Competence, p.16.

대상이 됨을 의미하는 것이라 볼 수 있다. 또한 AATF(American Association of Teachers of French)는 교실 내에서 효과적으로 문화를 가르치기 위한 기준을 개발했는데, 문화에 대한 지식 평가(assessment of knowledge)[15]에는 생활적인 측면(소문화)과 문명(대문화)이 포함되어 있다.

언어 교육에서 다루어야 할 문화 범주에 대한 또 다른 견해로 맥케이 (Mckay)는 문화 자료를 목표문화 자료, 학습자 자국의 문화 자료, 국제적인 목표문화 자료의 세 가지로 구분[16]하였다. 이 가운데 가장 좋은 것은 국제적인 목표문화 자료라고 보았는데, 이러한 자료의 활용은 오직 목표언어 사회의 문화를 강조하지 않기 때문에 학습자의 흥미를 증가시키며 학습자가 특수한 문화에 동화되는 것에 대해 두려움을 갖는 것을 막아주고 학습자들이 다른 민족의 문화를 존중하도록 도와줄 수 있다는 측면에서 의의가 있다.

이러한 언어 교육에서의 문화 교육 대상에 대한 설정은 한국어 교육에서 다루는 문화의 범주에도 적용할 수 있다. 의사소통 능력 향상을 위한 담화 상황에 나타난 문화적 현상에서부터 일상생활과 관련된 생활문화와 전통적 문화유산 및 한국인의 의식구조와 가치관을 담지하고 있는 관념문화까지 모두 한국어 문화 교육의 내용으로 설정되어야 한다. 따라서 이렇게 광범위하고 다양한 문화 요소들을 분류하고 선정하는 것에는 일정한 기준이 필요하다. 그러나 어휘나 문법과 같이 학습자가 알아야할 일정한 규칙이 존재하는 언어와는 달리, 가치관과 의식 구조, 상징성들이 내포되어 있는 문화에 엄밀하고 표준화된 준거를 설정하는 것은 어려운 작업이다.

어떤 기준에서 문화의 범주와 내용을 설정할 것인가 하는 문제에서 주목해야 할 것은 '적합성의 선별'[17]이다. 이러한 적합성의 선별은 학습자를

---

15) 인지적 기능(cognitive skills)을 가리킨다.

16) McKay, S. L.(2000), Teaching English as an international language: Implications for cultural materials in the classroom, *TESOL Journal*, 9(4), Alexandria, VA: Teachers of English to Speakers of Other Languages, Inc., pp.7~11.

17) Galisson, R.(2000), 『일반 외국어 교육학』, (한상억 역) 만남(원전 출판연도 1980).

152

신뢰하며, 학습자에게 학습에 책임감을 갖게 하고, 목표언어 사회에서 필요한 것이 무엇인지를 스스로 발견하게 하는 관점에 토대를 두어 유연한 방법으로 수행된다. 이러한 선별은 가르칠 것을 제한하기 위해서가 아니라 필요에 적합하고, 활용할 수 있는 것을 선택한다는 '기능화'의 원리와 또 그렇게 하려면 결국 교사의 문화 교육에 대한 가치관과 기준에 따라 선택할 수밖에 없다는 '개별화'의 원리에 근거를 두고 이루어진다.

(2) 한국문화 내용 설정 기준

(가) 문화 내용 설정의 원론적인 기준

문화 교육 내용은 실제로 사실과 관련된 정확하고 동시대인의 관심이 대상인 것이라야 한다. 그리고 문화 정보는 과거의 것보다는 현대적인 것이라야 할 것이다. 한국의 전형적인 요소에 관한 내용에 있어서는 학습자들이 그것을 절대적인 것으로 인정하지 않도록 그 내용을 조심스럽게 제시해야 할 것이다. 제시되는 이미지는 사실에 입각한 것이어야 한다. 또한 이념적인 내용은 어느 한쪽에 치우치지 않는 객관성을 띠는 모습으로 제시해야 한다. 그리고 각 사회의 지배적인 현상들은 학습자들이 비판이나 비교를 통해 받아들일 수 있도록 구조적, 기능적 맥락 속에서 표현되어야 한다.

한국어 교육에서의 문화 내용 선정 기준으로 '기능성', '균형성', '대표성', '긍정성'[18]을 꼽기도 한다. 기능성은 일상생활에서 문화 충격을 가장 심하게 겪는 초급 학습자의 문화 교육에서 가장 중요한 요건으로 경어법, 화법, 호칭어, 의식주와 관련된 일상생활 양식, 동작언어 등이 이에 속한다. 균형성은 이들 기능적인 문화와 가치관이나 의식 등의 비기능적인 문화, 성취문화와 정신문화, 전통문화와 현대문화가 균형적으로 반영되어야 함을 의미하되

---

18) 초급에 한정했다는 것에 한계가 있지만 실용적인 차원에서의 문화 내용 선정 기준으로 참고할 만하다. 박나리(2003), 「중국인 초급 한국어 학습자를 위한 기초 문화항목」, 『중국에서의 한국어 교육 Ⅳ』, 연변과학기술대학 한국학연구소.

양적 비율이 아닌 질적 비율의 조화를 말한다. 대표성은 비기능적인 문화의 열세를 질적으로 보완하기 위해 요청된 요건으로서 한국문화를 대표적으로 잘 반영한다고 공인받고 특수한 지역적, 계층적 요인이 연루되지 않은 것으로 선정해야 한다. 긍정성은 문화충격으로 인해 자칫 부정적인 목표문화에 대한 인식을 가질 수 있는 초급 학습자를 위해 반드시 필요한 요건으로서 목표언어 사회 문화에의 적응뿐만 아니라 목표언어 학습에의 동기도 높일 수 있는 것이다.

한국어 학습자들에게 제시할 문화 내용은 역사적으로 중요한 가치가 있어서 한국의 문화 흐름에 큰 영향을 끼쳤거나 일상생활의 한 부분으로서 현재까지 영향을 주고 있는 것들로 분류된 여러 부분을 선별해야 한다. 또한 개념이나 용어와 관련된 부분은 한국어 학습자들에게 주체적으로 다룰 필요는 없으며 성취문화와 관련된 것은 한국을 상징할 수 있는 대표적인 것을 중심으로 구성할 필요가 있다. 또한 제시하는 문화 요소의 정보적인 가치를 중시한다면 학습자들이 실제적인 정보로 인식할 수 있도록 현실성이나 사실성이 바탕이 되어야 한다.

앞에서 논의한 것을 바탕으로 하여 문화 내용 설정의 원론적인 기준을 다음과 같이 제시할 수 있겠다. 첫째, 세계 공통 문화 요소, 즉 세계사적 보편성과 한국이 특수성을 동시에 부각할 수 있는 문화 요소, 둘째, 한국인에게 보편적인 문화 요소, 셋째, 세계적으로 관심을 받고 있는 한국의 문화 요소, 넷째, 세계적으로 높이 평가 받고 있는 한국의 문화 요소,[19] 다섯째, 한국 문화를 총체적으로 이해할 수 있는 문화 요소, 여섯째, 전통문화라면 현대에도 지속적으로 향유될 수 있는 보편성을 지닌, 즉 전통문화 교육의

---

19) 이에 대한 대표적 예는 세계 유네스코 문화재라 할 수 있다. 2013년 10월 현재 등재된 한국의 세계유산(world heritage)을 다음과 같이 정리하였다. 한국의 세계유산은 세계사적 보편성과 한국의 특수성을 잘 반영하고 있어서 외국인을 위한 문화 교육 내용으로 중요한 아이템이다.

유형	내용
세계유산 (문화유산/ 자연유산/ 복합유산)	하회·양동마을(2010) 조선왕릉(2009) 제주 화산섬과 용암동굴(2007) : 한라산, 성산일출봉, 거문오름, 용암동굴계 경주역사유적지구(2000) 고인돌 유적(고창·화순·강화)(2000) 수원화성(1997) 창덕궁(1997) 종묘(1995) 해인사 장경판전(1995) 석굴암·불국사(1995)
인류무형문화유산	아리랑(2012) 한산모시짜기(2011) 택견(2011) 줄타기(2011) 매사냥(2010, 다국적유산) 대목장(2010) 가곡(2010) 처용무(2009) 제주 칠머리당영등굿(2009) 영산재(2009) 남사당(2009) 강강술래(2009) 강릉단오제(2005) 판소리(2003) 종묘제례 및 종묘제례악(2001)
세계기록유산	새마을운동 기록물(2013) 난중일기(2013) 일성록(2011) 5·18 민주화운동 기록물(등재명 : 인권기록유산)(2011) 동의보감(국립중앙도서관 및 장서각 소장, 2009) 해인사 고려대장경판 및 제경판(해인사 소장, 2007) 조선왕조 의궤(서울대 규장각, 2007) 승정원일기(서울대 규장각, 2001) 불조직지심체요절 하권(프랑스국립도서관, 2001) 훈민정음 해례본(간송미술관 소장, 1997) 조선왕조실록(서울대 규장각, 1997)

효용으로서 현대적 의미를 담지하고 있는 문화이다.

(나) 실제 한국어 교육 현장에의 문화 내용 적용 준거

한국문화를 교육 대상으로 보고, 문화 교육에 적합성을 갖는 문화 내용을 설정하였더라도 문화 교육이 이루어지는 한국어 교육 현장에서의 실제적 적용이라는 현실적인 문제가 남는다. 이에 문화 내용을 실제 현장에 적용하는 데에 있어서 주제가 적절한지, 실제적인지, (교실 밖의) 다양한 문화 활동으로의 연계 가능성이 있는지, 한국어 능력 향상에 얼마나 기여하는지, 매스 미디어 자료의 활용 가능성이 높은지 등을 준거로 적용하여 문화 내용을 선정한다면 효과적이고 효율적인 문화 교육이 이루어질 수 있다. 선정 기준과 그에 따른 세부 사항을 다음과 같이 정리할 수 있다.

<표 18> 문화 내용 선정 준거

선정 준거	세부 사항
주제의 적절성 (실제성)	1. 학습자들이 흥미와 관심이 있는 주제인가? 2. 학습자들이 일상생활, 실제 경험과 관련된 친숙한 주제인가? 3. 외국인 학습자가 공부할 만한 가치가 있는 문화 주제인가? 4. 세계사적 보편성과 한국의 특수성이 잘 나타나서 비교 토론이 가능한 주제인가? 5. 정치·경제·사회적으로 첨예하지 않은 주제인가? 6. 전통문화라면 현대에도 지속적으로 향유되고 있는 주제인가?
다양한 문화 활동으로의 연계 가능성	1. 한국문화 강의 등으로 연계 수업이 가능한가? 2. 한국문화 현장체험, 한국문화 현장답사와 연계가 가능한가?
한국어 능력 향상에의 기여도	1. 언어활동으로 전이가 가능한가? 2. 문화 수업 과정과 결과가 한국어 능력 향상에 기여하는가?
매스미디어 자료의 활용 가능성	1. 실제의 생생한 자료를 제공할 수 있는가? 2. 다양한 매체를 이용한 시청각 교육 접근이 용이한가?

여기에서 보듯이 주제 적절성의 준거는 앞에서 제시한 문화 내용 설정의

156

원론적인 기준과 맥을 같이 하고 있다. 그럼에도 실제 교육 현장에서는 주제의 적절성에 있어서 더 민감하다. 한국어 교육 현장은 다양한 문화권의 학습자들이 함께 하는 수업이므로 정치·경제·사회적으로 첨예한 주제, 예를 들어, 독도 문제, 문화재 반환 문제, 종교 문제, 국제 관계 등과 같은 문제에 대해서는 신중히 접근해야 하기 때문이다.

또한 다양한 문화 활동으로의 연계 가능성 기준은 한국어 수업 시간에 배운 문화 내용을 교실 밖의 다양한 문화 활동으로 확장하여 활동함으로써 한국문화에 대한 깊이 있는 이해와 한국어 능력 향상에 대한 동기를 부여할 수 있다는 점에서 의의가 있다. 이때 교실 밖 문화 수업은 한국문화 현장 답사, 탐방 및 체험 등 활동 중심으로 설계하여 화석화된 문화 교육이 아닌 실제 살아있는 한국문화 현장 체험의 시간을 가질 수 있도록 구성해야 한다. 한국문화 현장 체험이 교실 수업의 맥락 속에서 이루어지지 않거나 학습자에게 현장 체험 학습에 대한 주제와 활동에 대한 정보가 제공되지 않는다면 학습자는 현장 체험 학습에 대해서 언어적으로나 심리적으로 부담을 가지게 될 수 있으며, 나아가 문화 교육의 실행이 학습자의 진정한 문화 이해 능력으로 전이되기는 어려울 수 있다. 현장 체험 학습에서 가장 중요한 것은 체험 전에 이루어지는 사전 정보 공유20)이다. 따라서 교실 내 한국문화 교육 연장선상에서 한국어 학습자의 변인에 의한 차별화된 현장 체험을 설계하고 제시해야 한다. 교실 내 한국문화(한국어) 수업과 연계할 수 있는 문화 활동의 실례21)를 정리해 보면 다음과 같다. 한국어

20) 현장 체험 전에 이루어지는 사전 정보 공유의 중요성을 강조한 논지는 Jourdain에서도 확인할 수 있다. Jourdain은 현장 체험에 많은 시간을 할애하기 어려운 실제 교육 현장의 특성을 고려할 때, 사전 정보를 어느 정도 제시하는 것이 학습자의 시행착오를 비교적 줄여주면서 적은 시간에 최대한의 교육 효과를 끌어내게 할 것이라고 하였다. Jourdain S.(1998), Building Connections to Culture: A student-Centered Approach, Foreign Language Annals, 31-3, ACTFL. pp.439~447 참조.
21) 본 연구자는 교육과학기술부의 지원 하에 이화여자대학교 언어교육원에서 2009년부터 4월부터 2010년 4월까지 책임연구원으로 문화 프로그램 구축작업을 진행한

수업과 연계된 교실 밖 활동이므로 단계별 한국어 교재에 등장하는 문화 요소와 연결하여 문화 수업을 구성해 보았다.

<표 19> 교실 내 문화 수업과 연계된 문화 활동의 예

문화 활동	구체적 활동 내용
태권도 시범 관람 및 체험	정통 태권도 시범을 관람하고 태권도의 기본 동작을 배워 보기.
한국 요리 체험	한국의 전통 소스라 할 수 있는 간장, 된장이 들어간 한국 음식(불고기, 된장찌개)을 만들어 보기.
DMZ 체험	세계 유일의 분단국가인 한국의 상황을 직접 느껴볼 수 있는 DMZ를 탐방하기. 예통 절차를 거쳐 제3땅굴 견학하고, 평화자유지대, 도라전망대, 도라산역을 둘러보기.
영화 세트장 관람 및 시네에듀투어 체험	외국인에게도 널리 알려진 영화 '공동경비구역 JSA' 촬영 세트장을 관람하고, 직접 영화의 한 장면을 찍어보고, 더빙 작업을 해 보기.
사찰 생활 체험 (템플 스테이)	절 배우기, 법문 듣기, 명상, 산행, 공양 등 사찰 생활을 체험해 보기.
창덕궁 관람	유네스코 세계문화유산인 창덕궁을 돌아보며 한국의 궁궐 건축과 한국 건축의 자연미를 느낄 수 있는 정원(부용정, 부용지)을 탐방하기.
수원 화성 탐방	유네스코 세계문화유산으로 등재된 수원 화성을 탐방하기. 서장대와 화성행궁을 답사하고, 창룡문에서 장안문까지 성곽을 도보로 체험하기.
강화도 탐방	구석기 시대부터 근대에 이르는 역사를 담고 있는 강화도를 탐방하기.

또한 문화 내용의 실제 적용에 있어 한국어 능력 향상에의 기여라는 준거는 특히 의사소통 능력 향상이라는 패러다임에서는 가장 중요한 요소라고 할 수 있다. 목표 문화 내용 이해의 전후 활동에 문화 내용을 활용한 언어활동으로 전이가 가능한지 구상해보는 것도 교재 제작 작업 시 우선적으

바 있다. 여기에 제시한 교실 밖 문화 활동은 한국어(한국문화) 교육과정과 연계하여 단계별 한국문화 현장 체험으로 실제 현장에서 운용한 내용이다. 따라서 문화 내용은 이화여자대학교, 『말이 트이는 한국어』 1~5권 교재에 근거한다.

158

로 고려해야할 부분이다.

마지막으로 문화 교육에 있어 매스미디어의 활용 역시 중요한 부분을 차지하고 있다. 목표 언어 사회의 역사, 지리, 사회 및 예술을 종합적으로 이해하는 것을 목표로 하는 문화 교육에서 실제로 보고, 듣지 못한다면 이해하기가 어려울 뿐더러 대중매체를 활용한 시청각 자료 없이는 학습자들의 흥미도 지속적으로 유지하기 쉽지 않기 때문이다. 따라서 문화 교육에 있어 시청각 자료의 활용은 필수적이다. 그러나 문화 교육 관점에서 충분히 설계되지 않고 무분별하게 활용되고 있는 경향이 있다. 인터넷 기술의 발달과 보급으로 한국어 학습자가 가장 먼저 접하게 되는 한국문화는 한국의 드라마와 영화, 가요 등 한국의 대중문화라 해도 과언이 아니다. 실제 한국어 교육 현장에서도 목표 문화에 대한 어떤 설명보다도 드라마와 영화의 한 장면을 보여줌으로써 이해하게 하는 것이 효과적일 때가 많다. 문화 교육의 목적으로 매스미디어를 활용할 때는 문화 교육의 목표와 문화 교육적 의의 및 역할을 우선적으로 고려해야 한다. 그러나 문화 교육을 목표로 하는 매스미디어 활용일지라도 한국어의 수준을 감안하지 않으면[22] 오히려 매스미디어의 활용이 제대로 이루어지지 않을 수 있다.

그렇다면 한국문화 이해의 시각을 견지하며, 한국어 교육 현장에서의 실제적 적용이라는 측면에서 한국문화 내용 선정 준거에 부합하는 문화 주제는 무엇일까.

---

22) 매스미디어 활용의 잠재된 단점 가운데 하나는 인지적 정보의 과다이다. 이점에 있어서 Just와 Carpenter의 정보처리 이론에 따르면 인간은 집중력과 처리 능력에 있어서 한계를 가지고 있다고 한다. 즉 정보를 처리하는 개인의 능력은 한계가 있으며 따라서 제한적이라는 것이다. 결과적으로 만약 학생들이 비디오를 보는 동안 비디오가 그들의 기억에서 높은 인지도를 필요로 하기 때문에 언어적 요소를 해석하는 데 집중을 한다면 그들은 그 비디오 내에 내재된 문화적 요소를 처리하는 과정에서의 능력이 제한적일 수 있다. Just, M. A. & Carpenter, P. A.(1992), A Capacity theory of comprehension: Individual differences in working memory, Psychological Review, 99, American Psychological Association, pp.122~149.

'사물놀이'는 전통예술을 현대사회에 맞도록 재창조하여 크게 성공한 대표적인 사례로서 통시적 문화 요소를 담고 있는 문화 주제이면서 현재적 관점에서 접근하여 한국의 문화적 맥락을 논의할 수 있는 좋은 주제다. 특히, '풍물놀이-사물놀이-난타'로 연결되는 한국 예술문화의 중층성과 역사적 맥락성을 잘 볼 수 있으며, 한국문화 요소지만 세계사적 보편성과 한국사적 특수성, 그리고 '전통예술의 현대화'라는 관점에서 학습자 자국 문화와의 비교 토론이 가능한 주제다. 또한 다양한 문화 활동으로의 연계 가능성 면에서도 공연 관람 및 현장 체험과의 연계가 가능하며, 매스미디어의 활용도 용이하다.

(3) 한국문화 범주 설정

한국어 학습자를 대상으로 하는 문화 교육 내용은 한국문화에 대한 다각적인 접근이 부족하여 문화에 대해 단면적으로 접근하거나 소재 선정에 집착하는 경향을 보인다. 게다가 문화 교육 내용의 소재에 있어서는 접근이 용이한 문화유산 차원의 전통문화나 언어와 행동 중심의 단편적 생활문화, 학습자가 흥미를 갖는 대중문화 현상 등에 치우쳐 있다고 해도 과언이 아니다. 반면 한국사회가 안고 있는 갈등과 논쟁의 국면들을 문화 교육 소재로서 아예 제외시키고 있다. 한국문화 교육의 주요 목적은 학습자들은 자국 문화와 목표 문화의 문화적 차이뿐 아니라 목표 사회 문화의 갈등적 요소들에 대한 이해를 통해 심층적으로 그 문화에 접근하게 하는 것이다. 그러나 현재의 문화 교육은 한국문화를 단순화하는 경향이 있다. 우선 문화 교육 대상으로서 문화를 범주화한 기존의 논의들을 살펴보면 다음과 같다.

<표 20> 문화 범주에 대한 논의들

	문화의 범주
박갑수(1998)	성취문화/행동문화(행동방식), 현상적 문화/가치적 문화/현대문화
박영순(2002/2003)	정신문화, 언어문화, 생활문화, 예술문화, 제도문화, 학문문화, 산업 기술문화, 문화재
배현숙(2002)	의식주, 문화명소, 무형 문화재, 사고방식
민현식(2004)	문자문화/역사, 언어문화/매체, 언어문화/대중, 언어문화/영상, 언 어문화/의사소통 문화/방언 문화/국제 한국어 문화
조항록(2004)	의식주 문화, 역사 문화, 민속 문화, 사상 문화, 관념과 가치관, 일상생활문화, 제도문화, 예술문화, 문학
권오경(2006/2009)	성취문화(언어문화, 생활문화, 예술문화, 고급문화, 제도문화, 문화 재, 과학기술문화, 학문, 물질문화), 행동문화(언어행위, 준언어행 위, 비언어행위), 관념문화(가치관, 정서, 종교 및 종교관, 상징체계, 민족성)

여기서 보듯이 한국어 교육에서 다루어야 할 문화의 범주는 민현식의 논의23)를 제외하고는 모두 거시적·문화적 관점과 종합적 관점에서 범주화 하였다. 그러나 한국어 교육에서 다루어야 할 문화의 범주를 어느 관점에서 설정하든 모두 문화의 범주화를 평면적으로 나열하고 각각의 문화의 범주가 어떤 상호관계성을 갖는지에 대한 것은 보여주지 못하고 있다.

교육 대상으로서의 문화를 범주화하기 위해서는 우선 문화를 분류해야 한다. 문화 분류의 방식을 문화의 주제를 기준으로 분류하는 방식과 문화 요소의 양태를 기준으로 분류하는 방식으로 대별할 수 있다.24) 주제 분류는 학습자와 교사의 편의성을 도모하는 경향이 강하며, 양태 분류는 분류학적 명징성을 도모하는 경향이 강하다. 주제 분류의 편의성이 그 동안의 관용에 의한 측면이 강하다는 점에서 그것은 한국문화의 특수성을 반영하는 데

---

23) 민현식은 한국어 교육에서 다루어야 할 문화를 미시적·언어적 관점에서 범주화하였 다고 볼 수 있다.

24) 김문용·이정주(2003), 「조선시대 문화 분류를 위한 '주제·양태 결합 분류체계' 연구」, 『민족문화연구』 38, 고려대학교 민족문화 연구원 한국문화연구소, pp.12~13 참조.

유리하다고 볼 수 있다. 반면에 양태 분류는 그 명징성이 항목의 논리적인 분할에 근거한다는 점에서 통시대적·범세계적 보편성으로의 가능성을 많이 함축하고 있다고 볼 수 있다.

　문화가 여러 부면으로 둘러싸여 형태를 이루는 일종의 입체적 구조물이라고 할 때, 그 각각의 부면은 동일한 양태적 특성을 지닌 요소들의 집합으로 이루어진다. 따라서 문화 요소를 양태적 특성에 따라 분류하는 일은 곧 문화라는 입체 구조물의 각 부면을 구성하고 나아가 그것의 전체적인 양상을 드러내는 데 기여할 수 있다. 또한 존재 양태에 의한 분류는 문화를 다루는 관점과 방식과도 연결되어 있다고 할 수 있다.

　교육 대상으로서의 문화를 범주화하고 분류하는 기준으로 씨실과 날실처럼 우선 문화의 존재 양태로 범주화하고 그 안에 문화 내용을 주제에 따라 다시 분류하려고 한다. 이는 분류 과정에서 시각적 효과를 극대화하고 한국문화에 대한 새로운 이해의 틀을 마련하여 문화에 대한 분석적 이해를 강화할 수 있다는 점에서도 큰 의미를 갖는다.

　문화 범주화 작업에 본격적으로 들어가기 전에 문화관광부가 2006년에 발표한 '100대 민족문화상징'의 분류를 살펴보기로 하겠다. 문화관광부는 우리 민족이 과거부터 현재에 이르기까지 공간적·시간적 동질감을 바탕으로 형성해 온 문화 중 대표성을 지닌 민족문화상징 100개를 선정하여 발표했다. 문화관광부는 '우리 민족의 문화 유전자(DNA)를 찾기 위해 전문가 자문과 3,000여 명의 설문 조사를 거쳐 전통과 현대를 아울러 한국을 대표할 수 있는 100대 민족문화상징을 최종 선정하였다. 선정 기준은 우리 민족의 민족적·사회적 관습을 형성하는 문화의 원형으로서 상징성을 갖고, 문화 예술적 콘텐츠로서 활용이 가능하며, 유네스코 지정 문화재 등 세계화에 기여도가 높은 것이라고 밝히고 있다.

162

<표 21> 100대 민족문화상징

분야	세부분야	선정
민족상징 (2개)	민족상징	태극기, 무궁화
강역 및 자연 상징(19개)	강역	독도, 백두대간, 백두산, 금강산, 동해 대동여지도
	경관	황토, 갯벌, 풍수
	동식물	소나무, 진돗개, 호랑이, 한우
	과학 기술	천상열차분야지도, 거북선, 측우기, 물시계와 해시계(자격루와 앙부일구), 수원화성, 정보통신(IT)
역사 상징 (17개)	선사	고인돌, 빗살무늬토기
	도읍	서울, 경주(서라벌), 평양(아사달)
	인물	단군, 광개토대왕, 원효, 세종대왕, 퇴계(이황), 이순신, 정약용, 안중근, 유관순
	사찰	석굴암
	현대사	비무장지대(DMZ), 길거리 응원
사회 및 생활 상징(34개)	경제	오일장(장날), 잠녀(해녀)
	마을 생활	강릉단오제, 영산줄다리기, 솟대와 장승, 두레, 정자나무. 돌하르방
	의생활	한복, 색동, 다듬이질
	식생활	김치, 떡, 전주비빔밥, 고추장, 된장과 청국장, 삼계탕, 옹기, 불고기, 소주와 막걸리, 냉면, 자장면
	주생활	한옥, 온돌, 제주도돌담, 초가집
	건강 체육	동의보감, 인삼, 태권도, 씨름, 활, 윷놀이
	교육	서당, 한석봉과 어머니
신앙 및 사고 상징(9개)	불교	선(禪), 미륵
	유교	효(孝), 선비, 종묘와 종묘제례악
	무속25)	굿, 서낭당, 도깨비, 금줄
언어 및 예술 상징(19개)	언어	한글(훈민정음)
	기록	한지, 조선왕조실록, 팔만대장경, 직지심체요절
	미술	고구려 고분벽화, 반가사유상, 백제의 미소(서산 마애삼존불상), 고려청자, 백자, 분청사기, 막사발
	연희	풍물굿(농악), 탈춤
	음악	판소리, 아리랑, 거문고, 대금
	문학	춘향전

---

25) 사회적 변화에도 불구하고 한국인의 의식과 삶 속에 깊이 스며있는 민간신앙적 요소는 여전히 한국인의 삶 곳곳에 남아 있으며, 의식적, 무의식적으로 그와 관련된 사고와 행위를 하고 있다. 특히 무속과 같은 민간신앙은 민간층을 중심으로 전승되고 관습적으로 내면화되어 한국문화의 기저에 깔려 있기 때문에 한국인의 기본적인

100대 상징은 분야별로 고르게 선정하기 위해 민족상징, 강역과 자연 상징, 역사 상징, 사회와 생활 상징, 신앙과 사고 상징, 언어와 예술 상징 등 6대 분야로 나뉘어 발굴됐다. 특히 남북에 공통적으로 중요한 상징이나 독도, 고구려 고분 벽화 등 국제적 쟁점이 되는 것도 상당 부분 포함시켰다. 그러나 국제적 쟁점이 되는 항목은 한국어 교육 현장에서 활용하기 어려운 점이 있을 것으로 판단된다. 한국문화는 우선 존재 양태 분류에 따라 성취문화(물질적 생산물, Cultural Products), 행동문화(행동유형, Cultural Practice), 관념문화(가치관, Cultural Perspective)[26]로 범주화 할 수 있다.

성취문화(Cultural Products)는 한국인이 이룩한 소산물로서의 문화를 말하는데, 언어문화를 포함하여 생활문화(의, 식, 주, 여가생활), 예술문화(대중문화 : 대중음악, 무용, 미술, 영화, 연극, 고급문화 : 고급음악, 무용, 미술, 영화 연극), 제도문화(법, 정치, 사회, 교육, 언론), 문화재(전통 및 현대 무형, 유형문화재), 과학기술문화, 학문, 물질문화 등이 모두 이에 해당한다. 또한 상징체계로서 자연생물문화도 여기에 포함시킬 수 있다. 즉 민족적 정서나 기질을 상징하는 자연 생태물을 말하는데, 2006년 문화관광부가 선정한 100대 민족문화상징 항목 중 '강역 및 자연 상징'으로 선정된 항목과 '민족상징'으로 선정된 항목[27]이 여기에 해당된다.

행동문화(Cultural Practice)는 언어행위(표현과 이해)와 준언어(제스처, 윙크 등), 비언어적 행위(일상적 행위)로 나눌 수 있다. 행위 자체가 문화적 의미를 가질 때, 즉 상징화된 행동이거나 유의미한 행위일 때 문화 교육의

심성과 의식체계를 이해하는 데 필수적인 문화 요소다. 최준식(2005), 『한국의 종교, 문화로 읽는다』 1권, 사계절 참조.

26) National Standards in Foreign Language Education Project(2006), *Standards for Foreign Language Learning in the 21th Century*, pp.31~69, National Standards in Foreign Language Education Project 참고.

27) 권오경(2009), 「한국어교육에서 문화교육 내용 구축 방안」, 『언어와 문화』 5(2), 한국언어문화교육학회, p.56.

대상이 된다. 이들은 일종의 행위소로서 문화소가 행위를 발현하는 데 필요한 도구이자 지배소이다. 만약 행동문화구조도(모형)를 그린다면 발화 상황, 대화자, 대화주체, 언어적 행위소, 준언어적 행위소(말의 억양, 속도 등), 비언어적 행위소(몸짓, 태도, 거리, 시간 등) 등을 종합적으로 고려해야 한다.[28] 그러나 무엇보다 문화 교육적 관점에서 접근한다면 비언어적 문화 항목에 주목할 필요가 있다. 비언어적 문화는 문화 관습의 태도 및 의식구조 와 가치적 성격이 강하므로 사회적으로 관습화되어 일정한 상징을 획득하게 된다. 따라서 행동문화는 어떤 상황에서 표현되며, 그 의미가 무엇인지는 사회문화적 측면에서 학습되어야 한다.

관념문화(Cultural Perspective)는 정신문화에 해당하는 것으로 가치관, 민족성, 세계관, 정서, 상징체계, 사상, 종교 및 종교관, 민간신앙 등이 포함된다. 이러한 관념문화는 시대에 따라 변화하므로 변화를 야기하는 다원적인 원리나 법칙을 찾아내는 것[29]도 중요한 부분이다. 관념문화(가치 관)는 불가시적인 것이기 때문에 외국인이 이해하기가 매우 어려운 부분임 에는 틀림없다. 따라서 학습 과정에서 관념문화가 표출되거나 관념문화와 관련 있는 성취문화와 행동문화와 통합적으로 제시하여 이해시키는 것이 바람직하다. 문화권간의 의사소통에서 목표어의 발화를 가능하게 하는 행동양식이나 가치체계의 바탕이 되는 관념문화를 이해하는 것은 매우 중요한 일이다. 따라서 관념문화 항목들과 관련되는 성취문화나 행동문화의 내용을 구성하여 제안하는 것이 바람직하다. 또한 이렇게 된다면 한국인의 행동유형과 가치관의 관계를 이해할 수 있고, 성취문화와 가치관의 관계도 이해할 수 있게 될 것이다.

이렇게 본다면 전통문화를 포함한 성취문화 위주의 성취문화와 일상생활 문화를 중심으로 한 행동문화로 크게 나눌 수 있을 것이다. 성취문화와

---

28) 권오경(2009), 위의 논문, p.56.
29) 권오경(2009), 위의 논문, p.59.

행동문화는 관념문화가 반영되어 있다. 관념문화만을 다루는 것은 문화 교육 현장에서는 추상적으로 받아드릴 수 있으므로 가시적인 성취문화와 행동문화로 접근하고 학습자의 수준을 고려하여 내면에 존재하는 관념문화를 다루는 것이 바람직하다.

비가시적인 관념문화를 외국인 학습자에게 교육해야 하는 이유는 첫째, 한국 가치문화 교육을 통해 한국인의 행동양식과 생활양식을 이해함으로써, 문화 차이에서 오는 오해와 갈등을 줄일 수 있다. 둘째, 한국의 문화와 자국의 문화의 차이에 대한 객관적인 시각을 갖게 함으로써 서로의 문화를 존중하고 타문화에 대한 이해도를 높임과 동시에 긍정적인 이미지를 갖게 한다. 셋째, 한국문화에 대한 이해는 문화적 어휘나 표현 등에 대한 이해를 도우며, 이는 언어능력 향상에 긍정적인 역할을 한다는 이유이다.

그 나라의 문화를 이해한다는 것은 그 문화권에 속한 사회 구성원들 사이에 상호 묵계된 의식구조와 가치관을 이해한다는 말이다. 문화에 대한 이해가 그 사회 구성원의 관념문화를 이해하는 것이라면 한국어 학습자는 한국의 다양한 사회, 문화적인 맥락을 이해하기 위해서 한국문화의 상징체계를 이해할 수 있어야 한다는 의미가 된다. 한국의 관념문화에 접근할 때는 문화가 언어 교육을 위한 보조적 자료나 단순한 소재 제공의 역할에서 벗어나 한국인의 가치 체계와 관련된 문화의 제 현상들을 유기적으로 연결하여 좀 더 다양하게 제시해야 하며, 학습자에게 가장 효과적으로 보여줄 수 있는 한 방안을 고려해야 한다.

(4) 한국문화 범주와 내용의 실례
한국문화 교육의 내용과 관련된 연구들은 전통문화 중심, 산물문화 중심에 머물거나 문화 내용을 심층적으로 구성하지 않고 단편적으로 구성함으로써 문화를 통시적, 공시적 관점에서 종합적으로 이해하는 데에 한계를 긋고 있는 경우가 많다. 이처럼 한국어 교육에서의 한국문화 교육의 중요성을 역설함에도 불구하고 한국문화의 특성을 파악하고 한국문화의 세 범주에 대한 통합적인 관점에서 문화 텍스트를 구성한 예는 거의 전무하다고 해도 과언이 아니다. 그 이유는 몇 가지로 요약될 수 있겠다. 첫째, 언어 교육 측면에서 볼 때 문화의 심층적이고 복합적인 의미의 해석과 이해는 고급 학습자라고 해도 문화적 배경 지식 없이는 쉬운 일이 아니다. 둘째, 문화적 의미가 담긴 문화 어휘, 전문용어 교육에 대한 어려움이다. 셋째, 한국어 학습의 목적과 동기에 따라 한국문화 교육의 방향과 내용이 달라져야 하는데 현재 한국어 교육 기관에서 시행되기에는 어려움이 있다. 넷째, 가장 중요한 이유라고 볼 수 있는데, 실제적으로 한국문화 교재를 집필하고 교육을 담당하고 있는 한국어 교사의 자질 문제다.

또한 거의 모든 논의에서 내용 범주나 교육과정이 학습자의 한국어 수준별로 설계되어 있는데 현재 한국어 학습자들은 대부분 성인 학습자로서 일반적 수준의 사회문화능력을 갖춘 학습자들임을 감안할 때 한국어 숙달도에 따라 문화 교육의 내용을 단계화시켜나가는 것은 성인 학습자의 사회문화 능력을 고려하지 않는 문화 교육이라고 볼 수 있다.

문화 교육 내용의 단계화는 한국어 문법 항목을 난이도에 따라 배열하는 것과는 차원이 다른 작업이다. 한국어 학습 단계별 문화 항목 설정을 논의한 기존 연구물에서는 보통 초급 문화 항목으로 보통 경어법, 호칭 체계 등을 제시하고 있다. 그러나 언어문화로서 언어 습득과 활용에 대한 설명만을 다룰 뿐, 경어법과 호칭 체계가 중요한 한국의 사회문화적 배경에 대해서는 거의 소개되지 않고 있다. 한국인의 경어법 사용은 한국인의 전통적 가치관과 사상이라는 한국문화의 핵심이 일상생활문화에서 드러나는 하나의 언어적 사례에 불과함에도 한국어 교육 현장에서는 문화적 언어로서 자체 완결적인 형태로 인식되고 있다. 일상생활문화의 가시적인 언어와 행동은 독자적으로 존재하는 것이 아니라 그 내면에는 한국인의 의식구조와 가치관, 그리고 문화의 복합성, 역동성, 입체적인 모습이 담겨 있다. 단지 기능적인 언어 능력의 신장만을 한국어 교육의 목표로 할 때, 한국문화의 이해는 일정한 한계를 가질 수밖에 없다.

문화 교육의 목적이 의사소통 능력 향상이라 해도 문화 교육이 유기적, 체계적, 심층적으로 이루어지지 않는다면 한국어 학습자들은 한국문화를 왜곡하거나 피상적으로만 이해하게 되어 한국문화의 본질을 이해하기 어렵게 될 것이다. 따라서 초급에서는 언어적 한계로 접근이 용이한, 표면적으로 드러나는 가시적인 문화를 제시하고 접근해야 하지만 가시적이고 표면적으로 드러나는 문화를 움직이는, 보이지 않는 사회·문화적 배경과 가치관에 대해서도 이해할 수 있는 여지를 마련해 주어야 한다. 즉 한국어 숙달도에 따른 단계적인 제시가 아니라 한국문화의 특성을 고려한 순차적, 반복적인 제시를 함으로써 한국문화를 통합적으로 조망하는 시야를 갖도록 해야 한다.

한국어 학습자를 대상으로 진행되는 문화 교육이지만 한국문화 자체에 대한 깊이 있는 연구와 교육대상으로서의 문화 내용 연구를 통해 학습자의 한국어 숙달도를 감안하되 한국어 숙달도라는 틀에 갇히지 않는 문화 교육 방향을 모색해 나아가야 한다.

아래 표는 문화 교육 내용을 문화 범주와의 연계에서 구성[30]하여 본 것이다. 문화 내용의 문화 범주 분류에서도 알 수 있듯이 문화 내용(주제)은 문화의 유형과 문화의 범주에 있어 단편적이지 않다. 문화 내용(주제)에 있어서도 첫째, 현재 한국의 사회 문화적 상황에서 볼 수 있는 행동양식과 가치이며, 그것이 역사적 맥락에서 변천되어 온 역동적인 모습을 분석하는

---

30) 여기에 제시한 문화 교육 내용(주제) 목록은 이화여자대학교 『고급 학습자를 위한 한국 사회, 문화, 예술 Ⅰ』(가제본) 교재의 40개 주제 가운데 선별하여 문화의 세 범주 분류에 맞게 정리한 것이다.

과정에서 한국문화의 중층성과 맥락성을 잘 볼 수 있는 주제, 둘째, 한국문화
의 세 범주이자 유형적 특성인 행동문화, 성취문화, 관념문화의 통합적
관점에서 들여다봐야 온전히 이해할 수 있는 주제, 셋째, 한국문화 요소이지
만 세계사적 보편성의 관점에서, 학습자 자국 문화와 비교해 보는 상호문화
적 접근 원리의 적용이 용이한 주제들이다.

<표 22> 문화 내용(주제)과 문화 범주의 연계 구성

문화 내용(주제)	문화 범주
한국인의 건강식, 비빔밥	성취, 관념
한국의 전통 혼례 문화	행동, 성취, 관념
한국인의 '우리' 의식	행동, 성취, 관념
한국인의 여름나기	행동, 성취, 관념
한국인의 여가 생활	행동, 성취, 관념
한국의 저출산·고령화 현상	행동, 성취, 관념
변화하는 한국인의 소비 트렌드	행동, 성취, 관념
한국의 상징, 태극기와 무궁화	성취, 관념
떡과 한국인	성취, 관념
경복궁에서의 왕의 하루	성취, 관념
자연을 담아 낸 상차림, 한식	성취, 관념
세계가 보호하는 한국의 문화유산, 석굴암과 불국사	성취, 관념
영화로 보는 한국의 사회문화사	성취, 관념
서울 이야기	성취, 관념
서울의 궁궐 이야기	성취, 관념,
한국의 커피 역사	행동, 성취, 관념
문화재로 보는 고려시대	성취, 관념
유교 문화와 제사	행동, 성취, 관념
신의 정원, 조선 왕릉	성취, 관념
'흥'과 '신명'의 춤꾼, 비보이	성취, 관념
한국 건축의 기초, 온돌	행동, 성취, 관념
1인 오페라, 판소리	성취, 관념
조선 후기 풍속화가, 김홍도와 신윤복	성취, 관념
한국의 대중가요사	행동, 성취, 관념
한국 전통 건축의 아름다움	성취, 관념

나. 가시적 결과의 문화와 비가시적 작용의 문화

문화의 분류에서 각 범주들은 밀접하게 관련되어 있다. 따라서 문화를 범주별로 분류해서 보되 이들을 상호 관련성 속에서 보아야 한다. 이들은 관계를 보면 관념문화를 바탕으로 성취문화와 행동문화가 발생하고, 이러한 성취문화와 행동문화가 다시 관념문화에 영향을 미친다.

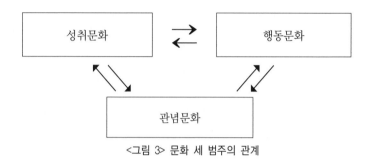

<그림 3> 문화 세 범주의 관계

한국문화의 형성과 변화의 모습을 동양적인 인식론으로 환원하자면 체(體), 용(用), 상(相)의 삼대(三大)로 개념화할 수 있다. 한국문화의 모습은 불변적·비가시적 원리로서의 '체(體)'와 가변적, 역동적인 시대적 반영으로서의 '용(用)', 그리고 가시적으로 드러나는 섬세한 '상(相)'의 모든 과정이 일관성 있게 실현된 결과라 할 수 있다.

가시적 결과로서의 행동문화(언어적 행위와 비언어적 행위)와 유형, 무형의 성취문화(문화유산, 예술 등)의 저변에는 그러한 문화를 형성할 수 있도록 작용하는 비가시적인 관념문화(전통적 사고방식, 가치관, 종교 등)가 내재해 있다. 또한 사회문화적 변화는 관념문화에도 영향을 끼쳐 시대적으로 관념문화도 변화하게 된다. 그리고 변화된 시대적 관념문화는 변화된 행동문화와 성취문화로 나타난다.

170

<표 23> 체용상 원리와 한국문화의 세 범주[31]

삼대론	작용	특성	문화 세 범주에 적용	구체적 문화 내용에 적용
체(體)	원리 (principle)	불변적, 비가시적	관념문화	원시 유교의 '효' 사상
용(用)	변용 (adaptation)	가변적,역동적 (시간적·공간 적 요소)	● 체를 상으로 나타 나게 하는 움직임 또 는 작용 ● 문화를 가변적·역 동적으로 만드는 그 무엇 **시대적 관념문화**	● 시대에 따라 변화하는 '효' 사상 ● 원시유교의 '효' 사상 을 변화하게 만드는 사 회문화적 배경 그 자체
상(相)	차연 (différance)	가시적인 결과, 드러나는 문화 현상	**성취문화**	제사, 차례, 성묘 문화
			행동문화	웃어른을 공경하는 태 도, 버스 지하철의 경로 석, 식사예절 등

따라서 다각적인 관점에서 문화 내용에 접근하고 표면적으로 드러나는 가시적인 문화 주제(문화 유형)와 내면에 깔려 있는 비가시적 문화에 대한 중층적인 이해와 그 문화의 현대적 역할에 대해서도 파악하는 것이 한국문화를 온전히 이해하는 원리라 할 수 있을 것이다.

2. 한국문화 교육의 기본 원리

한국어 교육에 있어서 문화 교육은 교육자에 따라, 학자에 따라 정도의 차이는 있으나 그 중요성만은 부인할 수 없다. 그 이유는 크게 두 가지로 요약될 수 있다. 첫째, 목표 사회의 문화에 대한 이해 없이 의사소통 능력

---

31) 체용상 원리와 한국문화 교육 접근 원리 접목은 화엄철학의 체용상(體用相)의 원리와 특성을 응용하여 한국어 학습자를 대상으로 하는 문화의 세 범주에 적용하여 본 것이다.

습득이 어렵기 때문이고, 둘째는 한국문화에 대한 학습자들의 지적 호기심을 고양함으로써 학습 동기를 유발하고 학습 효과를 높일 수 있기 때문이다. 이 두 가지는 기존의 한국어 교육에서 논의하는 이유이다. 여기에 한 가지 이유를 더하자면 목표 문화에 대한 이해를 바탕으로 하는 교양적 가치 차원의 요구이다. 문화 교육의 필요성에 대한 세 번째 이유에 대해 굳이 한국어 교육 현장에서 실행해야 하는가에 대한 의문이 제기되는 것도 사실이다. 그러나 언어와 문화의 상관성에서 볼 때, 언어란 특정한 집단 정체성이 구체적으로 발현된 것으로서, 그 집단의 세계관을 나타내는 내면 형식의 외부적 표현이라 규정하고 있다. 이 세계관이 민족 고유의 사유 방식과 문화를 형성하기 때문에 언어는 문화의 결정체라 할 수 있다. 따라서 목표 언어를 통한 목표문화 교육은 큰 의미를 지닌다고 하겠다.

학습자는 문화 교육을 통해 지식, 태도, 정서, 사상 면에서 교양을 높임으로써 인격 형성에 큰 도움을 받을 수 있다. 이것은 해당 외국어 사용 국가의 사회와 문화, 그리고 사회 구성원에 대한 이해를 의미한다. 그런데 목표언어 사회의 문화에 대한 이해는 반드시 자국 문화에 대한 지식을 전제로 한다. 따라서 목표언어 사회 문화의 이해 과정에서는 자국 문화의 정체성에 대한 지식이 개입될 수밖에 없다. 그러므로 문화 교육에는 상호문화교육 접근 원리가 적용되어야 한다.

1) '상호문화적 접근' 원리

상호문화적 교육은 학습자가 목표 문화 내용을 동화와 이화 과정을 통하여 이해하고 습득함으로써 상호문화 접촉 상황에 적절하게 적용하며 자국 문화의 정체성과 목표 문화에 대한 이해를 넓혀 나가도록 하는 문화 교육 원리[32]이다. 이에 반해 '단일문화 교육(éducation monoculturelle)'은

---

32) 강성영(2000), 「문화 상호적 접근법의 원리 연구」, 『불어불문학연구』 42, 한국불어

172

자국 문화의 정체성을 고려하지 않고 학습자들을 타문화에 일방적으로 동화시키는 교육 방법이다. 단일문화 교육은 학습자들에게 교체 의식을 계발하지 못해 학습자의 상상력을 약화시키고 문화에 대한 편협한 시각, 자기도취적 안목(자국 문화만을 학습하는 경우)이나 두려움(외국 문화를 의무적으로 학습하는 경우)을 갖게 할 수 있다.

동일한 문화를 지니고 있지 않은 두 사람이 의사소통을 하는 상황에서는 상호작용이 제대로 이루어지려면 상대방이 하는 말을 이해하고 이와 관련하여 자신이 의미하고자 하는 바를 일관성 있게 담화의 형태로 구성해낼 수 있는 언어능력이 수반되어야 함은 물론이다. 그러나 실제로 상대방의 언어에 대해 잘 알더라도 그가 하는 말이나 행동의 의미를 제대로 파악하지 못하는 경우가 흔히 발생한다. 그 이유는 의사소통에 사용되는 어휘의 맥락적 의미, 언어 행위의 조건이 되는 '사회적 규범', 담화나 행동의 해석에 필요한 '함축적 의미의 체계' 등 다양한 차원에서 문화적 영향이 개입하게[33] 되는데, 이러한 문화는 어느 사회에서나 어느 상황에서나 보편적인 양상으로 나타나는 것이 아니기 때문이다.

상호문화적 접근에서 주로 사용되고 있는 개념은 (민족적, 인종적) 정체성, 상호작용, 문화적 상대주의, 타문화 간의 관계, 이해, 동조, 통찰력, 비교, 참여관찰 등이다. 특히 상호문화 비교는 문화 교육에서 최근 널리 적용되고 있는 방법이다. 다른 사회의 문화에 대한 지식은 자국의 다양한 문화 현상과 그 사회 구성원들의 삶에 반영되어 있는 가치 체계와 비교하고, 여과되는 과정을 거치면서 타문화를 수용하게 된다. 따라서 언어 교실에서 이루어지는 문화 교육은 학습자에게 목표 사회의 문화와 가치 체계를 완벽하게 이해하거

불문학회, p.218 참조.

33) 이정민(2009), 「외국어 교육에서의 문화교육 : 상호문화적 의사소통에 요구되는 문화 능력의 교수-학습 문제를 중심으로」, 『프랑스어문교육』 31, 한국프랑스어문 교육학회, pp.113~140.

나 목표 사회에서 일상적으로 행해지는 문화 행위를 그대로 수용하도록 강요하지 말아야 한다.

학습자 자신의 문화는 목표 문화와 함께 논의되어야 한다. 즉 자신의 문화와 목표 문화는 통합되어야 하는데, 이런 통합은 학습자가 다른 문화의 사람들은 다른 렌즈(red)를 가지고 있다는 인식을 통해서 자기 자신의 문화 렌즈(blue)를 인식하게 될 때 일어난다. 학습자가 자신의 문화 렌즈에서 벗어날 수 없지만 각자가 다른 사람의 의식을 더 잘 이해하기 위하여 중첩렌즈(purple)[34]를 선택할 수 있으며, 이때 비로소 의미를 공유하게 된다.

무엇보다 문화 교육은 학습자의 자국 문화, 특히 자국에서 받아들여지고 있는 개념, 의미, 태도, 가치 등의 습득과 연관시켜 실행되어야 하는 일종의 사회화 과정으로 봐야 한다. 여기에 문화 교육은 자국 문화와 목표사회 문화 사이에서 '동화'와 '이화'의 과정을 거치는 동안에 진정으로 목표사회의 문화를 이해하게 된다는 사실을 전제로, 두 문화 사이에 차이점과 유사점, 그리고 각각의 문화가 지닌 가치를 인식하고 이를 받아들이는 '상호문화 지각'[35]을 기르는 것을 기본 원칙으로 삼아야 한다. 여기서 말하는 '상호문화 지각'이란 타인의 존재와 그가 주체로서 갖는 지위를 인정하고 자신을 개체화하는 타인의 시각과 그 반대의 경우 즉, 타인을 개체로 바라보는 자신의 시각을 수용하는 것을 전제로 하는 개념이다.

베세(Besse)[36]는 외국 문화에 접하는 학습자는 "동화와 이화의 교차 작용

---

34) Stuart, G. & Nocon, H.(1996), Second culture acquisition: Ethnography in the foreign language classroom, *The Modern Language Journal*, 80(4), pp.431~449. Robinson은 이런 통합을 'Color Purple'이라고 하였다.

35) Le Conseil de l'Europe(1998), *L'interculturalism:de l'idée à la pratique didactique et de la pratique à la théorie*, Les Editions du l'Europe, Strasbourg, p.36 ; 이정민(2009), 「외국어 교육에서의 문화교육 : 상호문화적 의사소통에 요구되는 문화 능력의 교수-학습 문제를 중심으로」, 『프랑스어문교육』 31, 한국프랑스어문교육학회, p.122에서 재인용.

36) Besse, H.(1993), Cultiver une identité plurielle, *Le français dans le monde*, 254, pp.42~48 ;

174

또는 병합 작용"이라는 인식 과정을 통해 그 문화를 이해하게 된다고 설명한
다. 학습자에게 외국 문화가 제시되면 학습자의 인식 세계에서는 먼저
자국 문화의 인식 내용에 대비하여 이화 작용과 동화 작용이 동시에 이루어진
다. 즉, 외국 문화에 대한 이질감으로 이화 작용과 동화 작용이 이루어짐과
동시에 그에 대한 반작용으로 자국 문화에 대한 동화 작용이 강화된다.
그 다음으로 문화 이해 의지에 따라 외국 문화에 대한 동화 작용이 이루어지
고 동시에 자국 문화에 대한 이화 작용이 다시 이루어진다. 이때 작용되는
외국 문화에 대한 동화는 '일시적'(이러한 일시적 동화 작용을 '상상적
도약', '문화적 상상 세계로의 침잠' 등으로 묘사하고 있다)이기 때문에,
학습자는 외국 문화의 완전한 이해와 동화에 이르지 않고 자국 문화의
정체성을 확인하는 결과에 이르게 된다는 것이다. 베세(Besse)는 이러한
문화 이해를 '호의적 이해(compréhension sympathique)'가 아닌 '공감적 이해
(compréhension empathique)'라고 부르고 있다. 그러나 이러한 문화 인식
과정이 반복되면서 학습자는 외국 문화를 원어민처럼 인식하는 방법을
체득하게 되고 문화 이해의 목표를 달성할 수 있게 되는 것이다. 결국,
상호문화 접근은 학습자들로 하여금 자국 문화와 외국 문화에 대해 이화와
동화 작용을 병합하여 인식하게 함으로써 미지의 문화를 일반화시켜 불안감
을 극복하고 외국 문화를 이해하도록 하는 문화 교육의 원리가 있다. 여기서
외국 문화를 일반화하여 이해한다는 말이 외국 문화를 표준화하여 이해한다
는 뜻은 아니다. 학습자가 자국 문화 인식 능력이 뛰어날수록 훨씬 쉽게
외국 문화 세계를 구분하고 객관화할 수 있을 것이다. 따라서 외국 문화에
대한 이해에는 자국 문화 이해 능력이 선행되어야 한다.

　　문화 교육을 수행하는 데 동원되는 접근 방식은 학습자가 목표 사회에서
나타나는 다양한 문화현상이나 그 사회의 구성원들이 수행하는 문화적

강성영(1999), 「프랑스 언어·문화 교육-방법론 연구」, 한국프랑스학회 학술발표회, pp.141~142에서 재인용.

성격의 행위가 갖는 의미를 이해함으로써 상호간의 의사소통이 원활하게 이루어지도록 하기 위한 수단을 제공하는 '실용적인 차원(dimension pragmatique)', 다른 사회와의 만남을 통해 학습자가 자국 문화에 대해 되돌아보고 지금까지 확신했던 것을 되돌아보는 계기를 제공하는 '상대성의 학습(apprentissage de la relative)'을 지향하고 각 사회의 가치 체계의 차이나 문화적 이질성으로 인해 나타나는 생활양식이나 행동방식의 차이를 있는 그대로 인식하고 받아들이는 개방적인 태도를 갖도록 하는 '교육적인 차원(dimension formative)'[37]까지도 염두에 두어야 한다.

상호문화적 관점은 의사소통 문제의 한 부분이며 언어 기능에만 한정되지 않고 총체적인 문화 교육의 대상과 관계를 맺으면서 효율적이며 현장성 있는 학습을 목표로 한다. 이러한 상호문화적 관점의 입장에서, 상호문화적 의사소통에 근거를 둔 외국어 교육이 성공을 거두기 위해서는 학습자 자국의 문화뿐만 아니라 목표사회의 문화 속에서 의사소통에 영향을 미치는 문화적 요인들에 관심을 기울여야 한다. 상호문화적 관점에서의 문화 접근은 학습자들로 하여금 문화들 간의 차이점뿐만 아니라 유사점도 이해하게 해준다. 문화적인 차이점은 목표 문화의 특성을 이해하는 데 도움이 되며, 문화적인 유사점들은 목표 문화에 더 쉽게 다가가도록 해줄 수 있다. 언어적인 측면에서도 언어의 형식적인 정확성은 물론 내용적인 측면에서의 정확성도 필요하며 이러한 정확성은 자신이 이해하고 있는 한국어와 한국문화에 대한 온전한 이해를 바탕으로 한다.

상호문화적 교육 원리와 함께 논의할 수 있는 개념이 '적합성'의 문제이다. 문화 교육에 있어 '적합성'의 개념이 강조되면 한국문화의 어떤 특정 양상

---

37) Zarate, G.(1986), *Enseigner une culture étrangère*, Coll. F. Recherches, Applications, Hachette, Paris, p.37 ; 이정민(2009), 「외국어 교육에서의 문화교육 : 상호문화적 의사소통에 요구되는 문화 능력의 교수학습 문제를 중심으로」, 『프랑스어문교육』 31, 한국프랑스어문교육학회, p.122에서 재인용.

176

또한 지나치게 강조되어 한국어 학습자가 자신의 문화적 관습을 포기해야한다는 암묵적 전제[38]를 발생시킬 수도 있다. 지나치게 일방적인 적합성을 강조하는 교육은 일부 학습자에게는 문화적 박탈감을 안겨줄 수도 있다. 한국에 영향을 미칠 수도 있는 다른 문화의 잠재성은 물론, 학습자가 한국문화 속에서 다른 정체성을 개발해 갈 잠재성이 처음부터 무시될 수 있다. 자국 문화와 한국문화를 상호 비교할 수 있는 여지를 학습자에게 제공하여 두 문화의 차이점과 공통점을 비교하여 두 문화의 발전에 학습자가 기여할 바가 무엇인지를 자각할 수 있도록 하는 것이 바람직하다. 따라서 이러한 방법은 한국문화에 대한 지식만을 제공하는 한계를 어느 정도 극복하도록 하여, 교재를 벗어난 유연한 학습 활동과 문화 내용에 대한 단순 암기를 넘어서는 문화 교육이 가능하도록 한다.

상호문화적 관점에서 문화 교육을 접근하는 것은 '소속(appartenance)' 또는 '정체성(identité)'을 하나의 축으로, '관계' 또는 '이질성'을 또 하나의 축으로 하여 학습자 중심의 교육, 능동적이고 상호작용적인 교육, 문화 상대주의 관점,[39] 탈중심 학습을 강조하는 교육이다. 이러한 문화 교육이 한국어 교육에서 이루어진다면 학습자의 언어권, 문화권이 문화 교육의 한계로 작용하는 것이 아니라 언어권, 문화권이 다양할수록 교육의 효과는 더욱 커질 것이다. 따라서 상호문화적 접근 방법이 한국문화 교육에 있어 핵심 원리로 작용되어야 할 것이다. 문화 교육 기본 원리로서 상호문화적 접근 원리를 적용하는 근거에는 기본적으로 상호문화교육은 문화 교육

---

38) 김신호(2004), 「불어교육에서의 상호문화적 의사소통과 상호문화교육」, 『프랑스어 문교육』 18, 한국프랑스어문교육학회, pp.31~48.

39) 문화 상대주의가 안고 있는 가장 큰 위험성은 윤리적 상대주의다. 어떤 특정한 문화가 모든 면에서 다른 문화보다 더 우월하거나 열등하다고 평가할 수 없을지라도 각 문화가 가지고 있는, (예를 들어 인본주의 같은) 윤리적 가치들은 보편적인 기준에 의하여 보편적인 기준에 의하여 평가되지 않을 수 없기 때문이다. 김광억 외(1998), 『문화의 다학문적 접근』, 서울대학교 출판부(괄호 부분은 논의를 명확히 하기 위해 본 연구자가 삽입하였음.)

방법 중 하나라기보다 모든 교육의 철학이라는 인식40)도 깔려 있다.

교육자들은 교실 내에서 어떻게 언어 학습과 문화적 내용을 통합할 것인가에 관해 연구하고 있다. 학습자의 입장에서 보면 문화적 차이 또는 범문화적 대화에 대한 토론이란 편안한 수위를 넘어서 학습자의 신념과 가치에 대한 도전일지도 모른다. 그러므로 문화 내용이 교실 내에서 교수 학습이 이루어질 경우, 중요한 것은 교사가 학습자로 하여금 유의미한 과제와 활동에서 자신의 문화를 목표 문화와 함께 편안한 분위기에서 토론할 수 있도록 해야 한다는 것이다.

한국어 교육에서의 문화 교육을 위해서는 한국문화에 대한 단편적인 소개를 지양하고, 타문화와의 공통점과 차이점, 보편성과 특수성에 입각하여 개체의 실재성의 의미나 기능을 밝혀내는 비교 문화의 방법이 선행되어야 한다. 단순한 문화 항목의 제시보다는 그 문화를 학습자가 자국 문화와 비교하여 자신의 스키마를 적용할 수 있도록 배려하는 교수 방안이 요구된다.

특정 주제나 소재와 관련하여 자국 문화와 목표 문화 사이에 나타나는 차이점을 비교한다면 타문화에 대한 인식이 효과적으로 이루어진다. 앞에서 언급한 바와 같이 최근 미국 정부의 외국어 지도 원리인 5C에서도 문화의 본질을 통찰하기 위해서는 자국 문화와 목표 문화 사이의 비교가 중요함을 강조하고 있다. 목표 문화 내용과 관련하여 토론을 하거나 자료를 조사하여 설명한다면 학습자의 목표 문화에 대한 자각은 빠르게 진행될 것이다.

문화 학습은 언어 학습의 핵심이 되어야 하되 문화 자각은 목표 문화의 무조건 수용이 아닌 자국 문화와의 차이를 발견하는 것이 중요하다. 이에

---

40) 상호문화교육 원리를 모든 교육과 관련된 교육 철학으로 볼 수 있는 근거로, 첫째, 21세기를 살아가는 인간은 모두 다문화적 존재라는 점, 둘째, 이질성 또는 다양성은 예외가 아니라 규범이라는 점, 셋째, 문화적 지식은 피상적이지만 만남은 실제적이기 때문에 가르쳐야 하는 것은 문화가 아니라 바로 '만남'이라는 점을 제시하였다. 장한업(2010), 「유럽의 상호문화교육 : 한국 다문화 사회를 위한 하나의 교육적 대안」, 한글주간 국제학술대회 발표문.

문화 교육은 쌍방 통행 원리(bi-directionality)가 적용되어야 하며 이를 위해서는 학습자 스스로 각자의 문화에 대한 높은 자의식을 갖는 것이 전제되어야한다. 이때 교사들의 지식이 한정적이라도 교사의 역할41)은 문화에 대한지식을 일방적으로 전달하는 것이 아니라 학생들이 목표 문화를 관찰하다가발견한 사실이나 궁금증을 풀어가는 데 필요한 기술을 획득하도록 돕는것이다. 한국어 학습자를 위한 한국어 교육에서 발생하는 문화와 사고방식에대한 차이를 인정해 주고, 성인 학습자의 성숙한 사고 능력을 인정해 줌으로써 문화 교육에서 교사와 학습자 사이에서 생기는 충돌을 줄여갈 수 있다.'상호문화 이해'에 도달해야 할 목표는 '사실'보다는 '과정'을 포함하는것이기 때문이다. 또한 이러한 상호문화교육은 '자국 문화 낯설게 보기','자기중심에서 벗어나기', '타인의 입장이 되어보기' 등과 같은 방법론적원칙을 동행해야 한다.

2) 한국문화 세 범주에 대한 '통합적 접근' 원리

문화를 바라보는 통합적 관점은 특정 문화를 이해함에 있어서 그 사회의일부의 모습이 아닌 그 사회의 정치, 경제, 문화, 역사 등의 전체적인 모습을통하여 문화를 관찰해야만 그 사회의 문화를 온전히 이해할 수 있다는관점이다. 사회적 현상으로 드러나는 가시적인 문화 현상은 빙산의 일각에불과하므로 문화의 현상과 함께 저변에 내재되어 있는 문화 원형의 모습을들어다 볼 수 있어야 한다. 이에 문화를 온전히 이해하기 위해서는 문화에대한 통합론적 관점이 요구된다고 하겠다.

교육 대상으로서의 한국문화를 관념문화, 행동문화, 성취문화로 세 범주로 분류한 것은 문화를 분석하고 해석하고 이해하기 위한 방법일 뿐이며,

---

41) 상호문화적 교육의 입장에서 교사도 문화 교육의 주체이자 대상이 되어야 한다. 즉, 교사 역시 'teaching culture'의 입장이면서 동시에 'learning culture'의 입장이 되어야 한다.

문화 그 자체는 여전히 우리에게 별개로, 분절적인 것으로가 아니라 통합적인 것으로 존재한다. 따라서 이 세 범주를 입체적, 총체적, 역동적으로 교육 과정에 묶어낼 필요가 있다. 한국문화의 세 범주를 별개의 하나의 영역으로 간주하고 문화 교육을 시행한다면 이러한 교육 방법은 한국문화라는 큰 그림의 일부를 불완전하게 파악하는 것에 지나지 않는다. 가시적인 문화와 함께 사람들이 공유해 온 가치관과 방식을 파악하고, 실제 표면적으로 드러나는 행위와의 연계선상에서 보는 통합적인 관점을 취할 수 있어야 한다.

성취문화, 행동문화, 관념문화 영역이 각각의 차원에서 분리되어 검토되지만 문화에서 실제로 드러나는 형태는 서로 다른 차원들 간에 긴밀히 연결되어 있다. 특히 관념문화에 대한 접근은 한국문화에 대한 종교·문화적 접근이라고 할 수 있다. 종교란 한 사회가 갖고 있는 문화의 근간을 이루기 때문이다. 구체적으로 말하자면 한국 사회와 문화를 이해하기 위해서는 눈에 보이는 사회 규범 속에서, 의식의 영역에서 심대한 영향을 끼친 유교와 보이지 않는 무의식의 영역에서 큰 영향을 끼친 무교[42]에 대한 이해가 바탕이 이루어져야 한다는 의미이다.

한국문화 교육에 있어 한국문화의 통합적 구조를 이해하고 목표 문화에 접근하는 것이 중요하다. 가시적으로 드러나는 문화 현상에 대한 단편적인 설명과 소개는 한국문화에 대한 '장님 코끼리 만지기'의 접근이 될 위험이 있다. 기존의 한국문화에 대한 단편적 접근, 맥락 없는 접근은 한국문화의 이해에 있어 일정한 한계를 가질 수밖에 없으며, 문화 교육이 유기적, 체계적, 심층적으로 이루어지지 않는다면 한국어 학습자들은 한국문화를

---

42) 많은 문화 연구자들이 한국문화의 원형으로 무교(샤머니즘)를 들고 있다. 최준식은 한국 문화예술의 특성을 "자유분방하고 거칠며 힘을 중시하는 성향"으로 설명한다. 그리고 그 뿌리는 무교에 있다고 지적하고 있다. 탁석산도 "한국문화를 꿰뚫고 있는 것으로서 샤머니즘"을 들고 있다. 최준식(2002), 『한국인은 왜 틀을 거부하는가?』, 소나무, p.41 ; 탁석산(2000), 『한국의 정체성』, 책세상, p.120.

왜곡하거나 피상적으로만 이해하게 되어 한국문화의 본질을 파악하기 어렵게 될 것이다. 따라서 문화를 통합적으로 조망하는 시야를 가질 수 있도록 해야 한다.

문화 주제에 대한 한국문화 세 범주의 통합적 접근 방식은 다음과 같이 제시될 수 있다.

<표 24> 문화 주제에 대한 통합적 접근의 예

문화 범주 문화 주제	성취문화	행동문화	관념문화
한국인의 '효'	제사, 차례, 성묘 문화	웃어른을 공경하는 태도, 높임말 사용	유교문화
한국인의 '우리' 의식	가족주의, 집단주의	'우리 ○○'라는 말의 사용	유교문화

실제 문화 교육에 있어서의 상황적인 변수, 즉 교과과정, 문화 교육의 목적과 학습자 변인에 따라 문화의 세 범주가 다르게 강조될 수 있다. 총체적 접근이라 하여 일회에 문화의 세 범주에 접근하는 것은 교육의 효율성과 현실성을 고려할 때 무리가 있다. 따라서 문화 내용에 대한 통합적인 접근은 문화에의 표층적 부분으로부터 심층적 부분으로 점차적, 순환적 접근이 필요하다. 별개 항목인 문화 내용(주제)에 접근하는 것이 아니라 하나의 한국문화 내용을 다각적으로 접근하는 방식인 것이다. 이런 점에서 문화 교육은 '단계적' 접근이 아니라 '순환적' 접근으로 이루어지는 것이 바람직하다. 이를 위해 우선 한국어 교육 과정과의 연계를 시도해야 하고, 시간적 간격을 두고 제시할 수도 있다. 무엇보다 가장 중요한 것은 한국문화의 형성과 특성을 고려하여 문화 교육 내용을 통합적으로 인식하도록 하는 것이다.

한국문화에 대한 통합적 접근 원리에 의한 문화 교육 현실화에 있어 가장 큰 난제는 역시 한국문화 교육을 담당하게 되는 한국어 교사의 자질과 인식 문제이다. 실제적으로 체용상 원리에 의한 문화 교육 접근은 어렵더라도 문화 교육을 담당하는 한국어 교사라면 목표 문화 내용(주제)에 대한 통합적 구조를 인식하고 있어야 할 것이다. 한국문화 형성과 특성을 인지하고 목표 문화에 접근하는 것과 단순히 표층적 문화 현상 이해에만 급급하여 교육하는 것은 문화 교육 교수·학습에 있어 근본적인 차이를 가져온다. 예를 들어 교사는 혈연, 지연, 학연 중심이라는 한국 사회 현상에 대해, 이러한 표면적 현상 내면의 뿌리 깊은 가족주의(집단주의)의 모습을 들여다볼 수 있어야 하고, 그 원형(deeper structure)에는 유교의 가족주의가 깔려 있음을 인지하고 있어야 한다는 것이다. 학습자에게 일괄적으로 심층적인 부분을 다 주지 않더라도 교사는 '왜 그런지'에 대해 이해하고 있어야 한다.

3. 두 패러다임에 따른 한국문화 교육 방향

여기에서는 앞에서 논의했던 문화 교육의 기본 원리를 바탕으로 하여, 두 패러다임에 따른 문화 교육 방향을 제시[43]하고자 한다. 물론 두 패러다임이 다양한 교육 현장에 모두 적용될 수는 없을 것이다. 사실 문화 교육 방안 연구에 있어서 다양한 학습자 변인을 반영하여, 각 경우에 맞게 개별적으로 구성하는 것은 거의 불가능하다. 또한 다양하고 역동적인 문화의 특성상, 문화 교육 방법론으로 가장 모범적이고 이상적인 모델을 지정하기도 어려운 일이다. 그럼에도 일반 목적 한국어 학습자[44]의 경우에는 문화 교육의 목적에 있어 두 패러다임에서 크게 벗어나지 않을 것으로 생각된다.

---

43) 이는 교안 구성과는 다르며 문화 교육 목표에 충실한 수업 방향 제시이다.
44) 외국인 한국학 전공자와 같은 특수 목적 한국어 학습자의 경우에는 두 패러다임과는 다른 교육 방안이 연구되어야 할 것이다.

182

1) '의사소통 능력' 향상을 위한 문화 교육 방향

학습자의 '의사소통 능력' 향상을 위한 문화 교육에서는, 그 목적이 문화 자체에 있는 것이 아니다. 따라서 문화 교육은 언어적 목적에 초점을 두어야 하고, 문화적 내용이 한국어 교육의 내용과 과정 안에 통합되어 유기적으로 구현되도록 하는 것이 가장 이상적이라 할 수 있다. 이에 '의사소통 능력' 향상을 위한 문화 교육은 목표 문화 내용이 한국어 교육 내용과 연결되어 다양한 언어활동으로 전이[45]가 되도록 하는 것이 관건이라 할 수 있다.

한국어 교육 내용과 연계되어 다양한 언어활동으로 전개하기 위해서는 문화 내용에 대한 접근 방식에 있어서, 한국어 교육 내용과 관련된 '주제 중심으로 접근'하는 것이 바람직하다. 주제 중심 교육을 위해서는 우선 전체 단원(한국어 교재 단원)과 연계된 문화 주제를 선정하여 문화 텍스트를 구성하는 것이 바람직하다. 이를 위해서는 한국어 교재 제작 작업 초기에 한국어 교육과 한국문화 교육이 연계성, 통합성을 가질 수 있는 주제를 선정하는 과정이 필요하다. 이 때 단원의 주제를 결정하는 것은 언어적 요소가 아니라 문화 요소이며, 하나의 주제 아래 세부 요소들을 구성하는 주제 통합식 교재 개발이 요구된다.

최종 목표점인 의사소통 능력 향상을 위한 문화 교육의 구체적인 세부 목표는 3단계로 설정할 수 있다. 문화 교육의 단계별 세부 목표는 첫째 문화 내용이 담긴 글을 읽고 내용을 파악할 수 있다. 둘째, 목표 문화 주제 관련 어휘 및 표현을 익힌다. 셋째, 주제와 관련된 맥락 상황에서 습득한 어휘와 표현을 사용하여 한국어로 의사소통을 할 수 있다.

---

45) 대부분의 문화 교육 방안 연구가 문화 내용과 언어 기능과의 연계를 강조하고 있다. 의사소통 능력 향상을 위한 문화 교육에서는 언어 기능과의 연계가 무엇보다도 중요하다. 그러나 그렇다고 해서 문화 내용과 문화 요소의 특성을 고려하지 않고, 문화 내용을 직접적인 의사소통 상황에 활용하거나 언어적 기능과 단순 연계하여 전 활동, 후 활동에 전개하는 방식은 지양해야 한다.

'의사소통 능력' 향상을 위한 문화 교육의 목표는 문화적 요소를 언어활동에 접목하여 언어 능력의 향상을 가져오는 것이다. 이러한 이유로 의사소통 능력 향상을 위한 문화 내용은 대체로 행동문화, 즉 일상생활 문화가 대부분이다. 그런데 일상생활 문화만이 의사소통에 영향을 미치는 것은 아니다. 관념문화나 성취문화 중에서도 일반적 소양이 되어 버린 것들은 의사소통에 있어 중요한 역할을 한다. 그러므로 성취문화나 관념문화 역시 순수한 문화적 지식이 아니라 의사소통이란 역할을 기준으로 선별될 수 있다.

'의사소통 능력' 향상을 위한 문화 교육은 과정 중심 수업[46]으로 전개한다. 과정 중심 수업은 교육의 결과보다 과정에 초점을 맞춘 교육 방식으로 각 단계가 모두 유의적 과정이 된다. 이에 '도입 단계', '문화 내용 이해 단계', '활용 단계'로 문화 수업을 진행한다. 또한 교육 방향 역시 문화 교육 과정의 각 단계인 '도입 단계', '문화 내용 이해 단계', '활용 단계'별로 제시한다.

'도입 단계'는 준비 단계(warm-up)로 학습자의 동기를 유발하고 스키마를 형성하는 활동을 한다. 즉 학습자의 배경 지식과 경험, 인지 능력을 최대한 활용하여 학습자의 스키마 형성과 작동을 돕는 단계로, 학습에 대한 관심과 흥미, 그리고 학습의 효율성을 높이는 데 절대적인 역할을 한다. 이 때 다양한 시청각 자료를 효과적으로 사용하도록 한다. 이 단계에서는 무엇보다

---

46) 과정 중심 교육 방법은 학습 단계를 전 단계, 본 단계, 후 단계로 설정하여 각 단계마다 고유한 목적을 가지고 학습자의 학습 활동을 이끈다. 전 단계라면 학습 목표의 제시, 동기의 강화, 브레인스토밍, 스키마 형성 또는 작동 유도 등을 주목표로 하고, 본 단계에서는 학습 대상에 따라 다양한 학습 전략을 구사하도록 하고, 후 단계에서는 학습 내용의 확인 및 강화, 심화 학습으로의 유도, 다른 학습과의 연계 내지는 통합, 자기 학습 평가 등을 주 내용으로 한다. 이는 학습에서의 인지적 과정을 중시하며 동시에 학습자 주도적인 학습을 가능하게 하는 교육 방식이다. 문화 학습이 문화 인지와 자각이라는 인지적 과정을 필히 수반한다는 점에서, 그리고 자국 문화와의 비교 과정이 중요한 접근 방법이라는 점에서 과정 중심 문화 교육을 문화 교육 구성의 기본적인 틀로 제시할 수 있을 것이다.

도 목표 문화에 대한 정보와 중요 어휘 및 표현을 교사가 의도적으로, 그렇지만 자연스럽게 맥락 안에서 노출해야 한다.

'문화 내용 이해' 단계에서는 문화 내용이 담긴 글을 읽고 이해한다. 한국어 의사소통 능력 향상이 목적이므로 문화 내용도 읽기 텍스트[47]에 대한 이해 단계로 접근한다. 즉 글의 주제가 문화적 내용인 한국어 읽기 텍스트를 언어적 차원에서 읽고 이해하는 것이다. 따라서 글의 중심 내용 찾기와 세부 정보를 찾기 등의 읽기 전략을 연습할 수 있다. 즉 언어적 활동에 초점을 맞추어, 내용 이해와 문화적 어휘 및 표현 습득에 주력한다. 이 단계는 다음의 세 과정으로 전개된다.

- 문화 텍스트 읽기
- 내용 이해 문제 풀기(중심내용 찾고, 세부정보 찾기)
- 목표 문화 관련 어휘 및 표현 확인 및 연습하기

과정을 좀 더 자세히 설명하면, 문화 텍스트 읽기는 한국어 능력 향상을 목적으로 하므로 문화의 내용도 중요하지만 글의 구조와 중심 내용, 어휘와 표현에 초점을 두고 읽어나가야 한다. 문화 내용에 대한 이해 문제는 다양한 유형으로 제시할 수 있다. 중심 내용 찾기와 세부 정보 찾기, 문화 내용에 대한 설명을 완성하는 문제 등의 내용 이해를 확인해 볼 수 있는 문제로 구성한다. 읽기 텍스트 이해 문제와 크게 다르지 않다. 다음으로 한국어 의사소통 능력의 향상에 도움이 되도록 중요 어휘 및 표현을 확인하고

---

47) 문화 텍스트를 구성할 때 주의해야 할 점은 문화 텍스트를 지나치게 계몽적이고 교조적인 차원에서 서술하면 안 된다는 것이다. 또한 한국문화의 우수성을 부각하고 일방적인 문화 지식 전달의 과정이 되어서도 안 될 것이다. 문화 텍스트는 풍부한 인문학적 지식의 바탕 위에 객관적인 입장에서 서술되어야 할 것이다.

확장하여 연습한다.

'활용 단계'에서는 문화 텍스트 이해 과정에서 습득한 어휘와 표현, 문화적 지식 등을 활용한 언어활동으로 전이할 수 있도록 한다. 구체적으로 말하면 본문 내용을 확인하고 어휘 및 표현, 그리고 문화 텍스트에 대한 질문을 받는다. 문화 텍스트 내용의 연장선상에서 배운 문화 어휘 및 표현을 활용하여 말하기, 쓰기 등의 다양한 언어적 활동으로 연결한다. 이 때 언어활동은 단원 전체의 주제로서 묶일 수 있을 것이다.

2) '문화 간 이해 능력' 함양을 위한 문화 교육 방향

'문화 간 이해 능력' 함양을 위한 문화 교육은 문화에 대한 지식과 인식(의식)이 함양될 수 있도록 목표 문화 내용에 대해 온전히 이해하고, 문화 내용과 관련된 자신의 경험, 그리고 자국 문화와 비교할 수 있도록 문화 내용 중심으로 구성한다. 즉 '문화 간 이해 능력' 함양을 위한 문화 교육은 '내용 중심 접근' 방법으로 진행하도록 한다. '의사소통 능력' 향상과 '문화 간 이해 능력' 함양을 위한 문화 교육 접근 방식을 제시하면 다음과 같다.

<표 25> 문화 교육 목표에 따른 접근 방식

문화 교육의 목표	접근 방식
'의사소통 능력' 향상	주제 중심 접근 (Theme-based Approach)
'문화 간 이해 능력' 함양	내용 중심 접근 (Content-based Approach)

'문화 간 이해 능력' 함양을 위한 문화 교육은 한국어 학습자들로 하여금 한국문화를 심층적으로 이해하게 하고 자국의 문화를 되짚어 보고, 문화에 대한 인식을 확대하여 문화적 소통에도 기여하도록 구성해야 한다. 또한 세계사적 보편성과 한국문화의 특수성을 이해하면서 타문화에 대한 열린

생각을 가질 수 있도록 전개해야 한다.

　문화 내용에 대한 글에 있어서는 구조적으로 완벽한 글의 형식을 갖추지 않아도 되며, 문화 내용에 대한 지식 제공 차원의 간단한 글의 형식이 되어도 무방하다. 새로운 어휘나 표현에 초점을 맞추지 않고 문화 내용 이해에 초점을 맞춘 수업으로 구성한다. '의사소통 능력' 향상을 위한 문화 교육에서와 같이 문화 내용의 글이 한국어 읽기 능력 향상을 위한 완벽한 읽기 텍스트 자료로서가 아니라 한국문화 내용에 대해 알아보고 생각해 보는 단서로서의 역할을 하게 되는 것이다. 내용 이해도 목표 문화 내용을 이해했는지 확인하는 정도로만 진행한다.

　'문화 간 이해 능력' 함양을 위한 문화 교육 역시 과정 중심으로 전개된다. 그러나 각 영역별 활동은 '의사소통 능력' 향상을 위한 문화 교육 과정과 다르게 구성한다. '들어가기' 단계, '목표 문화 알아보기' 단계, '더 생각해 보기' 단계로 구성한다.

　좀 더 구체적으로 각 단계별 문화 교육 방향을 살펴보자면 '들어가기' 단계에서는 학습자들의 지식과 생각을 자극할 수 있는 구체적인 질문이나 다양한 매스미디어 자료를 적절하게 제시하여 학습자들이 가지고 있던 배경 지식을 활성화 시키는 것이 필요하다. '의사소통 능력' 향상을 위한 교육 방향 제시와 달리, 문화 텍스트의 어휘나 표현 연습이 아닌, 목표 문화 내용에 대해서 설명하는 간단한 문항을 제시[48]하여, 목표 문화 내용을 추측해 보게 한다. 이 문항은 목표 문화에 대한 학습자의 이해가 전무하다고 가정하고, 오로지 학습자들의 배경 지식으로만 생각하여 판단해 볼 수 있도록 구성해야 한다. 또한 이 때 교사는 반드시 정답을 제시하지 않아도

---

48) 예를 들어 목표 문화 내용이 <한국의 유교문화>라면 '한국 사회를 유지해 온 행동 윤리는 유교 사상이다', '한국인에게 효는 주요한 실천 덕목 중의 하나다' 등의 문항을 제시하여, 구체적인 문화 내용을 알아보기 전에 학습자의 배경 지식으로 문화 내용에 대해 추측해 보고 생각해 보게 한다는 것이다.

된다. 궁금증을 자극하면서 다음의 '문화 알아보기' 단계에서 자연스럽게 확인할 수도 있다. 이러한 들어가기 단계를 통해 목표 문화 내용에 대해 짐작할 수 있고, 학습자들은 목표 문화 내용에 대한 흥미와 관심을 가질 수 있다.

'문화 알아보기' 단계에서는 목표 문화 내용에 대해 심층적으로 알아보고, 목표 문화의 핵심 내용을 이해했는지 확인해 본다. 이 단계는 다음의 두 과정으로 전개된다.

- 목표 문화 내용 알아보기
- 목표 문화 내용 이해 확인하기

'문화 간 이해 능력' 함양을 위한 '문화 알아보기' 단계에서는 새로운 어휘49)나 표현에 초점을 맞추지 않고 문화 내용 이해에 중점을 둔 수업으로 운영한다. 같은 맥락에서 목표 문화 내용을 이해했는지 확인하는 정도로 내용 이해를 마무리 한다.

'더 생각해 보기' 단계는 목표 문화와 관련하여 자신의 경험을 이야기해 보고, 자국의 문화와 비교해 보는 단계이다. 목표 문화에 대한 자신의 경험과 자국 문화와의 비교를 통해 정보적 차원에서 획득된 목표 문화에 대한 인식을 넓혀 간다. 이야기 주제에 있어서도 첫 번째는 목표 문화 주제와 관련된 자신의 경험 이야기하기, 두 번째는 목표 한국문화와의 맥락에서 이야기할 수 있는 자국 문화를 소개하고, 공통점과 차이점을 중심으로 한 문화 간 차이와 그 배경을 토론하는 것으로 구성하는 것이 좋다.

---

49) 문화적 어휘는 문화 텍스트 안에서 문맥화·맥락화 하여 이해할 수 있도록 구성한다.

188

> - 목표 문화와 관련된 자신의 경험 이야기하기
> - 자국 문화와 비교하기
>   - 목표 문화와 같은 맥락에 놓여 있는 자국 문화 소개하기
>   - 공통점과 차이점을 중심으로 한 문화 간 차이와 그 배경 토론하기

'문화 간 이해 능력' 함양을 위한 문화 교육에서 중요한 과정이라 할수 있는 '더 생각해 보기' 단계는 구성주의[50] 학습 철학에 기반을 둔 학습자 중심 교육 원리가 적용될 수 있다. 이 단계에서는 교사 역시 문화 교육의 대상(학습자)이 되며, 교사의 역할은 학습자들 간의 협력(collaboration)적인 활동을 통하여 학습자들이 탐색하고 사고하고 인지할 수 있도록 해 주는 것이다.

'문화 간 이해 능력' 함양을 위한 구체적인 교육 목표는 첫째, 목표문화 내용에 대한 입체적, 심층적 이해이다. 문화 내용을 이해할 때 문화내용에 대한 정보 차원의 단순 이해가 아니라 한국 사회에서 볼 수 있는 가시적인 문화 현상에서 접근하여 그 내면에 있는 한국인의 가치관까지들여다 볼 수 있게 해야 한다. 둘째, 문화 주제와 관련된 자신의 경험을 이야기해 보거나 상호문화적 관점에서 자국 문화와 비교해 본다. 셋째, 앞의 과정을 바탕으로 문화사적 보편성과 문화사적 특수성을 인지하고

---

50) 구성주의에서는 학습을 학습자가 이전에 습득한 자신의 고유한 지식과 경험에 의존하여 새로운 생각과 개념을 구축해가는 과정으로 보고 있다. 이에 학습 과정에서 학습자들로 하여금 그들이 알고 있는 지식들을 잘 정리 정돈하여 이들 정보들을 가공함으로써 단순히 정보를 수집하고 기억하는 수준을 뛰어 넘어서 개별화되고 내재화된 원리들을 개발할 수 있도록 해준다. 따라서 구성주의에서는 학습, 즉 인지적 변화가 이루어지려면 오랜 시간 동안 학습자 자신의 부단한 '인지적 갈등', '고민', '탐색', '성찰'이 요구된다. 유석훈(2004), 「구성주의 다매체 교자재 데이터베이스 구축－영어권 한국어 학습자를 위한」, 『한국어 교육』 15(3), 국제한국어교육학회, pp.171~172.

문화에 대한 열린 생각, 즉 '열린 문화 정체성'을 갖도록 한다.

문화 내용에 대한 '통합적인 접근'을 통해 한국문화를 입체적, 심층적, 역사적으로 이해하고, '상호문화적 접근'을 통해 자국 문화와 비교하면서 한국문화의 정체성과 자국 문화의 정체성을 자리매김해 나간다면, 문화에 대해 복합적이고도 중심이 있는 정체성을 확립하고, '문화 간 이해 능력' 함양이라는 최종 목표에 도달할 수 있을 것이다.

V. 결론

본서는 한국어 학습자를 대상으로 하는 문화 교육의 목표와 방향에 있어 기존의 '의사소통 능력' 향상과 함께 또 다른 패러다임으로 '문화 간 이해 능력' 함양을 구축하였다. 또한 '상호문화적 접근' 원리와 한국문화 범주 간의 '통합적 접근' 원리를 바탕으로 '의사소통 능력' 향상과 '문화 간 이해 능력' 함양이라는 두 패러다임에 따른 문화 교육 방향을 제시하였다.

한국어 학습자들은 한국어를 접하는 순간 한국문화를 접하게 된다. 이는 한국어 교육의 현장이 바로 문화 교육의 현장임을 의미한다. 그러나 정작 한국어 교육의 장이 한국문화 교육의 장임을 인식하지 못하고 있으며 문화 교육의 현실적 목표 수행은 언어 교육에 치우쳐 있다. 지금까지 한국어 학습자를 대상으로 하는 문화 교육은 한국과 한국문화에 대한 관심을 유도하고 지적 호기심을 충족시킴으로써 학습자의 한국어 학습 동기를 강화하고 실제적인 의사소통 상황에 대한 적응력을 높여 실제적인 의사소통 능력의 향상에 기여해 왔다.

그러나 언어 교육에서의 문화 교육에는 '의사소통 능력' 향상이라는 도구적 동기 외에 실존적 동기의 차원이 엄연히 존재하고 있다. 이러한 외국어 교육의 동기 이론은 문화 교육의 목표 설정에 있어 '의사소통 능력' 향상이라는 수단적 기능 외에 또 다른 패러다임이 성립될 수 있음을 시사한

192

다. 또한 재미교포 학습자와 중국인 학습자를 대상으로 한국문화 교육의
목적과 필요성에 대한 심층 인터뷰를 실시하였는데, 그에 대한 답변은
'한국어 능력 향상을 위해서'와 '한국인이라서 한국사회, 한국문화에 대한
궁극적인 이해를 위해서'로 대조적인 양상을 보였다. 이렇듯 문화 교육에의
목적이 그 시작부터 확연히 다른 두 집단에 대해 기존의 '의사소통 능력'
향상을 위한 문화 교육을 동일하게 적용해서는 안 될 것이다.

　이에 한국어(한국문화) 교육의 목표에 있어 기존의 '의사소통 능력' 향상
과 더불어 또 다른 패러다임인 '문화 간 이해 능력' 함양을 문화 교육의
목표로 설정하였다. '의사소통 능력'은 목표 언어로 원활하게 대화할 수
있는 능력으로, 목표 언어 사회에 존재하는 차이점을 인정하고 이를 폭넓게
이해함으로써 상호 간의 관계를 형성하는 데 요구되는 언어적·비언어적
차원의 전략을 포함하는 개념이다. 반면 '문화 간 이해 능력'은 한국어
학습자가 문화 간 주체로서의 한국문화와 자국(거주 국가) 문화 사이에서
충분히 공감하고 사유하며 판단하는 과정을 통해 한국문화를 자리매김하고,
문화에 대한 인식과 공감을 넓혀 문화 간 주체로서 복합적이고 중심이
있는 문화적 정체성을 형성하는 데 필요한 자질이다.

　한국어 학습자를 대상으로 하는 문화 교육에 있어, '의사소통 능력'
향상과 '문화 간 이해 능력' 함양이라는 두 패러다임의 설정은 한국문화
교육이 한국어 교육의 보조적인 기능을 수행하면서, 동시에 '문화 간 이해
능력' 함양이라는 큰 틀 속에서 한국어 교육과 함께 진행되는, 목적 그
자체라는 이중적 의의를 갖는 교육체제이다. 이러한 문화 교육에의 두
패러다임인 '의사소통 능력'과 '문화 간 이해 능력' 함양은 어디까지나
한국어(한국문화) 교육의 교육 목표에 따른 설정이다. 그러나 경우에 따라
'의사소통 능력' 향상과 '문화 간 이해 능력' 함양이 목표를 위한 과정으로도
적용될 수 있다. 이는 한국어 '의사소통 능력'을 바탕으로, 한국인과 한국문

화에 대한 심층적인 이해를 도모하여, 문화에 대한 인식과 태도에의 질적 변화를 가져오는 '문화 간 이해 능력' 함양으로 나아갈 수 있음을 의미한다.

한국어 학습자를 대상으로 하는 문화 교육은 한국어 교육에서 논의하는 문화 교육보다 더 원론적인 중요성을 갖는다. 따라서 한국어 학습자의 경우, 문화 교육의 방향이 한국어 '의사소통 능력' 향상에서 '문화 간 이해 능력' 함양으로 전개될 수 있다면, 이것이 바로 진정한 의미의 한국어 교육의 완성이자 한국문화 교육의 완성을 의미하는 것이다. 즉 문화 교육이라는 차원에서 본다면, '의사소통 능력'에서 '문화 간 이해 능력'으로의 지향은 궁극적인 문화 교육의 방향이며 목표라 할 수 있다. 그러나 본서의 출발인 한국어 교육에서의 문화 교육에 있어서는, 두 패러다임 모두 문화 교육의 목표에 따른 각각의 최종 도달점임을 다시 한 번 강조한다.

한국문화 교육 방안 역시 언어 교육 방안의 한계에서 벗어나지 못하고 있으며, 문화 교육 목표에 부합되는 효과적인 문화 교육 방안 개발도 여전히 부족한 실정이다. 이러한 데에도 역시 문화를 의사소통 능력의 한 구성부로 설정하고 의사소통 차원에 국한시키려는 현 한국어 교육 상황과 맞물려 있다.

문화 교육의 목표가 다르면 문화 교육 방법도 달리 접근해야 한다. 그런데 문화 교육 목표에 있어 가장 큰 변인은 한국어 학습자들의 한국어(한국문화) 학습 동기와 목표이다. 따라서 문화 교육의 수용자, 즉 한국어 학습자에 따른 문화 교육 방안이 모색되어야 한다. 이에 문화 교육 방안 연구에 있어 문화 교육의 목표이자 한국어 학습자들의 한국어(한국문화) 학습 목적의 두 패러다임이기도 '의사소통 능력' 향상과 '문화 간 이해 능력' 함양에 따른 문화 교육 방향을 제시하였다.

본서의 의의는 문화 교육의 목적이 의사소통 능력 향상에 치우쳐 있음을 파악하고, 이론적 근거와 학습자 변인을 반영하여 한국어 교육에서의 문화

교육에 '문화 간 이해 능력' 함양이라는 새로운 패러다임을 구축하였다는 점과 그에 따른 문화 교육 방향을 제시하였다는 점이다. 또한 교육 대상으로서의 한국문화의 특징을 밝히고, 이를 바탕으로 한국문화 교육의 기본 원리를 도출하여, 실제 한국문화 교육의 접근 원리로 적용할 수 있도록 시도하였다는 점에서도 의의가 있을 것이다. 본서의 연구 결과는 한국어 학습자의 다양한 변인에 의한 문화 교육 방안 개발의 초석이 될 수 있을 것이며, 두 패러다임에 부합하는 문화 교육 방향 모색은 문화 교육 연구에 있어 하나의 이정표 역할을 할 것으로 기대한다. 또한 한국문화 연구와 한국문화 교육을 조직적, 실제적으로 연계함으로써, 문화 전공자들의 연구 내용을 어떠한 방법으로 재구성하여 문화 교육에 반영할 것인가에 대한 방향도 제시했다는 점에서 의의를 가질 수 있을 것이다.

본서는 위와 같은 의의를 지니는 반면 한계점도 가지고 있다. 한국어 학습자 변인을 세부적으로 살피지는 못하고, 다양한 학습자 변인을 두 개의 패러다임으로 단순화하였으며, 그 과정도 재미교포와 중국인 학습자에 대한 심층 인터뷰 결과에 의존하였다. 따라서 실제 적용에 있어, 다양한 한국어 학습자 변인을 '의사소통 능력' 향상과 '문화 간 이해 능력' 함양, 두 패러다임 안에 모두 담아내기에는 어려움이 있을 것이다.

본서는 한국어(한국문화) 교육 목적에 따른 문화 교육 연구에 있어 밑그림을 그린 작업에 지나지 않는다. 향후 문화권별, 지역(거주 국가)별, 세부적인 학습 목적별 문화 교육에 대한 연구가 지속적으로 이루어져야 것이다. 또한 중국, 일본 등 다른 나라에서의 언어교육(문화 교육) 실태와 방안들을 살펴보았다면 한국문화 교육과의 비교 고찰을 통해 더 유의미한 결과를 제시할 수 있었을 것이다. 이에 다른 나라와의 비교 속에 한국문화의 특성을 고려한 실제적이고 다양한 문화 교육 연구도 이어지기를 바란다.

참고문헌

1. 국내 논문

강성영(1999), 「프랑스 언어·문화 교육-방법론 연구」, 한국프랑스학회 1999년 추계학술
발표회.

강성영(2000), 「문화 상호적 접근법의 원리 연구」, 『불어불문학연구』 42, 한국불어불문
학회.

강승혜(2002), 「재미교포 성인 학습자 문화프로그램 개발을 위한 요구조사 분석연구」,
『한국어교육』 13(1), 국제한국어교육학회, pp.1~25.

강승혜(2003), 「한국문화 프로그램 개발을 위한 한국어 학습자 요구분석」, 『한국어교육』
14(3), 국제한국어교육학회, pp.1~29.

강현화(2006), 「외국인 학습자의 문화 요구조사-문화교재 개발을 위해」, 『외국어로서
의 한국어교육』 31, 연세대학교 언어연구교육원, pp.99~128.

강현화(2007), 「한국인의 가치문화 교수방안」, 『언어와 문화』 3(2), 한국언어문화교육
학회, pp.85~115.

고경숙(2008), 「문화간 의사소통 관점에서 본 한국어 교사의 역할」, 『언어와 문화』
4(3), 한국언어문화교육학회, pp.1~20.

공일주(1996), 「외국인을 위한 한국어 교재 편찬에 있어서 고려할 문화적인 내용」,
『한글새소식』 283, 한글학회, pp.13~15.

구정화(2008), 「국제이해교육이 초등학생의 세계이해 태도에 미치는 효과」, 『시민교육
연구』 40(2), 한국사회과교육학회, pp.31~51.

권숙인(1998), 「소비사회와 세계체제 확산 속에서의 한국문화론」, 『비교문화연구』
4, 서울대학교 비교문화연구소, pp.181~214.

권오경(2006), 「한국어교육에서의 한국문화교육의 방향」, 『어문론총』 45, 한국문학언
어학회, pp.389~431.

권오경(2009), 「한국어교육에서 문화교육 내용 구축 방안」, 『언어와 문화』 5(2), 한국언
어문화교육학회, pp.49~72.

권오현(2003),「의사소통중심 외국어교육에서의 '문화' - 한국의 학교 외국어교육을 중심으로」,『국어교육연구』12, 서울대 국어교육연구소, pp.247~274.

김경랑(2005),「언어와 문화가 접목된 프랑스어-문화 교수/학습 방안」,『프랑스어문교육』19, 한국프랑스어문교육학회, pp.13~31.

김경숙(2007),「설문조사 자료를 활용한 문화교육 방안」, 2007년도 가을 정기학술대회, 한국언어문화교육학회.

김경식·윤주국(2004),「현대사회에서 문화교육의 방향 탐색」,『교육학논총』25(1), 대경교육학회, pp.1~21.

김기국(2003),「사진 이미지를 통한 문화 교육의 기호학적 접근」, 한국언어문화교육학회창립총회 및 제1회 국제학술대회, 한국언어문화교육학회.

김길훈(2001),「프랑스어 교육의 대안으로서 프랑스문화 교육에 대한 연구」,『한국프랑스학논집』35, 한국프랑스학회, pp.1~28.

김문용·이정주(2003),「조선시대 문화 분류를 위한 '주제·양태 결합 분류체계' 연구」,『민족문화연구』38, 고려대학교 민족문화연구원 한국문화연구소, pp.1~25.

김민정(2009),「TV 광고를 활용한 한국 문화 교육 방안 연구」,『한국어문학연구』29, 한국외국어대학교 한국어문학연구회.

김서형(2009),「영화를 활용한 한국의 언어와 문화 교육 - 교육용 영화 선정의 원리와 기준을 중심으로 - 」,『우리어문연구』35, 우리어문학회, pp.161~187.

김선미·곽노경(2013),「상호문화교육방식 연구 - 문화수업에서의 적용을 중심으로」,『人文科學』98, 연세대학교 인문학연구원, pp.87~116.

김성례(1993),「탈식민지시대의 문화이해 - 비교방법과 관련해서」,『비교문화연구』창간호, 서울대학교 비교문화연구소, pp.79~111.

김성례(1995),「문화에 대한 사회적 관심의 고조와 인류학 교육」,『한국문화인류학』27, 한국문화인류학회, pp.281~301.

김성제(2004),「문학 읽기와 문화 리터러시 : 의미화 수행의 교육」,『한국언어문화』26, 한국언어문화학회, pp.1~14.

김수진(2010),『문화간 의사소통능력 신장을 위한 한국문화교육 방법 연구』, 한국외국어대학교 대학원 국어국문학과 박사학위논문.

김순임(2005),「이문화간 의사소통 능력의 개념에 대한 고찰」,『독일언어문학』29, 한국독일언어문학회, pp.97~129.

김신호(2004),「불어교육에서의 상호 문화적 의사소통과 상호 문화 교육」,『프랑스어문교육』18, 한국프랑스어문교육학회, pp.31~48.

김애원(2004),『재외동포를 위한 한국이해교육 - 문화교육을 중심으로』, 이화여자대학교 교육대학원 사회과 일반사회교육전공 석사학위논문.

김영규(2006), 「한국어교육학 연구방법론의 과제와 전망」, 『한국어교육』 17(2), 국제한
국어교육학회, pp.267~287.

김영규(2005), 「외국어 텍스트 수정 연구가 한국어 읽기 및 듣기 교재개발에 시사하는
점」, 『이중언어학』 29, 이중언어학회, pp.63~82.

김영란(2005), 「한국어 교육 자료에 나타난 한국 문화-성인 대상 교육 자료를 중심으로
-」, 『국어교육연구』 15, 서울대학교 국어교육연구소, pp.217~274.

김영아(2002), 「한국어 교육과 문화 : 다문화 이해의 창」, 『21세기 한국어교육학의
현황과 과제』, 한국문화사.

김영훈(2002), 「신화와 디지털 : 인류학의 나팔소리」, 『신화와 디지털 문화』, 이화여자
대학교 인문학연구원.

김영훈(2007), 「'한국의 미'를 둘러싼 담론의 특성과 의미」, 『문화인류학』 40(1), 한국문
화인류학회, pp.195~222.

김옥선(2010), 「외국어교육에서 상호문화학습의 실천 방안」, 『독일어문학』 49, 한국독
일어문학회, pp.181~202.

김정숙(1997), 「한국어 숙달도 배양을 위한 한국 문화 교육 방안」, 『교육 한글』 10,
한글학회, pp.317~325.

김정숙(2003), 「통합 교육을 위한 한국어 교수요목 설계 방안 연구」, 『한국어교육』
14(3), 국제한국어교육학회, pp.119~143.

김정은(2009), 「한국어교사의 이문화능력과 교사를 위한 이문화교육 방안」, 『언어와
문화』 5(3), 한국언어문화교육학회, pp.75~98.

김종철(2005), 「문화 교육의 과제와 발전 방향」, 『한국어 교육론 2』, 한국문화사,
pp.387~402.

김주관(2008), 「언어를 통한 문화교육(2)-의사소통의 민족지학 방법의 적용」, 『언어와
문화』 4(1), 한국언어문화교육학회, pp.129~150.

김중섭(2005), 「외국인을 위한 한국 문화 교육 연구의 현황 및 과제」, 『이중언어학』
27, 이중언어학회, pp.59~85.

김중섭(2010), 「CIS 지역 재외동포 대상 한국문화 교육 항목 개발을 위한 기초조사
연구」, 『이중언어학』 45, 이중언어학회, pp.51~75.

김중순(2008), 「"외국문화로서의 한국문화" 교육의 가능성」, 『언어와 문화』 4(1), 한국
언어문화교육학회, pp.151~177.

김창원(2007), 「한국어 학습자를 위한 문화 능력의 평가 방안」, 『한국어 교육』 18(2),
국제한국어교육학회, pp.81~114.

198

김충실(2005), 「한국문화교수와 한국문화교재개발방안」, 『중국조선어문』 135, 길림성 민족사무위원회, pp.26~30.

김하수(2008), 「언어와 문화 교육에 대한 화용론적 해석－학술적 발전에 대한 반성을 곁들여」, 『외국어로서의 한국어 교육』 33, 연세대학교 언어연구교육원 한국어학당, pp.1~17.

김해영(2007), 『한국어 교재의 읽기 텍스트 분석을 통한 문화교육 내용 연구』, 한국외국어대학교 대학원 석사학위논문.

김현덕(2007), 「다문화교육과 국제이해교육의 관계정립을 위한 연구」, 『국제이해교육』 2, 국제이해교육학회.

김현덕(2007), 「다문화교육과 국제이해교육의 비교연구 : 미국사례를 중심으로」, 『비교교육연구』 17(4), 한국비교교육학회, pp.1~23.

김현진(2006), 「프로젝트 수업의 구성 방안 연구」, 『한국어 교육』 17(1), 국제한국어교육학회, pp.101~131.

김현진(2009), 「재미동포 청소년을 위한 한국어·문화교육 병행 프로그램 설계 방안 연구」, 『이중언어학』 39, 이중언어학회, pp.53~78.

남봉순(2009), 「대학 초급 프랑스어 교육에서 문화 교육 접근법(Ⅱ)」, 『프랑스어문교육』 31, 한국프랑스어문교육학회, pp.29~49.

라혜민·우인혜(2001), 「중급 교재 내의 문화 교육 방안」, 국제한국어교육학회 제11차 국제학술대회 발표논문집.

라혜민(2007), 「외국인 대상의 한국어 문화교육 방안－초급 학습자를 중심으로－」, 2007년도 가을 정기학술대회, 한국언어문화교육학회.

마미화(2005), 『사회과 교육과정과 교과서에 나타난 '세계화'에 대한 관점 및 서술 내용의 분석 연구』, 서울대학교 대학원 박사학위논문.

문옥표(1995), 「인류학, 현대문화분석, 한국학－이론적·방법론적 연계의 가능성－」, 『한국의 사회와 문화』 23, 한국정신문화연구원, pp.49~84.

민춘기(2003), 「상호문화 학습의 이론적 토대」, 『독일언어문학』 21, 독일언어문학연구회, pp.127~147.

민현식(1996), 「국제 한국어 교육을 위한 문화론의 내용구성 연구」, 『한국말교육』 7, 국제한국어교육학회, pp.101~142.

민현식(2003), 「국어교육과 한국어교육에서 문화교육」, 『Foreign Language Education』 10(2), 한국외국어교육학회, pp.429~452.

민현식 외(2005), 「5장 문화교육」, 『한국어교육론 2』, 국제한국어교육학회 편.

박갑수(1998), 「외국어로서의 한국어 교육과 문화적 배경」, 『선청어문』 26, 서울대학교

국어교육과, pp.133~150.

박나리(2003), 「중국인 초급 학습자를 위한 기초 문화항목」, 『중국에서의 한국어교육 IV』, 연변과학기술대학 한국학연구소.

박노자(2000), 「한국문화 교육의 현황과 문제점」, 『한국어교육』 11(2), 국제한국어교육 회, pp.63~88.

박명석(1980), 「언어와 문화」, 『외국어 교육논문집』, 한국외국어대학 외국어연수원.

박선웅·박길자(2007), 「사회과에서 미디어 리터러시를 통한 문화교육」, 『시민교육연 구』 39(1), 한국사회과교육학회, pp.1~23.

박영순(1989), 「제2언어 교육으로서의 문화 교육 - 한국어의 문화적 요소를 중심으로」, 『이중언어학』 5, 이중언어학회, pp.43~59.

박영순(2003), 「한국어교육으로서의 문화 교육에 대하여」, 『이중언어학』 23, 이중언어 학회, pp.67~89.

박영준(2000), 「한국어 숙달도 배양을 위한 문화적 어휘·표현의 교육」, 『한국어교육』 11(2), 국제한국어교육학회, pp.89~110.

박숙영(2007), 『문화간 의사소통을 위한 가치문화 교육방안』, 경희대학교 교육대학원 석사학위논문.

박옥희(2009), 「국제어로서의 문화 리터러시 함양을 위한 영어교과서 문화내용에 관하여」, 『학습자중심교과교육연구』 9(2), 학습자중심교과교육학회, pp.139~166.

박인기(2002), 「문화적 문식성의 국어교육적 재개념화」, 『국어교육학연구』 15, 국어교 육학회, pp.23~54.

박인기(2008), 「문화와 문식성(文識性)의 관계 맺기」, 『문식성 교육 연구』, 한국문화사.

박춘연(2010), 『중국 내 한국 문화 교육과정 설계 연구』, 경희대학교 대학원 국어국문학 과 박사학위논문.

박혜정(2008), 『한국어 교재의 문화항목 연구 - 초급 학습자의 의사소통능력 향상을 중심으로』, 한양대학교 교육대학원 석사학위논문.

배은주(2006), 「한국 내 이주노동자 자녀들의 학교생활에서의 갈등 해결 방안 : 초등학 교를 중심으로」, 『교육인류학연구』 9(2), 한국교육인류학회, pp.25~55.

배재원(2011), 「한국어 학습자를 위한 문화 교육 방향 연구」, 한국언어문화교육학회 2011년 제15차 전국학술대회 발표문.

배재원(2013), 「고급 한국어 학습자를 위한 한국문화 교육 방안 연구 - 한국문화의 상호관계성을 중심으로 -」, 『시학과 언어학』 24, 시학과 언어학회, pp.85~108.

배재원(2013), 「문화 교육을 위한 한국문화의 이해」, 국제한국언어문화학회 2013년 봄 학술대회 발표문.

200

배현숙(2002), 「한국어 교육에서 문화교육의 현황과 문제점」, 『이중언어학』 21, 이중언어학회, pp.178~198.

배현숙(2007), 「외국인 유학생의 문화적 문식성(literacy) 격차 해소 방안」, 『언어와 문화』 3(1), 한국언어문화교육학회, pp.107~120.

백봉자(2006), 「문화 교육 자료의 개발 방향」, 『외국어로서의 한국어 교육』 31, 연세대학교 언어연구교육원, pp.1~23.

서유경(2009), 「판소리를 통한 문화적 문식성 교육 연구－이청준의 <남도사람> 연작을 중심으로」, 『판소리연구』 28, 판소리학회, pp.171~196.

성기철(2001), 「한국어 교육과 문화 교육」, 『한국어교육』 12(2), 국제한국어교육학회, pp.111~135.

성기철(2008), 「다문화 사회에서의 언어 교육의 과제」, 『한국언어문화학』 5(2), 국제한국언어문화학회, pp.1~26.

손다정(2009), 「간문화 학습을 통한 한국문화교육－다문화교육에서의 적용을 중심으로」, 한국언어문화학회 제11차 전국학술대회.

송영빈(2001), 「코퍼스의 의미정보를 이용한 어휘의 대조연구」, 『일어일문학연구』 39, 한국일어일문학회, pp.197~216.

송향근(2005), 「재외동포 한국어교육의 현황과 과제」, 『비교문화연구』 17, 서울대학교 비교문화연구소, pp.1~26.

신현옥(2010), 「다문화 사회와 이주배경 청소년의 이야기」, 『청소년 문화포럼』 25, 한국청소년문화연구소, pp.239~248.

심민아(1997), 『외국어로서의 한국어 교육에 있어서 문화 교육 방안』, 이화여자대학교 대학원 석사학위논문.

안경화(2001), 「속담을 통한 한국 문화의 교육 방안」, 『한국어교육』 12(1), 국제한국어교육학회, pp.143~163.

안병환(2009), 「다문화교육의 현황과 다문화교육 접근방향 탐색」, 『한국교육논단』 8(2), 한국교육포럼, pp.155~177.

안용주(2006), 「문화를 통한 멀티미디어 일본어 회화교재 개발에 있어서의 한국의 문화교육을 위한 항목 분류 모델 시안 개발」, 한국외국어교육학회 2006년 학술대회 자료집, 한국외국어교육학회, pp.302~311.

안한나(2006), 『재미교포(Korean-American) 한국어 학습자의 정체성 지각에 관한 연구－한국어 능력과의 상관관계를 중심으로－』, 연세대학교 교육대학원 석사학위논문.

양민정(2005), 「외국인을 위한 한국문화 교육 방안 연구－한국 고전문학을 중심으로」,

『국제지역연구』 9(4), 한국외국어대학교 국제지역연구센터, pp.101~125.

양민애(2008), 「한국어 교사 교육에서의 이문화(異文化) 교육의 필요성과 방향」, 『이중언어학』 38, 이중언어학회, pp.235~262.

양영자(2007), 『한국 다문화교육의 개념 정립과 교육과정 개발 방향 탐색』, 이화여자대학교 대학원 박사학위논문.

양지선(2010), 「민간신앙을 활용한 한국어와 문화 교육」, 『이중언어학』 42, 이중언어학회, pp.47~71.

오성배(2006), 「한국의 소수민족 '코시안' 아동의 사례를 통한 다문화교육의 방향 탐색」, 『교육사회학연구』 16(4), 한국교육사회학회, pp.137~157.

오지혜(2010), 「한국어 학습자의 리터러시(Literacy) 교육을 위한 문학 제재 연구-현대시 작품을 중심으로-」, 『시학과 언어학』 18, 시학과언어학회, pp.207~225.

장경은(2001), 『한국어 교육을 위한 단계별 문화 내용과 교수 방법』, 전남대학교대학원 석사학위논문.

우인혜(2004), 「외국인을 위한 한국문화항목 선정」, 『이중언어학』 25, 이중언어학회, pp.149~186.

원미진(2009), 「한국어 교사의 이문화간 소통능력 구성요인에 대한 탐색적 연구」, 『한국어교육』 20(2), 국제한국어교육학회, pp.85~105.

원진숙·박나리(2002), 「영어권 교포 자녀를 위한 한국어 교재 개발 방향」, 『이중언어학』 20, 이중언어학회, pp.193~212.

유석훈(2004), 「구성주의 다매체 교자재 데이터베이스 구축-영어권 한국어 학습자를 위한-」, 『한국어 교육』 15(3), 국제한국어교육학회, pp.171~192.

윤여탁(2000), 「한국어교육에서 문화의 위상과 역할」, 『국어교육연구』 7, 서울대학교 국어교육연구소, pp.291~308.

윤여탁(2001), 「외국인을 대상으로 한 한국어교육의 제문제」, 『국어교육연구』 8, 서울대학교 국어교육연구소, pp.5~24.

윤여탁(2002), 「한국어 문화 교수학습론」, 『21세기 한국어교육학의 현황과 과제』, 한국문화사.

윤인진(2005), 「민족문화의 재성찰 : 민족주의와 국민정체성」, 『한국사회의 재구조와 문화변동』, 한국사회학회 광복 60주년 기념 학술대회, pp.121~144.

윤인진(2010), 「재외동포의 현황과 동포 청소년을 위한 한국어교육의 방향」, 『국어교육』 131, 한국어교육학회, pp.49~77.

이경란(2006), 『재북미 한인청소년을 위한 한국문화교육프로그램 개발 연구-생활문화교육을 중심으로』, 성신여자대학교 대학원 가족문화소비자학과 박사학위논문.

이광규(2005), 「재외동포를 위한 한국어교육 : 세계 속 동포들의 현황과 과제」, 『이중언어학』 28, 이중언어학회, pp.1~10.

이기성(2009), 「한국문화교육을 위한 문화 텍스트 구성방안 : 분단의 문화를 중심으로」, 『언어와 문화』 5(3), 한국언어문화교육학회, pp.23~49.

이길원(2007), 「한국문화의 교육내용과 교육방법 연구」, 『언어와 문화』 3(3), 한국언어문화교육학회, pp.159~175.

이덕봉(2001), 「학습자 중심 교육과정의 한계와 개선 방향」, 한국외국어교육학회 2001년 여름 학술대회 발표문.

이동재(2003), 「미국에서의 중·고등학생 대상의 한국어 교육과 교수법」, 『한국어교육』 14(2), 국제한국어교육학회, pp.205~226.

이미정(2007), 「다문화간 의사소통을 지향하는 문화교육 연구 - 초급 학습자를 위한 학습 모형을 위한 학습 모형을 중심으로」, 『언어와 문화』 3(3), 한국언어문화교육학회, pp.177~194.

이미향(2010), 「학습자의 문화 간 의사소통능력 향상을 위한 한국어 교재 고찰」, 『이중언어학』 42, 이중언어학회, pp.135~165.

이미혜(2004), 「한국어와 한국 문화의 통합 교육」, 『한국언어문화학』 1(1), 국제한국언어문화학회, pp.143~163.

이민희(2008), 「비교교육학적 고찰을 통한 한국의 다문화교육 방향 탐색에 관한 연구」, 『청소년보호지도연구』 12, 한국청소년보호지도, pp.24~45.

이병민(2005), 「리터어시 개념의 변화와 미국의 리터러시 교육」, 『국어교육』 117, 한국어교육학회, pp.133-175.

이봉지(1991), 「외국어 교육과 문화 교육」, 『프랑스어문교육』 1, 한국프랑스어문교육학회, pp.40~52.

이봉지(2001), 「멀티미디어를 사용한 목표문화 교육」, 『Foreign Language Education』 8(1), 한국외국어교육학회, pp.359~374.

이상억(1987), 「서울대-UCLA 한국어·문화 연계교육 프로그램의 소개」, 『이중언어학』 3, 이중언어학회, pp.109~193.

이석주(2002), 「한국어 문화의 내용별, 단계별 목록 작성 시고」, 『이중언어학』 21, 이중언어학회, pp.20~44.

이선이(2003), 「문학을 활용한 한국문화 교육 방법」, 『한국어 교육』 14(1), 국제한국어교육학회, pp.153~171.

이선이(2005), 「영화 '태극기 휘날리며'를 활용한 한국 문화 교육 방안 : 재외동포의 민족 정체성 교육을 위한 試論」, 『언어와 문화』 1(2), 한국언어문화교육학회, pp.97~116.

이선이(2007), 「문화인식과 문화교육 - 한국문화교육을 위한 제언」, 『언어와 문화』 3(1), 한국언어문화교육학회, pp.49~66.

이성재(1999), 「외국어 교육에 있어서 문화의 역할에 관한 연구」, 『한국프랑스학논집』 27, 한국프랑스학회, pp.445~461.

이성희(2008), 「한국어·문화 통합 교육의 원리와 방향」, 『국어국문학』 150, 국어국문학회, pp.537~564.

이정민(2007), 「한국 대학 프랑스어 교실수업 내 문화교육의 실태와 문제점」, 『한국프랑스학논집』 57, 한국프랑스학회, pp.35~58.

이정민(2009), 「외국어 교육에서의 문화교육 : 상호문화적 의사소통에 요구되는 문화 능력의 교수학습 문제를 중심으로」, 『프랑스어문교육』 31, 한국프랑스어문교육학회, pp.113~140.

이정은(2010), 「국가와 종족의 상호작용을 통해 본 조선족의 종족정체성」, 『비교문화연구』 16(2), 서울대학교 비교문화연구소, pp.151~193.

이정택(2009), 「한국어교육을 위한 한국문화교육의 이상과 현실」, 『문법교육』 11, 한국문법교육학회, pp.283~300.

이종하(2006), 「독일의 문화간 이해교육의 실천과 시사점」, 『한국교육문제연구』 17, 동국대학교 교육연구원, pp.105~120.

이진숙(2003), 「외국어로서의 한국어교육에서 문화를 통합시키기 위한 교육적 방안」, 『국어교육연구』 12, 서울대 국어교육연구소, pp.331~350.

이해영a(2000), 「프로젝트 활동을 활용한 한국 문화 학습」, 『Foreign Language Education』 7(2), 한국외국어교육학회, pp.409~434.

이해영a(2010), 「재미 교포 초급 학습자와 비교포 초급 학습자의 한국어 능력 비교」, 『이중언어학』 44, 이중언어학회, pp.275~294.

이해영b외(2006), 「한국학 전공자를 위한 한국 사회·문화 교재 개발 방향」, 『한국어교육』 17(3), 국제한국어교육학회, pp.209~230.

임경순(2006), 「문화중심 언어와 문화의 통합 교수·학습 방법 연구」, 『한중인문학연구』 19, 한중인문학회, pp.293~320.

임경순(2008), 「한국문화 이해론 서설」, 『선청어문』 36, 서울대학교 국어교육과, pp.623~655.

임재해(1998), 「한국 민중문화와 민속문화, 그리고 민족문화」, 『전통과 현대』 4, 전통과 현대사, pp.52~75.

임재해(1999), 「문화개방과 문화교육 - 특집1 : 문화의 교육적 기능/한국 민속문화의
　　교육적 의미와 기능」, 『교육철학』 21, 한국교육철학학회(구 교육철학회),
　　pp.67~107.

장경은(2001), 「문화를 통한 한국어교육의 실현 방안」, 『외국어로서의 한국어교육』
　　26, 연세대학교 언어연구교육원, pp.435~452.

장승일(2008), 「샹송과 문화교육에 관한 단상」, 『프랑스어문교육』 28, 한국프랑스어문
　　교육학회, pp.35~69.

장한업(2009), 「프랑스의 이민정책과 상호문화교육 - 한국 사회에 주는 시사점을 중심
　　으로」, 『불어불문학연구』 79, 한국불어불문학회, pp.633~656.

장호진·박성실(2010), 「쿠레레(Currere) 방법을 활용한 한국의 실생활문화 교육방안」,
　　『비교문화연구』 19, 경희대학교 비교문화연구소, pp.339~358.

전정태(1998), 「교육의 문화인류학적 연구」, 『문화연구』 1(1), 한국문화학회, pp.34~56.

정영근(2009), 「한국사회의 다문화화에 대한 교육학적 성찰」, 『교육철학』 44, 한국교육
　　철학학회, pp.113~137.

정진곤(1996), 「재미 한인학생의 한국문화교육의 현황과 개선 방향」, 『비교교육연구』
　　6(1), 비교교육학회, pp.301~353.

조영배(1999), 「한국 민요의 음악적 특성을 통해 본 미적 성격에 관한 일고찰」, 『민족예
　　술의 정서와 미학』, 월인, pp.63~88.

조오현(2007), 「국어 교육에서의 문화 교육」, 『겨레어문학』 38, 겨레어문학회,
　　pp.57~77.

조용환(2001), 「한국 문화교육의 정책과 실상」, 『문화개방과 교육』, 교육철학회.

조정순(2006), 「중국인 학습자를 위한 효과적인 한국어 교수법」, 『白楊人文論集』 11,
　　신라대학교 인문과학연구원, pp.173~190.

조창환(1996), 「한국어교육과 연계된 한국문화 소개 방안」, 『한국어교육』 7(6), 국제한
　　국어교육학회, pp.109~119.

조항덕(2001), 「외국어 수업에서의 문화 교육에 대한 연구」, 『Foreign Languages Education』
　　8(2), 한국외국어교육학회, pp.245~263.

조항록(1998), 「한국어 고급 과정 학습자를 위한 한국 문화 교육 방안」, 『한국어교육』
　　9(2), 국제한국어교육학회, pp.223~237.

조항록(2000), 「초급 단계에서의 한국어 교육과 문화 교육」, 『한국어 교육』 11(1),
　　국제한국어교육학회, pp.153~173.

조항록(2002), 「한국어 문화 교육론의 주요 쟁점과 과제」, 『21세기 한국어 교육학의
　　과제와 전망』, 한국문화사, pp.441~471.

조항록(2004), 「한국어 문화교육론의 내용 구성 시론(試論)」, 『한국언어문화학』 1(1), 국제한국언어문화학회, pp.199~219.

조항록(2005), 「한국어 학습자를 대상으로 하는 문화 교육의 새로운 방향」, 『한국어교육』 16(2), 국제한국어교육학회, pp.279~305.

조항록·강승혜(2001), 「초급 단계 한국어 학습자를 위한 문화 교수요목 개발(1)」, 『한국어교육』 12(2), 국제한국어교육학회, pp.491~510.

조현용(2003), 「한국문화 교육방안에 대한 연구」, 『이중언어학』 22, 이중언어학회, pp.343~364.

조혜정(1994), 「전통문화와 정체성에 관한 담론 분석」, 『동방학지』 86, 연세대학교 국학연구원, pp.175~210.

조혜정(1997), 「한국의 가부장제에 관한 해석적 분석」, 『성, 가족, 그리고 문화』, 집문당.

지현배(2006), 「한국어 교원 자격시험의 문화영역 문화연구」, 『문학과 언어』, 문학과 언어학회, pp.189~212.

진정란(2008), 「재미동포 저밀집 지역의 한국어 교육을 위한 한국어 캠프」, 『외국어교육 연구』 23(2), 한국외국어대학교 외국어교육연구소, pp.105~126.

진제희(2005), 「한국어 수업을 위한 내용 중심 교수 방안-고급 수준 재미 교포 학습자를 대상으로-」, 『한국어교육』 16(3), 국제한국어 교육학회, pp.353~377.

Chang Edward(2004), 「재미동포 2세 교육의 방향과 미래상」, 제1차 국제언어문화학회 국제학술대회 발표논문집.

최권진(2008), 「쿠레레(Currere) 방법을 적용한 한국어 문화교육-그 이론과 실제」, 『한국언어문화학』 5(1), 국제한국언어문화학회, pp.113~134.

최민성(2006), 「한류 지속의 동력으로서 한국 문화의 정체성」, 『인문콘텐츠』 6, 인문콘텐츠학회, pp.163~177.

최웅환(2007), 「한국 언어문화 교육에 대한 비판적 고찰」, 『언어와 문화』 3(1), 한국언어문화교육학회, pp.87~106.

최인자(2003), 「대중매체를 활용한 한국어 교육 방법-텔레비전 드라마를 중심으로」, 『어문학교육』 28, 한국어문학교육학회, pp.267~286.

최정순(1998), 「웹기반의 한국어 교육 프로그램 개발의 실제」, 『한국어 교육』 9(2), 국제한국어교육학회, pp.239~268.

최정순(1999), 「새로운 수업 도구로서의 웹」, 『한국어 교육』 10(2), 국제한국어교육학회, pp.325~346.

최정순(2004), 「한국어교육과 한국문화교육의 등가적 통합」, 『언어와 문화』 1, 한국언어문화교육학회, pp.63~81.

최정순(2008), 「다문화시대 한국어교육의 내실화를 위한 제언」, 『이중언어학』 37, 이중언어학회, pp.287~316.

최주열(2008), 「한국 문화 교육 접근 방법 연구」, 『언어와 문화』 4(1), 한국언어문화교육학회, pp.203~222.

최주열·최권진(2009), 「외국인 학습자를 위한 한국 전통사상 교육 방안 연구-단군신화를 중심으로」, 『언어와 문화』 5(3), 한국언어문화교육학회, pp.1~22.

최준식(1998), 「한국문화 그리고 한국인, 어떻게 할 것인가」, 『한국문화와 한국인』, 사계절.

최협(1998), 「한국 문화의 연구와 방법」, 『정신문화연구』 21-2(통권 71호), 한국정신문화연구원, pp.21~38.

한상미(1999), 「한국어 교육에서 언어와 문화의 통합적인 교육방안-의사소통 민족지학 연구 방법론의 적용」, 『한국어교육』 10(2), 국제한국어교육학회, pp.347~366.

한선(2007), 「영상 매체를 활용한 한국문화 교육-'TV드라마와 영화'를 중심으로」, 『언어와 문화』 3(3), 한국언어문화교육학회, pp.195~216.

한윤정(2007), 『한국어 학습자를 위한 문화교육항목 선정과 제시 방안연구』, 한국외국어대학교 교육대학원 석사학위논문.

함상희(2007), 『제7차 교육과정에 의한 고등학교 프랑스어 문화내용과 평가에 관한 실태 연구』, 이화여자대학교 불어교육전공 석사학위논문.

홍종열(2012), 「유럽의 다문화 사회와 상호문화 교육에 관한 고찰」, 『人文科學硏究』 30, 성신여자대학교 인문과학연구소, pp.383~411.

황인교(2006), 「한국어 교육과 문화 교육」, 『외국어로서의 한국어교육』 31, 연세대학교 언어연구교육원, pp.207~227.

황인교(2007), 「외국인을 위한 한국어 교재와 문화」, 『이중언어학』 35, 이중언어학회, pp.409~437.

황적륜(2000), 「영어교육의 조감과 전망」, 『현대 영어교육의 이해와 전망』, 서울대학교출판부.

황혜진(2005), 「문화적 문식성 교육을 위한 고전소설과 영상변용물의 비교 연구-<장화홍련전>과 <장화,홍련>을 대상으로-」, 『국어교육』 116, 한국어교육학회, pp.375~407.

2. 국내 단행본

강인애(1998), 『왜 구성주의인가 : 정보화시대와 학습자 중심의 교육환경』, 문음사.

권영필(1986), 「한국미술의 미적본질」, 『예술과 비평』, 서울신문사.

권영필 외(2005), 『한국의 미를 다시 읽는다』, 돌베개.

교육부(2000), 『고등학교 교육과정 해설 12. 외국어』, 교육부 고시 1997-15호.

교육인적지원부(2006), 『다문화가정 자녀 교육 지원 대책』, 정책발표집.

교육철학회(2001), 『문화개방과 교육』, 문음사.

국립국어연구원(2002), 『우리 문화 길라잡이 : 한국인이 꼭 알아야 할 전통 문화 233가
　　　　지』, 학고재.

국제한국어교육학회 편(2005), 『한국어교육론 : 한국어교육의 역사와 전망』 2권, 한국
　　　　문화사.

국제한국학회(1998), 『한국문화와 한국인』, 사계절.

김경훈 외(2009), 『PR Korea, 우리 문화 영어로 표기하기』, 윈타임즈.

김광억 외(1998), 『문화의 다학문적 접근』, 서울대학교 출판부.

김광억(2005), 『종족과 민족 : 그 단일과 보편의 신화를 넘어서』, 아카넷.

김기흥(2000), 『천년의 왕국, 신라』, 창작과 비평사.

김문식(2005), 『조선 왕실 기록문화의 꽃 의궤』, 돌베개.

김문환(1999), 『문화교육론』, 서울대학교 출판부.

김병모(1984), 『역사도시 경주』, 열화당.

김병운(2009), 『중국어권 학습자를 위한 한국어교육연구』, 한국문화사.

김봉렬(2006), 『김봉렬의 한국건축 이야기』 1·2·3권, 돌베개.

김선미·김영순(2008), 『다문화교육의 이해』, 한국문화사.

김삼화·김창대(2009), 『(중국 유학생들이 말하는 학업보다 어려운 한국 문화) 문화장벽
　　　　을 넘어 더불어 살기』, 한국학술정보.

김숙현 외(2001), 『한국인과 문화간 커뮤니케이션』, 커뮤니케이션북스.

김영숙 외(2004), 『영어과 교육론 2』, 한국문화사.

김영훈(2002), 『문화와 영상: 영상인류학의 이해』, 일조각.

김원룡(1996), 『韓國美의 探究』, 열화당.

김인회·정순목(1974), 『한국 문화와 교육』, 이화여자대학교 출판부.

김재은(1987), 『한국인의 의식과 행동의식』, 이대출판사.

김찬호(2007), 『문화의 발견 : KTX에서 찜질방까지』, 문학과 지성사.

김찬호(2009), 『생애의 발견』, 인물과 사상사.

김현미(2005), 『글로벌 시대의 문화번역』, 도서출판 또 하나의 문화.

김현진(2000), 『(열린 영어 수업을 위한) 주제중심 통합 영어교육』, 도서출판 동인.

김호연 외(2009), 『한국문화와 콘텐츠』, 채륜.

노명완·이차숙(2002), 『문식성연구』, 박이정.

로저 자넬리, 임돈희 공저(2000), 『조상의례와 한국사회』, (김성철 역) 일조각.

문옥표 외(2006), 『해외 한인의 민족관계』, 아카넷.

문화관광부(2010), 『Guide to Korean Culture』, 한림출판사.

박금주 외(2009), 『외국인을 위한 한국문화 길라잡이』, 박이정.

박명진 외(1996), 『문화, 일상, 대중』, 한나래 언론문화총서 23.

박명희(2004), 『Cultural Life in Korea』, 교문사.

박영순(2002), 『한국문화론』, 한국문화사.

박영순(2006), 『한국어 교육을 위한 한국문화론』, 한림출판사.

박영순(2008), 『(우리가 정말 알아야 할) 한국 문화』, 현암사.

배두본(1997), 『영어 교육학』, 한신문화사.

서울대학교 사회과학연구소 편(1986), 『價値意識의 變化와 展望: 解放 40年』, 서울대학
        교출판부.

서정수(2007), 『An Encyclopaedia of Korean Culture 한국문화백과사전』, 한세본.

서하석(2008), 『의사소통을 위한 언어와 문화의 이해』, 한빛문화.

신경림 외(2004), 『질적 연구 방법』, 이대출판부.

신대철(1993), 「우리 음악의 일반적 특징」, 『우리 음악, 그 맛과 소리깔』, 교보문고.

신수진·최준식(2002), 『현대 한국사회의 이중가치체계』, 집문당.

역사문제연구소 편(2001), 『전통과 서구의 충돌 — '한국의 근대성'은 어떻게 형성되었
        는가』, 역사비평사.

오은순 외(2008), 『다민족·다문화사회로의 이행을 위한 정책 패러다임 구축(II): 다문화
        교육을 위한 범교과 교수·학습 프로그램 개발 연구』, 한국여성정책연구원.

오주석(1994), 『문화인류학 개론』, 일조각.

오주석(1999, 2006), 『옛그림 읽기의 즐거움』 1·2, 솔.

오주석(2003), 『오주석의 한국미 특강』, 솔.

오주석(2009), 『한국 한국어 한국문화』, 북코리아.

우주희 외(2006), 『재외동포 한국문화교육 프로그램 지원 모델 개발 연구』, 한국문화관
        광정책연구원.

유네스코 아시아·태평양 국제이해교육원(2005), 『세계시민을 위한 국제이해교육』,
        유네스코 아시아·태평양 국제이해교육원.

유동식(1975), 『한국 무교의 역사와 구조』, 연세대 출판부.

유수연(2008), 『문화간 의사소통의 이해』, 한국문화사.

유홍준(1993~1997), 『나의 문화유산답사기』 1~3권, 창작과비평사.

원승룡·김종헌(2001), 『문화 이론과 문화 읽기』, 서광사.

윤여탁(2007), 『외국어로서의 한국문학교육』, 한국문화사.

윤여탁 외(2008), 『매체언어와 국어교육』, 서울대학교 출판부.

윤열수(1995), 『민화이야기』, 디자인하우스.

윤용이(1996), 『아름다운 우리 도자기』, 학고재.

윤택림(2004), 『문화와 역사 연구를 위한 질적연구 방법론』, 아르케.

이경희(1995), 『Korean Culture』, 코리아헤럴드.

이광규(1990), 『한국의 가족과 종족』, 민음사.

이규태(1977), 『한국인의 의식구조: 한국인은 누구인가』상·하, 문리사.

이삼열(2003), 『세계화 시대의 국제이해교육』, 아시아·태평양 국제이해교육원.

이상억(2008), 『한국어와 한국문화』, 소통.

이선이(2007), 『외국인을 위한 한국현대문화』, 한국문화사.

이성천(1997), 『한국·한국인·한국음악 : 한국전통음악에 내재한 의식』, 풍남출판사.

이어령(2007), 『우리 문화박물지』, 디자인하우스.

이어령(2010), 『21 Icons of Korean Culture』, 한국학중앙연구원.

이인성(2009), 『21세기 세계화 체제의 이해』, 아카넷.

이창식(2006), 『전통문화와 문화콘텐츠』, 역락.

이현정(2009), 『우리의 미래 다문화에 달려 있다』, 소울메이트.

이효인(2003), 『(영화로 읽는) 한국문화사』, 개마고원.

일상문화연구회(1996), 『한국인의 일상문화-자기성찰의 사회학』, 한울.

임경순(2009), 『(한국어문화교육을 위한) 한국문화의 이해』, 한국외국어대학교.

임희섭(1991), 『문화적 다원주의와 교육』, 교육월보.

장미혜 외(2008), 『다민족·다문화사회로의 이행을 위한 정책 패러다임 구축(Ⅱ) : 다문화 역량 증진을 위한 정책·사회적 실천 현황과 발전 방향』, 한국여성정책연구원.

정수복(2007), 『한국인의 문화적 문법』, 생각의 나무.

정창권(2009), 『문화콘텐츠 교육학』, 북코리아.

조동일(2007), 『세계·지방화시대의 한국학 6』, 비교연구의 방법, 계명대학교 출판부.

조태남(2008), 『문화콘텐츠와 스토리텔링』, 경남대학교출판부.

조한혜정 외(2003), 『한류와 아시아의 대중문화』, 연세대학교 출판부.

조혜영 외(2007), 『다문화가족 자녀의 학교생활실태와 교사·학생의 수용성 연구』, 한국여성정책연구원.

조흥윤(2001), 『한국문화론』, 동문현대신서 91.

최봉영(1994), 『한국인의 사회적 성격 Ⅰ,Ⅱ』, 느티나무.

최봉영(1997), 『조선시대 유교문화』, 사계절.

최봉영(1997), 『한국문화의 성격』, 사계절.

최완수 외(1998), 『(우리문화의 황금기) 진경시대』, 돌베개.

최재석(1994), 『한국인의 사회적 성격』, 현음사.

최준식(1997), 『한국인에게 문화는 있는가』, 사계절.

최준식(2002), 『한국인은 왜 틀을 거부하는가』, 소나무.

최준식(2005), 『한국의 종교, 문화로 읽는다』 1권, 사계절.

최준식(2007), 『세계가 높이 산 한국의 문기』, 소나무.

최준식(2007), 『Understanding Koreans and their culture』, 허원미디어.

최준식(2009), 『서울 문화 순례』, 소나무.

최준식(2011), 『외국인과 함께 보는 한국 문화 교과서』, 소나무.

최준식 외(2002), 『유네스코가 보호하는 우리문화유산 12가지』, 시공사.

최준식 외(2010), 『한국문화는 중국문화의 아류인가?』, 소나무.

최홍기(1994), 「유교와 가족」, 『이데올로기와 가족』, 교육과학사.

탁석산(2000), 『한국의 정체성』, 책세상.

탁석산(2008), 『한국인은 무엇으로 사는가』, 창비.

토픽(TOPIK) 문항 유형 개발을 위한 기초 연구팀(2006), 『한국어능력시험 문항유형 개발을 위한 기초 연구－문항 개발을 위한 지침서』, 한국교육과정평가원.

하일식(1999), 『경주역사기행』, 아이북스.

한국교육과정평가원(2004), 『재외동포용 한국어 교육과정 및 교재 체제 개발 연구』, 연구보고 CRC 2004-3, 한국교육과정평가원.

한국문화관광정책 연구원(2006), 『재외동포 한국 문화교육 프로그램 지원 모델 개발 연구』, 한국문화관광정책연구원.

한국문화연구원(2007), 『외국인을 위한 한국역사·예술·현대문화 교육자료 개발』, 한국학·한국문화 교육의 국제화사업 제2차 워크숍, 이화여자대학교 한국문화연구원.

한국생활사박물관 편찬위원회(2000-2004), 『한국생활사박물관』 1~12, 사계절.

황루시(2002), 「민속 해석의 한 연구」, 『민속문화와 기호학』, 문학과 지성사.

한명희 외(1985), 『한국전통예술의 미의식』, 정신문화연구원.

황병기(1992), 「한국음악의 미」, 한국예술원 제21회 국제학술 심포지움 논문집.

한상복 외(1997), 『문화인류학 개론』, 서울대출판부.

한필원(2004), 『한국의 전통마을을 가다』 1·2권, 북로드.

3. 국외 연구서·논문

宮嶋博史(1996), 『양반 : 역사적 실체를 찾아서』, (노영구 역) 강(원전 출판연도 1995).

Albert, R. D.(1983), The intercultural sensitizer or culture assimilator: A cognitive approach, in D. Landis and R. Brislin(eds), *Handbook of intercultural training*, Vol. 2, New York: Pergamon, pp.186~217.

Allen, E. D. & Valette, R. M.(1977), *Classroom techniques: foreign languages and English as a second language*, New York: Harcourt Brace Jovanovich.

Bachman, L. F.(1990), *Fundamental considerations in language testing*, Oxford: Oxford University Press.

Banks, J. A.(2001), *Cultural diversity and education: foundations, curriculum, and teaching*, Boston: Allyn & Bacon.

Benavada, S.(1982), De la civilisation à l'ethno-communication, *Le FDM*, n° 170, Paris: Hachette, pp.33~38.

Bennett, C. I.(2009), 『다문화교육 이론과 실제』, (김옥순 외 역) 학지사(원전 출판연도 2007).

Besse, H.(1993), Cultiver une identité plurielle, *Le Français dans le Monde*, n° 254, Paris: Hachette, pp.42~48.

Boyer, H. et al(1990), *Nouvelle introduction à la didactique du français langue étrangère*, Paris: CLE International.

Breen, M.(1999), 『한국인을 말한다』, (김기만 역) 홍익출판사(원전 출판 연도 1998).

Breidenbach, J. & Zukrigl, I.(2003), 『춤추는 문화-세계화 시대의 문화적 다원화』, (인성기 역) 영림카디널(원전 출판연도 1998).

Brinton, D. M., Snow, M. A. & Wesche, M. B.(2003), *Content-based second language instruction*, Michigan classics(ed.), Ann Arbor: University of Michigan Press.

Brown, H. D.(2010), 『외국어 학습·교수의 원리』, (이흥수 외 역) Pearson Education Korea(원전 출판연도 2007).

Byram, M.(1989), *Cultural studies in foreign language education*, Clevedon: Multilingual Matters.

Canale, M. and Swain, M.(1980), Theoretical bases of communicative approaches to second language teaching and testing. *Applied Linguistics*, 1(1), pp.1~47.

Canale, M.(1983), From communicative competence to language pedagogy, in J. Richards, & R. Schmidt(eds.), *Languge and Communication*, London: Longman, pp.2~27.

Carter, R. & Nunan, D.(2001), *The Cambridge Guide to Teaching English to Speakers of*

212

Other Languages, Cambridge: Cambridge University Press.

Chang, M. & Kuo, C. W.(2009), *Learning Culture and Language Through ICTs: Methods for Enhanced Instruction*, IGI Global snippet.

Covell, J. C.(1999), 『한국문화의 뿌리를 찾아 : 무속에서 통일신라 불교가 꽃피기까지』, (김유경 편역) 학고재(코벨 칼럼 1979~1985).

Cuche, D.(2009), 『사회과학에서의 문화 개념』, (이은령 역) 한울(원전 출판연도 2004).

Damen, L.(1987), *Culture Learning: The Fifth Dimension in the Language Classroom*, MA: Addison-Wesley Publishing Co.

Deuchler, M.(2003), 『한국사회의 유교적 변환』, (이훈상 역) 아카넷(원전 출판연도 1993).

Easthope, A.(1994), 『문학에서 문화연구로』, (임상훈 역) 현대미학사(원전 출판연도 1991).

Galisson, R.(1987), Accéder á la culture partagée: par l'entremise des mots à C.C.P. *Etudes de Linguistique Appliquée*, 67, Paris: Didier Erudition, pp.119~140.

Galisson, R.(1991), *De la langue à la culture par les mots*, Paris: CLÉ international.

Galisson, R.(2000), 『일반 외국어 교육학』, (한상억 역) 만남(원전 출판연도 1980).

Gardner, R. C.(1985), *Social psychology and second language learning: The role of attitudes and motivation*, London: Arnold.

Hinkel, E.(2009), 『문화와 제2언어 교수 학습』, (김덕영 역) 한국문화사(원전 출판연도 1999).

Hirsch, E. D.(1987), *Cultural literacy: What every American needs to know*, Boston: Houghton Mifflin.

Hofstede, G. H.(1995), 『세계의 문화와 조직』, (차재호·나은영 역) 학예사(원전 출판연도 1991).

Hughes, G. H.(1986), An argument for culture analysis in the second language classroom, in J. M. Valdes, *Culture Bound: bridging the cultural gap in language teaching*, Cambridge University Press, pp.162~169.

Huntington, S. P. & Harrison, L. E.(2001), 『문화가 중요하다』, (이종인 역) 김영사(원전 출판연도 2000).

Hymes, D.(1972), On communicative competence. in J. B. Pride & J. Holmes(eds.), *Sociolinguistics*, Harmondsworth: Penguin Books, pp.269~293.

Jenks, C.(1996), 『문화란 무엇인가─문화의 사회학적 개념』, (김윤용 역) 현대미학사(원전 출판연도 1993).

Kramsch, C. J.(1993), *Context and Culture in Language Teaching*, Oxford: Oxford University Press.

Kramsch, C. J.(2001), Intercultural Communication, in Carter, R. and Nunan, D.(ed), *The Cambridge Guide to Teaching English to Speakers of Other Languages*, Cambridge: Cambridge University Press, pp.201~206.

Martine Abdallah-Pretceille(2010), 『유럽의 상호문화교육 : 다문화 사회의 새로운 교육적 대안』, (장한업 역) 한울(원전 출판연도 1999).

Mason, J.(2010), 『질적연구방법론』, (김두섭 역) 나남출판부(원전 출판연도 2002).

Moirand, S.(1982), *Enseigner á communiquer en langue étrangère*, Paris: Hachette.

Moran, P. R.(2004), 『문화교육』, (정동빈 외 역) 경문사(원전 출판연도 2001).

National Standards in Foreign Language Education Project(2006), *Standards for Foreign Language Learning in the 21th Century*, National Standards in Foreign Language Education Project, pp.31~69.

Nunan, D.(1988), *The Learner Centered Curriculum*, Cambridge: Cambridge University Press.

Posner, G. J. & Rudnitsky, A. N.(2007), 『교육과정 설계의 이론과 실제 : 코스 설계자로서의 교사』, (최호성 외 역) 시그마프레스(원전 출판연도 2006).

Rivers, W. M.(1981), *Teaching foreign language skill*, Chicago: The University of Chicago Press.

Savignon, S. J.(1997), *Communicative competence: Theory and classroom practice: texts and contexts in second language learning*, New York: McGraw-Hill.

Seelye, H. N.(1984), *Teaching culture: Strategies for intercultural communication*, Lincolnwood, Ill: National Textbook Company.

Seidman, I.(2009), 『질적 연구 방법으로서의 면담』, (박혜준·이승연 역) 학지사(원전 출판연도 1998).

Stern, H. H.(1992), *Issues and options in language teaching*, Oxford: Oxford University Press.

Storey, J.(2002), 『문화연구의 이론과 방법들』, (박만준 역) 경문사(원전 출판연도 1996).

Todd, E.(1997), 『유럽의 발견』, (김경근 역) 까치(원전 출판연도 1990).

Tomalin, B. & Stempleski, S.(1993), *Cultural awareness*, Oxford University Press.

Tylor, E. B.(1981), *Primitive Culture*, London: John Murry.

Ukpokodu, N.(1999), Multiculturalism vs globalism, *Social Education,* 63(5), National Council for the Social Studies, pp.298~300.

Valdes, J. M.(1986), *Culture Bound: bridgeing the cultural gap in langage teaching,* Cambridge:

214

Cambridge University Press.

Wright, D. A.(2000), Culture as information and culture as affective process: A comparative study, *Foreign Language Annals*, 33(3), American Council on the Teaching of Foreign Languages, pp.330~341.

부록 : 한국문화 콘텐츠 서지 목록

1. 역사와 인물

강만길(2009), 『20세기 우리 역사: 강만길 교수의 현대사 강의 증보판』, 창비.

강상규(2013), 『조선정치사의 발견』, 창비.

규장각한국학연구원 편(2009), 『조선 국왕의 일생』, 글항아리.

김영명(1999), 『한국현대정치사』, 을유문화사.

김인걸 외(1998), 『한국현대사 강의』, 돌베개.

내일을 여는 역사 재단 엮음(2000), 『질문하는 한국사』, 서해문집.

노중국 외(2009), 『시민을 위한 서울역사 2000년』, 서울특별시시사편찬위원회.

미야지마 히로시(宮嶋博史), 노영구 역(2001), 『역사적 실체를 찾아서 양반』, 강.

안철현(2009), 『한국현대정치사』, 새로운 사람들.

역사문제연구소(2001), 『전통과 서구의 충돌 - '한국의 근대성'은 어떻게 형성되었는
가』, 역사비평사.

역사문제연구소(2004), 『함께 보는 한국근현대사』, 서해문집.

이지원(2005), 『세계 속의 한국의 역사와 문화』, 혜안.

이헌창(2006), 『한국경제통사』, 법문사.

이헌창(2012), 『한국경제통사 제5판』, 해남.

이화여자대학교 통일학연구원(2009), 『남북관계사 : 갈등과 화해의 60년』, 이화여자
대학교출판부.

장영훈(2005), 『왕릉이야말로 조선의 산 역사다』, 담디.

정연식(2001), 『일상으로 본 조선시대 이야기』 1·2권, 청년사.

한국18세기학회 편(2007), 『위대한 백년 18세기』, 태학사.

한국고문서학회(2006), 『의식주, 살아있는 조선의 풍경』 1~3권, 역사비평사.

한국근대사학회(1997), 『한국근대사 강의』, 한울.

한국사연구회(2008), 『(새로운) 한국사 길잡이』(上·下), 지식산업사.

한국생활사박물관 편찬위원회(2000~2004), 『한국생활사박물관』 1~12권, 사계절.

한국역사연구회(1998), 『우리는 지난 100년 동안 어떻게 살았을까』 1~3권, 역사비평사.

한국역사연구회(2002), 『조선시대 사람들은 어떻게 살았을까』 1·2권, 청년사.

한국역사연구회(2005), 『고려시대 사람들은 어떻게 살았을까』 1·2권, 청년사.

한국역사연구회(2005), 『삼국시대 사람들은 어떻게 살았을까』, 청년사.

한시준·김철웅(2012), 『한눈에 읽는 파노라마 한국사』, 노스보스.

한영우(2003), 『한국사 특강』, 서울대학교 출판부.

한영우(2011), 『간추린 한국사』, 일지사.

한중일3국공동역사편찬위원회(2012), 『한중일이 함께 쓴 동아시아 근현대사』 1·2권, 휴머니스트.

호사카 유지(保坂祐二)(2007), 『조선선비와 일본사무라이』, 김영사.

2. 종교와 사상

강돈구 외(2006), 『근대 한국 종교문화의 재구성』, 한국학중앙연구원출판부.

강재언(2003), 『선비의 나라 한국유학 2천년』, 한길사.

고익진·윤사순 편(1984), 『한국의 사상』, 열음사.

금장태(1994), 『유교와 종교문화』, 서울대학교출판부.

김교빈(2003), 『한국철학에세이』, 동녘.

김열규 외(2001), 『한국인의 죽음과 삶』, 철학과 현실사.

김인회 외(1981), 『韓國巫俗의 綜合的 考察』, 고려대학교 민족문화연구소.

김재은(1987), 『한국인의 의식과 행동의식』, 이대출판사.

김현준(1991), 『사찰, 그 속에 깃든 의미』, 교보문고.

유동식(1983), 『한국무교의 역사와 구조』, 연세대학교출판부.

윤이흠 외 공저(2001), 『한국인의 종교관 : 한국정신의 맥락과 내용』, 서울대학교출판부.

이상일 외(1976), 『한국 사상의 원천』, 박영사.

이은봉(1988), 『한국 고대 종교 사상』, 한남대학교출판부.

이찬수(2009), 『종교로 세계 읽기 제2판』, 이화여자대학교출판부.

임돈희(1990), 『조상 제례』, 빛깔 있는 책들.

임태섭 편저(1995), 『정, 체면, 연줄, 그리고 한국인의 인간관계』, 한나래.

정수복(2007), 『한국인의 문화적 문법』, 생각의 나무.

정재서(2006), 『한국도교의 기원과 역사』, 이화여자대학교출판부.

조흥윤(2001), 『한국문화론』, 동문현대신서 91.

최길성(1994), 『한국 무속의 이해』, 예전사.

최봉영(1994),『한국인의 사회적 성격 Ⅰ,Ⅱ』, 느티나무.

최봉영(1997),『조선시대 유교문화』, 사계절.

최봉영(1997),『한국문화의 성격』, 사계절.

최재석(1994),『한국인의 사회적 성격』, 현음사.

최준식(1997),『한국인에게 문화는 있는가』, 사계절.

최준식(2005),『한국의 종교, 문화로 읽는다』 1~3권, 사계절.

최준식(2007),『한국의 종교 불교』, 이화여자대학교출판부.

최준식(2012),『세계 종교 이야기 : 종교를 알면 세계가 보인다』, 모시는 사람들.

최창조(1984),『한국의 풍수사상』, 민음사.

최홍기(1994),「유교와 가족」,『이데올로기와 가족』, 교육과학사.

탁석산(2000),『한국의 정체성』, 책세상.

탁석산(2008),『한국인은 무엇으로 사는가』, 창비.

Deuchler, M.(2003),『한국사회의 유교적 변환』, (이훈상 역) 아카넷.

Choi, Joon-sik(2007), *Understanding Koreans and their Culture*, Her One Media.

3. 생활과 민속

강현모(2009),『한국민속과 문화』, 비움과 채움.

국립민속박물관 편(1998),『한국민속의 이해』, 국립민속박물관.

국사편찬위원회(2005),『혼인과 연애의 풍속도』, 두산동아.

김광언(2001),『우리 문화가 온 길』, 민속원.

김상보(2004),『한국의 음식생활문화사』, 수학사.

김헌선(1998),『한국 전통 문화의 길잡이』, 지식산업사.

남상긍 외(1999),『우리 문화의 발자취』, 형설출판사.

문옥표 외(2006),『우리 안의 외국 문화-관광과 음식을 통해 본 문화소비』, 川花.

문옥표 외(2012),『한국인의 소비와 여가생활』, 한국학중앙연구원출판부.

민속학회(1994),『한국민속학의 이해』, 문학아카데미.

비교민속학회 편(2003),『민속과 종교』, 민속원.

안기수(2002),『우리문화의 이야기』, 보고사.

유광수(2003),『한국전통문화의 이해』, MJ미디어.

윤서석(1999),『우리나라 식생활 문화와 역사』, 신광출판사.

이규태(1991),『재미있는 우리 음식이야기』, 기린원.

이두현 외(1991),『한국 민속학 개설』, 일조각.

일상문화연구회(1996),『한국인의 일상문화-자기성찰의 사회학』, 한울.

218

임재해(1990), 『전통 상례』, 대원사.

임재해(1994), 『한국민속과 오늘의 문화』, 지식산업사.

정혜경(2009), 『천년한식견문록』, 생각의 나무.

조후종(2001), 『우리 음식 이야기』, 한림원.

주강현(2004), 『우리문화의 수수께끼』 1·2권, 한겨레출판.

주영하(2005), 『그림 속의 음식, 음식 속의 역사』, 사계절.

최운식 외(1998), 『한국민속학 개론』, 민속원.

최인학 외(2001), 『한국민속학 새로 읽기』, 민속원.

최준식 외 공저(2004), 『한국인에게 밥은 무엇인가』, 휴머니스트.

한미라·전경숙(2004), 『한국인의 생활사』, 일진사.

황루시(2002), 「민속 해석의 한 연구」, 『민속문화와 기호학』, 문학과 지성사.

4. 예술 전반

강민지 외(2006), 『한국 미술문화의 이해』, 예경.

국립제주박물관 편(2003), 『한국인의 사상과 예술』, 서경.

권영필 외(2005), 『한국의 미를 다시 읽는다-12인의 미학자들을 통해 본 한국 미론 100년』, 돌베개.

권영필(1986), 「한국미술의 미적본질」, 『예술과 비평』 7권, 서울신문사.

권영필(1990), 『실크로드 미술-중앙아시아에서 한국까지』, 열화당.

김동욱(1997), 『우리 건축의 역사』, 기문당.

김봉렬(2006), 『김봉렬의 한국건축 이야기』 1~3권, 돌베개.

김영기(1998), 『한국미의 이해 : Understanding of Korean aesthetics looks through Korean habitus』, 이화여자대학교출판부.

김원룡 외(2007), 『한국미술문화의 이해』, 예경.

김원룡(1996), 『韓國美의 探究』, 열화당.

김호연(1985), 『한국 민화』, 경미문화사.

다카사키 소지(高崎宗司) , 이대원 역(1996), 『조선의 흙이 된 일본인』, 나름.

민경현(1991), 『한국의 정원 문화-시원과 변천론』, 예경산업사

방병선(2002), 『순백으로 빚어낸 조선의 마음, 백자』, 돌베개.

서윤영(2005), 『집宇 집宙』, 궁리.

송방송(1982), 『한국 음악사 연구』, 영남대학교출판부.

신대철(1993), 「우리 음악의 일반적 특징」, 『우리 음악, 그 맛과 소리깔』, 교보문고.

신영훈(1991), 『한국의 살림집』 상, 열화당.

신영훈(2005), 『우리가 정말 알아야 할 우리 한옥』, 현암사.

안휘준(1980), 『한국회화사』, 일지사.

야나기 무네요시(柳宗悅), 민병산 역(1993), 『공예문화』, 신구출판사.

오광수(2010), 『한국현대미술사』, 열화당.

오주석(1998), 『단원 김홍도 - 조선적인, 너무나 조선적인 화가』, 열화당.

오주석(1999, 2006), 『옛그림 읽기의 즐거움』 1·2, 솔.

오주석(2003), 『오주석의 한국미 특강』, 솔.

윤열수(1995), 『민화이야기』, 디자인하우스.

윤용이(1996), 『아름다운 우리 도자기』, 학고재.

이두현(1981), 『한국의 탈춤』, 일지사.

이상일(1981), 『한국의 장승』, 열화당.

이성재(1994), 『재미있는 국악 길라잡이』, 서울미디어.

이성천(1997), 『한국·한국인·한국 음악: 한국 전통 음악에 내재한 의식』, 풍남출판사.

이인범(1999), 『조선 예술과 야나기 무네요시』, 시공사.

장사훈(1984), 『한국 무용 개론』, 대광문화사.

전인평(2000), 『새로운 한국음악사』, 현대음악출판사.

정동오(1986), 『한국의 정원 - 韓國園林研究』, 민음사.

정동오(1996), 『동양 조경 문화사』, 전남대학교출판부.

정병호(1999), 『한국의 전통 춤』, 집문당.

조동일(1987), 『탈춤의 역사와 원리』, 홍성사.

조요한(1999), 『한국미의 조명』, 열화당.

조지훈(1964), 『한국 문화사 서설』, 탐구당.

주남철(2000), 『한국 건축사』, 고려대학교 출판부.

진홍섭(2006), 『한국미술사』, 문예.

채희완(2000), 『한국 춤의 정신은 무엇인가』, 명경출판사.

최완수 외(1998), 『(우리문화의 황금기) 진경시대』, 돌베개.

최준식(2002), 『한국인은 왜 틀을 거부하는가』, 소나무.

한명희 외(1985), 『한국전통예술의 미의식』, 정신문화연구원.

한영대·박경희(1997), 『조선미의 탐구자들』, 학고재.

홍선표 외(2009), 『알기쉬운 한국미술사』, 미진사.

홍순민(1999), 『우리 궁궐 이야기』, 청년사.

Byong Won Lee(1997), *Styles and Esthetics in Korean Traditional Music*, The National Center for Korean Traditional Performing Arts, Seoul.

Keith Howard(2007), *Preserving Korean Music: Intangible Cultural Properties as Icons of Identity: Perspectives on Korean Music*, SOAS 음악학 전집, Ashgate 출판사.

5. 문화유산

강문식·이현진(2011), 『종묘와 사직－조선을 떠받친 두 기둥』, 책과함께.
국립문화재연구소 편(2007), 『문화유산에 숨겨진 과학의 비밀』, 고래실.
국립문화재연구소 편(2007), 『역사의 숲, 조선왕릉』, 눌와.
김기흥(2000), 『천년의 왕국, 신라』, 창작과 비평사.
김동욱(2002), 『실학 정신으로 세운 조선의 신도시, 수원 화성』, 돌베개.
김동욱(2013), 『한국건축의 역사(개정판)』, 기문당
김문식·신병주(2005), 『조선 왕실 기록문화의 꽃 의궤』, 돌베개.
김병모(1984), 『역사도시 경주』, 열화당.
김정희(2009), 『불화 : 찬란한 불교 미술의 세계』, 돌베개
문화재청(2008), 『수난의 문화재』, 눌와.
문화재청(2010), 『한국의 세계유산』, 눌와.
박광래(2006), 『교과서 속 국보 따라잡기』 1·2권, 이치.
신병주(2006), 『조선 최고의 명저들』, 휴머니스트.
심명호(2002), 『조선 왕실의 의례와 생활, 궁중 문화』, 돌베개.
오주환 외(2011), 『한국의 세계문화유산 여행』, 상상.
유홍준(1993~1997), 『나의 문화유산답사기』 1~3권, 창작과비평사.
유홍준(2010), 『유홍준의 한국미술사 강의』, 눌와
이광표(2005), 『국보 이야기』, 랜덤하우스중앙.
이기봉(2007), 『고대도시 경주의 탄생』, 푸른역사
이상해·황헌만(2010), 『전통역사마을 양동』, 문화재청.
이상해·황헌만(2010), 『전통역사마을 하회』, 문화재청.
이영문·신경숙(2009), 『세계유산 고창고인돌』, 고창군 동북아지석묘연구소.
이재호(2005), 『천년 고도를 걷는 즐거움』, 한겨레출판.
이정근(2010), 『신들의 정원, 조선왕릉』, 책보세.
이종호(2007), 『한국 7대 불가사의』, 역사의 아침.
장준식(2003), 『(테마별로 읽는) 한국의 문화유산』, 학연문화사.
정병모(2012), 『민화 가장 대중적인 그리고 한국적인』, 둘베개.
최정호(2004), 『한국의 문화유산』, 나남출판.
최준식 외(2002), 『유네스코가 보호하는 우리문화유산 12가지』, 시공사.

최준식(2007), 『세계가 높이 산 한국의 문기』, 소나무.

하일식(1999), 『경주역사기행』, 아이북스.

한영우(2006), 『조선의 집 동궐에 들다』, 열화당.

한필원(2004), 『한국의 전통마을을 가다』 1·2권, 북로드.

KBS 역사스페셜 제작팀(2000~2004), 『역사스페셜』 1~7권, 효형출판.

Korea Foundation(1994~1997), *Korean Cultural Heritage Volume 1-4*, Seoul: Korea Foundation.

The Center for Information on Korean Culture(2006), *Exploring Korean History through World Heritage*, Hollym Corp., Publishers.

Lee, Kyong-hee(1998), *World Heritage In Korea*, Seoul: Hak Go Jae.

6. 대중문화

강철근(2006), 『한류 이야기』, 이채.

강현두(1987), 『한국의 대중문화』, 나남.

고정민(2009), 『한류, 아시아를 넘어 세계로』, 한국문화산업교류재단.

김미현(2006), 『한국 영화사 : 開化期에서 開花期까지』, 커뮤니케이션북스.

김병희 외(2011), 『한국 텔레비전 방송 50년』, 커뮤니케이션북스.

김영훈(2002), 『문화와 영상 : 영상인류학의 이해』, 일조각.

김지석(1995), 『한국 영화 읽기의 즐거움』, 책과몽상.

김학선(2012), 『K·POP 세계를 홀리다 ─ 1970년대부터 현재까지 한국대중음악을 만든 사람들』, 을유문화사.

김화(2001), 『이야기 한국영화사』, 하서.

김환표(2012), 『드라마, 한국을 말한다 : 최초의 드라마史면서 드라마로 보는 사회문화사』, 인물과 사상사.

마정미(2004), 『광고로 읽는 한국사회문화사』, 개마고원.

매일경제 한류본색 프로젝트(2012), 『한류본색 : 아시아를 넘어 세계로, 문화강국 코리아 프로젝트』, 매경출판.

박찬호(2009), 『한국 가요사』 1·2권, 미지북스.

선성원(2008), 『우리가 정말 알아야 할 우리 대중가요』, 현암사.

안태근(2013), 『한국영화 100년사』, 북스토리.

이동연 엮음(2011), 『아이돌 : HOT에서 소녀시대까지, 아이돌 문화 보고서』, 이매진.

이명자(2009), 『영화로 만나는 남북의 문화』, 민속원.

이영미(2006), 『한국 대중가요사』, 민속원.

222

이효인(2003), 『(영화로 읽는) 한국문화사』, 개마고원.

정영희(2005), 『한국 사회의 변화와 텔레비전 드라마』, 커뮤니케이션북스.

조한혜정 외(2003), 『한류와 아시아의 대중문화』, 연세대학교 출판부.

한국언론학회(2011), 『한국 텔레비전 방송 50년』, 커뮤니케이션북스.

한국영화데이터베이스 http://www.koreafilm.or.kr/

7. 문화 일반

강승혜 외(2009), 『Passport to Korean Culture』, 박이정.

국립국어연구원(2002), 『우리 문화 길라잡이 : 한국인이 꼭 알아야 할 전통 문화』.

국제한국학회(1998), 『한국문화와 한국인』, 사계절.

김경훈 외(2009), 『PR Korea, 우리 문화 영어로 표기하기』, 윈타임즈.

김찬곤(2006), 『우리 민족문화 상징 100』, 한솔수북.

김찬호(2007), 『문화의 발견 : KTX에서 찜질방까지』, 문학과 지성사.

문화관광부(2010), 『Guide to Korean Culture』, 한림출판사.

박금주 외(2009), 『외국인을 위한 한국문화 길라잡이』, 박이정.

박명희(2004), 『Cultural Life in Korea』, 교문사.

박영순(2008), 『(우리가 정말 알아야 할) 한국 문화』, 현암사.

박한나(2009), 『통으로 읽는 한국문화』, 박이정.

서정수(2007), 『An Encyclopaedia of Korean Culture 한국문화백과사전』, 한세본.

안기수 외(2002), 『우리문화의 이야기』, 보고사.

이경희(1995), 『Korean Culture』, 코리아헤럴드.

이광규(2009), 『한국 한국어 한국문화』, 북코리아.

이상억(2008), 『한국어와 한국문화』, 소통.

이선이(2007), 『외국인을 위한 한국현대문화』, 한국문화사.

이어령(2007), 『우리 문화박물지』, 디자인하우스.

이어령(2010), 『21 Icons of Korean Culture』, 한국학중앙연구원.

임경순(2009), 『(한국어문화교육을 위한) 한국문화의 이해』, 한국외국어대학교.

정목일(2005), 『우리가 알아야 할 한국의 아름다움 77가지』, 세계문예.

주영하 외(2011), 『한국인의 문화유전자』, 아모르문디.

주영하 외(2011), 『한국학의 즐거움 : 한국의 대표지식인 스물두 명이 말하는 한국,
        한국인, 한국적인 것』, 휴머니스트.

주영하 외(2012), 『한국인의 문화유전자』, 한국국학진흥원.

최준식(2009), 『서울 문화 순례』, 소나무.

최준식(2011), 『외국인과 함께 보는 한국 문화 교과서』, 소나무.

Choi Jung-Wha · Lim Hyang-Ok(2011), *This is Korea*, Hollym.

Korean Cultural Research Institute(2011), *Understanding Contemporary Korean Culture*, Jimoondang.

Kim, Choong Soon.(2007), *Kimchi and IT: Tradition and Transformation in Korea*, Ilchogak Publishing co., Ltd.

Lee Sang-hoon · Yoon Tack-lim(2010), *Cultural Landscapes of Korea*, The Academy of Korea Studies Press.

The Academy of Korea Studies(2010), *21 Icons of Korean Culture*, Kyung-in Publishing Co.

찾아보기

배 재 원

이화여자대학교 사학과를 졸업하고 동 대학 국제대학원 한국학과에서 한국학박사학위를 받았다. 이화여자대학교 언어교육원 한국어 전임강사를 역임했으며, 현재 이화여자대학교에서 강의중이다. 「고급 한국어 학습자를 위한 한국문화 교육 방안 연구－한국문화의 상호관계성을 중심으로－」의 논문과 『말이 트이는 한국어Ⅴ』, 『유학생을 위한 대학한국어 1 말하기·듣기』, 『유학생을 위한 대학한국어 1 읽기·쓰기』의 공저서가 있다.

이화연구총서 19

한국어 교육에서의 한국문화 교육

배 재 원 지음

2014년 1월 30일 초판 1쇄 발행

펴낸이 · 오일주
펴낸곳 · 도서출판 혜안

등록번호 · 제22-471호
등록일자 · 1993년 7월 30일

ⓤ 121-836 서울시 마포구 서교동 326-26번지 102호
전화 · 3141-3711~2 / 팩시밀리 · 3141-3710
E-Mail hyeanpub@hanmail.net

ISBN 978-89-8494-482-4 93370

값 24,000 원